感谢贵州财经大学对本书的资助

居家养老服务信息化的建设实践

基于政府与社会组织互动视角

罗 艳 著

中国社会科学出版社

图书在版编目（CIP）数据

居家养老服务信息化的建设实践：基于政府与社会组织互动视角／罗艳著．—北京：中国社会科学出版社，2021.7
　ISBN 978 – 7 – 5203 – 8437 – 7

　Ⅰ.①居… Ⅱ.①罗… Ⅲ.①养老—社区服务—信息化—研究—中国 Ⅳ.①D669.6

　中国版本图书馆 CIP 数据核字（2021）第 092627 号

出 版 人	赵剑英
责任编辑	刘亚楠
责任校对	张爱华
责任印制	张雪娇
出　　版	中国社会科学出版社
社　　址	北京鼓楼西大街甲 158 号
邮　　编	100720
网　　址	http://www.csspw.cn
发 行 部	010 – 84083685
门 市 部	010 – 84029450
经　　销	新华书店及其他书店
印　　刷	北京明恒达印务有限公司
装　　订	廊坊市广阳区广增装订厂
版　　次	2021 年 7 月第 1 版
印　　次	2021 年 7 月第 1 次印刷
开　　本	710×1000　1/16
印　　张	16
插　　页	2
字　　数	239 千字
定　　价	98.00 元

凡购买中国社会科学出版社图书，如有质量问题请与本社营销中心联系调换
电话：010 – 84083683
版权所有　侵权必究

前　言

随着我国人口老龄化程度加深，面对传统养老服务供给方式受限，养老服务资源分散，老年人个体化、原子化的普遍居住方式，养老服务供给难以满足需求以及供需匹配不足等问题，全面推进养老服务体系中具有基础地位的居家养老服务的发展和完善，是破解我国养老服务难题的重要出路。如何优化升级现有的居家养老服务体系，成为政府和学界极为关注的议题。与此同时，信息技术的发展和延伸为居家养老服务提供了新的方向和选择。将信息技术手段应用于居家养老服务中来构建居家养老服务信息化，旨在通过信息技术手段优化升级居家养老服务体系，最终提升老年人生活质量。这种新型的居家养老服务形式已经日渐得到政府和学界的关注，并且在许多城市得到探索和实践。居家养老服务信息化已经成为居家养老服务体系完善和发展的重要组成部分。

但是从居家养老服务信息化建设的实践情况来看，大多数城市出现信息技术应用繁荣，居家养老服务却没有因此得到升级的情况，多表现为有"信息技术"而无"居家养老服务"的服务悬浮现状。学界对这种服务悬浮现状进行了大量的现状描述，并提供了许多完善的对策建议。其中，对于产生这种服务悬浮状况的原因分析，学界较为偏重问题的阐述，原因的分析与问题的提出较为相似，还处于一种较为表面和静态的现状分析路径，缺乏对服务悬浮状况的深度探讨。在各地普遍以政府与社会组织合作共建居家养老服务信息化的实践过程中，还未有学者关注过政府与社会组织互动与居家养老服务信息化实践过程与实践现状的机制关联。因此，本书鉴于现有研究不足，通过对具有典型性的 H 市"12349"居家养老服务平台建设项目进行实地调研，以"政府与社会组织互动"为理论分析视角，从动态的角度呈现和解析居家养老服务信息化建设的实践过程和服务悬浮现状。

具体而言，本书围绕居家养老服务信息化建设的实践过程，政府与社会组织展开互动，两者的互动过程呈现了居家养老服务信息化建设的实践过程，两者的互动形态构成对不同实践阶段的影响，为本书提供了一种分析城市居家养老服务信息化建设实践的视角。本书将政府与社会组织的互动与居家养老服务信息化建设不同实践阶段的对应过程，抽象为如下总体性的分析框架（如下图），通过对具体案例的分析和探讨，管窥城市居家养老服务信息化建设的实践过程，以及产生服务悬浮的机理。

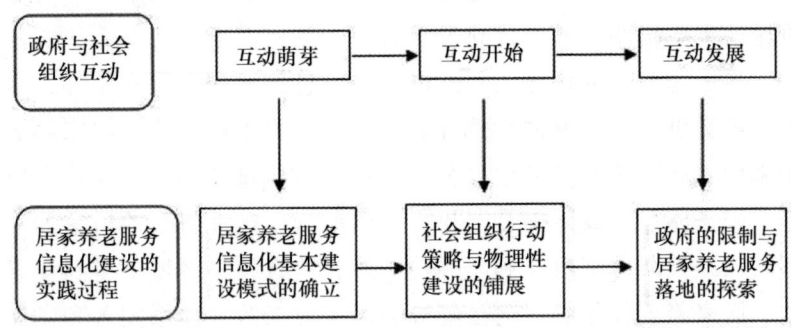

研究发现：第一，政府与社会组织的互动过程呈现了居家养老服务信息化建设的实践过程，其实践现状表现为一种服务悬浮状态，这种服务悬浮是在实践过程中不断被形塑和凸显的，也将随着实践的推演继续发生变化。具体而言，在政府与社会组织互动催生阶段，政府受到宏观政策的激励以及地区政治经济社会环境的制约，决定引进他地建设模式开展居家养老服务信息化建设，由此催生了政府与社会组织互动，基本建设模式基于政府的政治性目标以及社会组织的生存和发展目标，被政府与社会组织选择以物理性建设为预期实践偏好，服务悬浮在此埋藏。在政府与社会组织互动开始阶段，二者以"投入少、周期短、见效快"的物理性建设为实践重点，将组织利益、组织目标

和资源汇聚到物理性建设实践过程中，形成了以合作为基础的互动，物理性建设得到铺展和实现，但是缺失居家养老服务落地的安排和行动，服务悬浮初现端倪。在政府与社会组织互动发展阶段，随着物理性建设的完成，居家养老服务信息化建设目标的最终实现要求居家养老服务落地，但是宏观政策环境发生变化，社会组织试图继续依赖缺乏资源平衡机制的政府探索居家养老服务落地，政府与社会组织的组织利益分歧、目标分化、资源不足，二者形成以限制为表现的互动形态，居家养老服务落地遭遇失败，最终形成了居家养老服务信息化建设服务悬浮的现状。

第二，基于上述服务悬浮现状的生成过程，本书认为，政府与社会组织在不同实践过程的选择性行动及其互动形态，动态地解析了居家养老服务信息化建设的服务悬浮状态。政府与社会组织在不同的实践过程中受到宏观环境的影响，基于组织利益、组织目标和资源现状的微观条件考量，表现出"利益—目标—资源"对物理性建设的"可为"与"可能"，而对居家养老服务落地"不为"和"不能"，最终导致居家养老服务落地失败形成服务悬浮现状。"利益—目标—资源"既是政府与社会组织互动的逻辑，又是居家养老服务信息化建设的实现机制，这种逻辑和机制动态地演绎和形塑了案例城市的服务悬浮状态。政府与社会组织作为居家养老服务信息化建设场域的行动者，居家养老服务信息化的建设实践是政府与社会组织在行动中展开的，涉及丰富的细节以及过程，两者之间的互动过程和互动形态是对居家养老服务信息化建设的历史和现实的一种书写。

第三，本书结合政府与社会组织互动过程中存在的问题，针对居家养老服务信息化这种新生的事物，提出了三点优化建议：一是对居家养老服务信息化建设进行整体性认知，它是信息技术与居家养老服务的有机结合过程；二是坚持以服务老年人为本的核心理念；三是构建政府与社会组织以合作为基础的互动条件。

目　录

第一章　导论 ……………………………………………………（1）
　第一节　问题的提出 ……………………………………………（1）
　第二节　文献综述 ………………………………………………（6）
　第三节　核心概念 ………………………………………………（20）
　第四节　篇章安排 ………………………………………………（36）
　第五节　研究方法 ………………………………………………（38）
　第六节　研究的难点和可能的创新点 …………………………（42）

第二章　政府与社会组织互动：居家养老服务信息化
　　　　建设实践的一个面向 ……………………………………（46）
　第一节　社会组织——一支重要的居家养老服务信息化
　　　　　实践力量 ………………………………………………（46）
　第二节　政府与社会组织"互动"：一个分析视角 …………（50）
　第三节　居家养老服务信息化建设实践：政府与社会
　　　　　组织互动的分析框架 …………………………………（64）

第三章　互动催生：居家养老服务信息化基本建设模式的
　　　　确立 ………………………………………………………（74）
　第一节　H市居家养老服务信息化的建设背景 ………………（74）
　第二节　政企"共谋"形成复制"BD模式"的建设思路 ……（87）
　第三节　催生的互动与基本建设模式的落定 …………………（96）
　第四节　互动催生中隐藏的物理性建设实践偏好 ……………（104）

第五节 小结 …………………………………………………… (107)

第四章 互动开始：社会组织行动策略与物理性建设的铺展 …… (109)
  第一节 社会组织采取嵌入式发展行动策略的背景 ………… (109)
  第二节 社会组织两种行动策略铺展物理性建设的过程 …… (112)
  第三节 以合作为基础的互动逻辑与物理性建设的实现 …… (138)
  第四节 缺失的居家养老服务落地初现服务悬浮的端倪 …… (145)
  第五节 小结 …………………………………………………… (154)

第五章 互动发展：政府的限制与居家养老服务落地的困难 …… (156)
  第一节 居家养老服务落地的必要性 ………………………… (157)
  第二节 居家养老服务落地的三种探索遭遇政府约制 ……… (158)
  第三节 以限制为表现的互动逻辑与服务悬浮 ……………… (181)
  第四节 小结 …………………………………………………… (190)

第六章 居家养老服务信息化建设实践的优化路径 ……………… (192)
  第一节 信息技术与居家养老服务有机结合的整体性认知 … (192)
  第二节 坚持以服务老年人为本的核心理念 ………………… (198)
  第三节 构建以合作为基础的互动条件 ……………………… (204)

第七章 结论与讨论 ………………………………………………… (211)
  第一节 结论 …………………………………………………… (211)
  第二节 讨论 …………………………………………………… (217)

参考文献 …………………………………………………………… (231)

附录1 老年人居家养老信息服务登记表 ………………………… (247)

附录2 居家养老信息服务入网协议书 …………………………… (248)

第一章

导　论

第一节　问题的提出

20世纪70年代以来，老年人口数量呈现不断攀升态势，人口老龄化程度加深。根据《2016年社会服务发展统计公报》发布的数据（见图1-1），截至2016年年底，全国60岁及以上人口已超过2.3亿人，占总人口的16.7%，其中65岁及以上人口有1.5亿多人，占总人口的10.8%[①]。

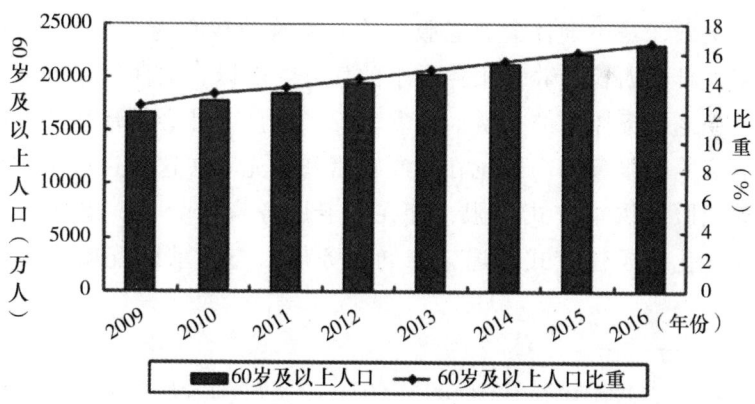

图1-1　60岁及以上人口占全国总人口比重

数据来源：《2016年社会服务发展统计公报》，2017年8月3日。

---

① 《2016年社会服务发展统计公报》，2017年8月3日。

伴随老年人口数量的增长，学界也通过预测指出，随着生活水平提高和人均寿命延长，到2020年和2050年，我国80岁以上高龄老年人也将持续增多，达到3000万人和9000万人，约占老年人口比重的12.37%和21.78%，重度老龄化趋势日益明显①。同时，失能老年人口到2050年将达到1亿人②，慢性病患病老人和空巢老人数量在2013年都已突破亿人大关③，因此，我国老年人口不仅基数大、增长快，而且突显了老年人口高龄化、失能化和空巢化等不断增长的趋势，或将成为制约经济社会可持续发展的重要问题之一。如何构建符合我国国情的养老服务体系，增加养老服务的供给数量，调整养老服务供给结构，以迎接老年人持续增长、复杂多样的养老服务需求，备受政界与学界的关注。

目前，我国主要有居家养老、社区养老、机构养老等养老服务模式。2010年中国城乡老年人口状况追踪调查数据显示，居家养老观念占据主流④。居家养老不仅符合中国大多数人的养老意愿，也符合大多数老年人的养老选择。根据民政部发布的《社会养老服务体系建设规划（2011—2015）》内容，居家养老服务是中国社会养老服务体系的基础，是中国社会养老服务体系完善的核心与重点⑤，肩负满足老年人日益增长的养老服务需求的任务。所以，关注居家养老服务是完善养老服务体系的关键。随着政治、经济、社会等环境的不断发展，居家养老服务的内容也在不断丰富和扩充。在这个过程中，面对传统养老服务供给方式局限，存在养老服务资源分散，老年人个体化、原子化的居住方式普遍，养老服务供给与需求匹配度不足等问

---

① 穆光宗：《我国机构养老发展的困境与对策》，《华中师范大学学报》（人文社会科学版）2012年第2期。
② 郑功成：《中国社会福利的现状与发展取向》，《中国人民大学学报》2013年第2期。
③ 吴玉韶：《中国老龄事业发展报告（2013）新闻发布稿》，http://www.cncaprc.gov.cn/jianghua/22341.jhtml。
④ 吴玉韶、郭平主编：《2010年中国城乡老年人口状况追踪调查数据分析》，中国社会出版社2014年版，第9页。
⑤ 丁建定：《居家养老服务：认识误区、理性原则及完善对策》，《中国人民大学学报》2013年第2期。

题，因此采用信息技术①手段优化升级居家养老服务体系，成为构建新型居家养老服务体系的重要选择，并已经在许多城市得到实践和探索。例如，北京市顺义区"社区养老呼叫系统"；秦皇岛市的"便民信息网"；宁波市的"81890"公共信息服务平台；苏州市沧浪区的"虚拟养老院"；武汉市的"一键通"；保定、黄冈、哈尔滨等城市的"12349"居家养老服务信息平台；南京市鼓楼区的"智慧养老服务平台"；等等，都是信息技术应用于居家养老服务领域的实践。居家养老服务信息化建设已经成为具有中国特色的养老服务体系中不可或缺的内容②。

但是信息技术应用于居家养老服务而产生各种信息技术应用形式繁荣景象的同时，居家养老服务还尚未得到真正的优化升级。政府与学界一致认同居家养老服务信息化建设的重要性，认为它是升级版的居家养老服务模式③，可以实现"拓宽老年人服务渠道，整合老年人服务资源"④，"优化养老服务资源配置"⑤，"将老人和政府、社区、服务商等紧密联系后，通过资源整合满足老年人多层次养老服务需求"⑥，"让服务者与被服务者都能享受到信息技术带来的便利"⑦。对于居家养老服务体系的完善和发展来说，信息技术的应用已经意义非凡。但是从现实的实践情况来看，国内居家养老服务信息化建设面临很多问题⑧，仅仅停留在信息化层面，难以向

---

① 本书所指的信息技术包括居家养老服务中使用的信息技术基础设施（例如计算机软硬件、通信网络、终端设备等物质性存在的技术设施），以及服务信息管理系统，具有物理性、有形性。

② 田兰宁：《对居家养老服务信息化平台建设要点的概述》，《中国信息界》2014年第12期。

③ 乔关民：《虚拟养老院的运行机理及可复制性研究——以兰州城关区"虚拟养老院"为例》，《社科纵横》2014年第12期。

④ 罗艳、石人炳：《虚拟养老院服务质量评价指标体系初探》，《华中科技大学学报》（社会科学版）2016年第5期。

⑤ 张泉、李雷鸣：《我国互联网+居家养老服务优化路径研究——基于"产业—福利"协同发展视角》，《广西社会科学》2018年第2期。

⑥ 郭歌、孙立娜：《人口老龄化背景下居家养老信息化平台建设》，《电子测试》2013年第12期。

⑦ 郑玉、龚卫中：《社区居家养老模式下的信息化平台建设》，《信息化建设》2015年第11期。

⑧ 刘建兵：《智慧养老：从概念到创新》，《中国信息界》2015年第3期。

线下服务推进，重蹈了居家养老服务短缺化、碎片化和低效化的供给困境①，还未能实现为老年人提供养老服务的构想②。这种实践现状展现了居家养老服务信息化的建设实践出现信息技术应用繁荣，但是居家养老服务并没有因此得到升级的状况。简单来说，这是一种有"信息技术"而无"居家养老服务"的服务悬浮状态。

对于这种状态学者们在研究中已经大量提及，并针对如何利用信息技术实现居家养老服务升级提出了许多对策建议，但是研究得并不深入。从现有的研究来看，局限于对相关建设实践进行描述性概括后，提出存在的问题及其对策建议，是单一的"现状—问题/原因—对策建议"分析路径。这些探讨对居家养老服务信息化建设的产生和发展是极为有益的，但是还有待增加更为深入和动态的研究。在居家养老服务信息化建设实践已经成为城市创新居家养老服务体系的重要选择下，如何动态地呈现城市居家养老服务信息化建设的实践过程，以及深度解析居家养老服务信息化建设的服务悬浮现状是极为有探讨意义的。

带着对这个问题的思考，结合实地调研的情况，笔者拓展了"政府与社会组织互动"的研究视角，以期通过政府与社会组织的互动过程动态地呈现居家养老服务信息化建设的实践过程，并通过两者的互动逻辑深度解析居家养老服务信息化何以服务悬浮的实践现状。2014年，笔者以"信息化形势下居家养老服务的新实践"为题获得了校内自主创新基金项目，后在导师的支持和带领下负责了"2015年度湖北省重大调研课题：推进居家养老服务信息化建设研究"的实地调查和报告撰写，通过这两个课题的实地调研情况，笔者发现：政府在居家养老服务信息化建设上发挥的主体作用毋庸置疑，但是在建设的具体实施和运营中均出现了非政府主体——要么是企业，要么是社会组织，其中社会组织已经成为一种常见力量，以其独特的优势，承担居家养老服务信息化建设中信息平台的建设和运营，扮演建设者、运营者、服务生产者和整合者角色。其中，对于笔者

---

① 常敏、孙刚锋：《整体性治理视角下智慧居家养老服务体系建设研究——以杭州创新实践为样本》，《中共福建省委党校学报》2017年第3期。
② 田兰宁：《对居家养老服务信息化平台建设要点的概述》，《中国信息界》2014年第12期。

而言，更为重要的是，通过持续的调查和深思发现：首先，政府①与社会组织在居家养老服务信息化建设中的选择性行动形成的互动过程和互动形态，与居家养老服务信息化建设的实践过程和现状息息相关。另外，两者的互动逻辑在很大程度上可以解析居家养老服务信息化建设服务悬浮的实践现状。因此，笔者拟从政府与社会组织互动视角，呈现和解析城市居家养老服务信息化建设的实践过程和服务悬浮的实践现状。

居家养老服务信息化建设自产生以来，众多的城市面临困境，其有"信息技术"而无"居家养老服务"的服务悬浮现状的深层逻辑值得解析。对于研究案例的选择，本书选取具有典型性和代表性的 H 市"12349"居家养老服务信息平台建设项目为解析对象。首先，H 市居家养老服务信息化建设以打造"12349"居家养老服务信息平台为起点，引入社会组织参与建设，形成"信息平台＋社会组织"的路径在国内较为普遍。其次，政府与社会组织不同的互动阶段直接呈现了居家养老服务信息化建设的不同实践过程。H 市社会组织从生成到铺展居家养老服务信息化建设，与政府围绕居家养老服务信息化建设的实践过程进行互动，两者选择性行动形成的互动形态形塑了居家养老服务信息化建设的不同实践过程。最后，在利用信息技术探索和创新居家养老服务模式的城市中，H 市属于经济不发达城市的代表，在很大程度上不同于经济发达地区政府财政支持充裕的先决条件。相对来说，作为不发达城市的代表，在居家养老服务信息化建设的实践过程中，政府与社会组织的行动选择和互动形态更为复杂多样，这为本书动态地呈现和解析居家养老服务信息化建设的实践过程和实践现状大有裨益。因此，笔者把 H 市居家养老服务信息化建设作为重点调研对象，在具体的分析路径上，本书将从"政府与社会组织互动"视角②出发，来呈现和阐示居家养老服务信息化建设实践过程和服务悬浮现状的深层机理。

---

① 由于居家养老服务牵涉诸多政府职能部门，因此本书中所涉及的政府是指地方与基层政府及其职能部门。在此讨论的政府与社会组织关系，与政治学、社会学中讨论的以相关政策、法律、法规为构成的政治形态的国家与社会的关系有所区别。

② 关于该视角的理论阐述，详见本书第二章"政府与社会组织互动：居家养老服务信息化建设实践的一个面向"部分的分析。

第二节 文献综述

本书的议题是在政府与社会组织互动视角下，呈现和解析居家养老服务信息化建设的实践过程和服务悬浮现状，既是一个呈现现有居家养老服务信息化理论研究现状的问题，又是涉及居家养老服务信息化建设的现实"经验"问题。因此，本书的文献综述拟先梳理学术界对居家养老服务信息化建设的主要理论研究现状，继而呈现居家养老服务信息化的建设情况、发展现状及其相关原因的分析。

一 对居家养老服务信息化的理论研究

通过搜索有关居家养老服务信息化或者信息技术应用于养老服务的文献来看，相关的理论研究还比较少，现有结合理论分析（居家）养老服务信息化的研究主要如下：

李晓文[①]以需求为视角提出，老年人的有效需求从根本上影响了智慧养老服务的推进进程，它与老年人对智慧养老服务认知、需求意愿、需求强度相关，并通过对宁波市老年人的问卷调查总结出5大类26项不同强度的养老服务需求，将这些服务需求与4个智慧养老试点已经提供的服务情况进行对比，得出如下结果：一是生活照料类服务供给丰富，但是现实中除了便民维修和家政服务，其他需求相对较弱；二是平台相对重视医疗保健，但是现实中老年人对待健康问题的意识还是以治疗为主，预防意识淡薄，对保健的需求相对缺乏；三是学习娱乐类服务相对较多，潜在需求差异化较大，需要进一步明确需求特征；四是受到技术限制，应急求助类服务供给并未满足需求；五是人文关怀类服务重视程度整体相对不足。因此，他认为这种供需失衡状况需要构建基于服务需求的智慧养老服务体系，包括加强顶层设计与统筹规划；探索社会力量的参与方式与市场化运作模式；加强信息化产品的开发与养老观念的更新；提供多样化、多层次的随需服务。这种理

---

① 李晓文：《需求视角下智慧养老服务体系构建策略探究》，《宁波经济》（三江论坛）2015年第8期。

论分析方式为我们呈现了，在当前居家养老服务信息化实践过程中，养老服务需求与养老服务供给不匹配的具体问题，从而提出完善的对策建议，即一种"问题—对策"的研究路径。

罗艳、石人炳[①]借鉴国外"顾客感知服务质量"的 SERVQUAL 服务质量评价理论和方法，以模型中的有形性、可靠性、响应性、保证性和移情性五大维度，结合虚拟养老院的特点，将其调整性和适用性修改为对虚拟养老院中信息服务中心和服务提供机构两个组成部分的服务质量评价维度，前者包括有形性、可靠性、移情性、便利性、实效性和监督性 6 个维度 26 个具体指标；后者包括有形性、可靠性、移情性、失效性和监督性 5 个维度 26 个具体指标，这些维度和指标通过重要性评价和服务质量表现评价可以得到运用。此研究借鉴 SERVQUAL 服务质量评价理论，关注到了居家养老服务信息化中不同要素的组成部分，以及服务质量的重要性，虽然具有现实指导意义，但是还存在许多问题，例如研究者并没有提供较为详细的使用方法，并且具体指标的可操作性和适用性还有待检验。在居家养老服务信息化日益变化的情况下，许多具体指标还有待调整与增加。

毛羽等[②]利用 UTAUT 模型构建了"一键通"服务的用户接受模型，UTAUT 模型是在 TAM 理论以及相关用户接受理论的基础上提出的用来研究影响用户接收和应用技术因素的理论，他们利用该模型的绩效期望、努力期望、社会影响力、便利条件、感知安全、感知信任 6 个维度，分析了影响老年用户使用"一键通"服务的关键因素。该研究通过问卷调查得出如下结果：影响用户领取"一键通"设备并使用相关服务的因素分别为，使用意愿、便利条件、社会影响力、努力期望、绩效期望、感知信任与感知安全，其中便利条件（老年人操作起来是否方便）是影响老年人采纳"一键通"服务的关键性影响因素；社会影响力（包括社区规范化宣传和非正式团体的作用，例如家人朋友的

---

① 罗艳、石人炳：《虚拟养老院服务质量评价指标体系初探》，《华中科技大学学报》（社会科学版）2016 年第 5 期。

② 毛羽、李冬玲：《基于 UTAUT 模型的智慧养老用户使用行为影响因素研究——以武汉市"一键通"为例》，《电子政务》2015 年第 11 期。

影响）、绩效期望（老年人认为服务能够有利于满足对日常生活的需要）对老年人应用"一键通"服务有显著的正面影响；感知安全和感知信任使老年人在有需求时第一时间想到使用"一键通"，同时感知安全对感知信任有直接的影响。总结而言，即便利条件、社会影响力、努力期望、绩效期望是影响老年人使用智能服务的显著因素。因此研究认为，需要从以下方面促进智慧养老模式的发展：完善智能服务结构，创建使用的便利条件；整合信息传播渠道，发挥社会影响力优势；优化智慧养老服务，实现便捷高效的模式。该研究利用UTAUT模型为我们提供了一个解析影响老年人使用"一键通"服务意愿的视角，正向影响因素成为智慧养老服务重点关注的方向。但是该研究存在将信息技术与养老服务混同的误区，即"一键通"的使用与"一键通"服务虽然有相互连接、相互影响的作用，但是服务使用与技术使用之间并不是直接对等的。本书对此将进行区分，并进行两者关系的探讨。

常敏等[①]以杭州为例，采用整体性治理视角，梳理了杭州智慧居家养老服务的发展现状，在这种视角下总结了杭州智慧居家养老服务的以下问题：第一，从政府主体看，协同体系建设滞后，导致整体性治理能力不足；第二，从运营企业看，服务供需失衡，市场起步困难；第三，从社会组织看，专业化服务水平亟待提高，线上线下互动不足；第四，从老人需求看，养老服务体系功能局限性与服务需求多样性的矛盾突出。在这些问题的基础上，按照整体性治理理论为智慧居家养老服务体系提供了如下建设思路：实现智慧居家养老服务体系的整体性架构；建设基于城市老年人口综合数据平台的信息网络；设置政府托底的智慧居家养老服务标准；加快培育智慧居家养老市场；逐步完善居家养老慈善（志愿者）帮扶体系。仔细分析可以发现，整体性治理理论的采用是为了服务于研究提出"问题—对策"，仍是一种静态的分析路径，对于整体性治理理念和机制的实现还有待研究与深入探讨。

---

① 常敏、孙刚锋：《整体性治理视角下智慧居家养老服务体系建设研究——以杭州创新实践为样本》，《中共福建省委党校学报》2017年第3期。

蔡小慎、田宇晶[①]采用行为人理论，分析了智慧养老服务模式中政策法律环境、市场行业环境、信息技术环境、文化意识环境四个宏观环境，以及政府、企业、社会组织、社区居委会和老年人作为行为人基于偏好、动机、资源禀赋合作互动的微观机制，结合这些宏观和微观情况构建了以政府、企业、社会组织、社区居委会和老年人为主要行为主体的智慧养老服务集体合作行为人模型。研究认为，一方面，智慧养老服务中各行为主体受到四个宏观环境影响，在合作或者博弈过程中要考虑所在宏观环境的约束；另一方面，各行为主体基于自身偏好、动机和资源禀赋等个体行为指引，在智慧养老合作网络中，既相互独立和关联，又存在矛盾与冲突，形成不同主体间的博弈与互惠关系，从而在互惠关系中演化出集体合作供给养老服务的局面。智慧养老服务是在宏观环境下行为主体集体合作演化过程中多种因素共同作用的结果，因此需要优化集体合作的决策环境、改进主体合作互动的空间结构以及加强集体合作的社会规范。该研究采用行为人理论，从宏观和微观角度深度剖析了当前信息技术应用到养老服务的影响因素，并且系统地为我们呈现了各主体参与的合作条件，以及主体由此可能会产生的博弈与互惠行为，这一点给予笔者很大启发。因为对于本书所关注的居家养老服务信息化建设来说，宏观环境尤其是宏观政策环境，将影响本书选取政府与社会组织两个主体的行动选择，两者的动机、资源禀赋也成为影响两者互动的现实依据。当然本书受到启发的同时，并不停留于这种静态的分析模式以及应然状态的可能性探讨中，毕竟从现实情况看，宏观环境、个体的行动选择以及与其他主体的互动是动态的，在不同的时期表现不同，而这种不同具体如何呈现和解释居家养老服务信息化的建设实践还需要进一步揭示。

综合来看，学界采用理论视角分析信息技术运用于居家养老服务的研究大多限于"问题—对策"的静态分析路径，对于微观机制的研究，虽然有学者进行了探讨和尝试，但是还需要以更为微观和动态的角度进行扩展和深化，而这一点正是本书试图继续增加和补充的。

[①] 蔡小慎、田宇晶：《基于行为人模型的智慧养老模式合作机制分析》，《理论导刊》2017年第5期。

二 居家养老服务信息化的建设实践情况

从学者们对不同地区建设情况的关注来看,不同地区居家养老服务信息化的表现形式和运行模式不同,主要原因在于:一方面,由于地区差异,老年人的养老服务需求内容不同,各地区可获得的养老服务资源也存在差异;另一方面,居家养老服务信息化目前是一种新型的居家养老服务形式。作为一种新事物,其表现形式和运行模式仍有待各地不断摸索和构建。

上海市是探索居家养老服务信息化的先驱者,因此,从实践来看,其采用信息技术的形式最为多样丰富。从2005年开始,上海市立足科技创新,开发了"上海市养老服务信息管理系统",以期覆盖三级民政主管部门和全市养老服务机构的信息管理网络①,系统包含4个子系统:机构养老信息管理子系统、居家养老服务管理子系统、养老服务需求评估管理子系统和数据分析子系统②。从2010年开始,上海市很多区陆续探索了不同的建设模式,例如静安区的"智慧屋"、虹口区的"网上敬老院"、嘉定区的"微家园"、徐汇区的"老年宜居社区"等③。截至2015年,上海市已有8个区县初步建立了养老服务信息化平台,不仅为独居老人提供紧急救援呼叫、电话主动关爱等居家科技服务,而且还为失智老人提供防走失定位居家科技服务④。

除了上海市,苏州市的"虚拟养老院"形式作为信息技术应用于居家养老服务的成功典范,被各城市模仿和复制的同时,也备受学者关注。2007年12月6日,苏州市建立了"政府推动、市场运作、信息化管理、专业化服务"的虚拟养老院模式,以期打造没有围墙的养老院⑤。苏州市

---

① 《上海:着力构建老年人长期照护六大体系》,《社会福利》2010年第10期。
② 高菊兰:《上海市立足科技创新 力推"四化"建设》,《社会福利》2009年第10期。
③ 张亚男、陈蔚蔚:《基于PSR模型的上海社区智慧养老发展路径研究》,《安徽行政学院学报》2017年第8期。
④ 张丽雅、宋晓阳:《信息技术在养老服务业中的应用与对策研究》,《科技管理研究》2015年第5期。
⑤ 张国平:《居家养老社会化服务的新模式——以苏州沧浪区"虚拟养老院"为例》,《宁夏社会科学》2011年第3期。

虚拟养老院模式以不足200万元的政府投资解决了2500多位老人的养老需求，大大降低了政府承担养老责任所要付出的人均养老成本，在我国甘肃、天津、山东、福建等地得到推广建设，取得了良好的服务效果①。不仅如此，它还是一座没有围墙的养老院，听起来"虚"，其实很"实"，是一种适应人口老龄化发展的新形式，通过居家养老服务平台，老人们在家通过电话便可享受便民家政、物业维修、医疗保健、人文关怀、紧急救助等服务，涵盖了日常生活的各个方面，在居住场所上与传统养老院不同②。

除了上述对某个城市集中的研究之外，郭歌、孙立娜将南京市的居家养老服务信息化运作模式概括为"4321"养老信息化模式，其中包括："4"级联网、"3"大系统、"2"个中心、"1"个平台③。张丽雅、宋晓阳通过网络检索统计出，到2015年，我国共有31个省份开展养老服务信息平台建设，其中地级市，包括地、州、直辖市的区县，开展养老服务信息平台建设的共有72个④。唐传虎总结了江苏常州的"互联网+养老"模式，提出市政府向电商购买公共服务模式，从而优化常州"12349"养老便民公益服务平台向"互联网+"升级⑤。陈建梅、宋宛聪描述了黑龙江省养老服务信息化发展历程：2013年6月，大庆市建立"96700"为呼叫号码；2014年，齐齐哈尔市通过建立并运用移动网络技术成立市居家养老网络呼叫援助中心；2017年5月，哈尔滨市启动并使用社区服务中心运营"12349"民政助老公益服务平台⑥。

另外，有学者对国内整体的主要模式进行了总结，吕学静等认为苏州"虚拟养老院"属于"民政+公司+电话"模式；哈尔滨市的"网络养

---

① 林瑜胜：《我国"虚拟养老院"发展"瓶颈"问题探析》，《东岳论丛》2017年第11期。
② 赵佳寅等：《我国虚拟养老院的信息化服务模式建设研究》，《情报科学》2014年第2期。
③ 郭歌、孙立娜：《人口老龄化背景下居家养老信息化平台建设》，《电子测试》2013年第12期。
④ 张丽雅、宋晓阳：《信息技术在养老服务业中的应用与对策研究》，《科技管理研究》2015年第5期。
⑤ 唐传虎：《常州开启互联网+养老模式向电商购买公共服务》，《党政视野》2015年第4期。
⑥ 陈建梅、宋宛聪：《黑龙江省养老服务信息化的困境与对策》，《哈尔滨商业大学学报》（社会科学版）2018年第1期。

院"是"民政+NGO+助老设备"模式;青岛市的"网络养老社区"是"老龄办+公司+手机"模式;广州市的社区综合服务中心是"民政+NGO+电话"模式,基于四种模式的分析将居家养老服务信息化总结为"管理主体+运作主体+网络工具"的应用模式①。张雷、韩永乐按照不同的分类依据将居家养老服务信息化划分为以下几种模式:按照使用智能设备不同可分为电话养老服务、"一键通"养老服务、手机养老服务、电视养老服务、机器人养老服务等方式;按照提供服务用途不同分为位置定位、提醒服务、日间照料、医疗检测、紧急救助、双向通话、代购缴费等服务形式;按照应用场所可分为智慧居家养老服务、智慧医疗服务、智能机构养老服务、智慧城市养老服务②。也有学者对智慧养老平台的发展情况进行梳理,总结了两种平台模式:一是被动响应模式,是指先建设和运营业务呼叫中心,老年人通过固定电话、移动终端或定制的呼叫器接入呼叫中心,要求提供服务并得到服务供应商的响应。二是主动推送模式,是指建立在对信息和数据的挖掘分析与监控处置的基础上,该模式所提供的服务既具有主动性和预见性,又具有精准性和专业性③。

从实践情况来看,探索居家养老服务信息化建设不仅由来已久,而且已经成为当前各地优化养老服务体系的重要选择。这既是本书的研究对象,也是居家养老服务信息化的研究价值所在。因为从学界关注的城市案例来看,对于不发达地区的建设实践关注甚少,其实践过程和实践现状作为整体居家养老服务信息化建设实践的重要组成部分,应当是值得研究和探讨的。

三 居家养老服务信息化的建设实践现状和原因分析

(一)实践现状

从学界对各地建设情况的描述来看,居家养老服务信息化建设呈

---

① 吕学静、江华:《网络在城市老年人服务体系中的应用模式研究》,《社会保障研究》2012年第4期。
② 张雷、韩永乐:《当前我国智慧养老的主要模式、存在问题与对策》,《社会保障研究》2017年第2期。
③ 郭骅、屈芳:《智慧养老平台的辨析与构建》,《贵州社会科学》2017年第12期。

现"繁花似锦"的景象①,但是实际情况如何,学界对当前发展现状进行了总结。

田兰宁认为,就目前居家养老服务信息化而言,其发展尚处于初期阶段,还很难满足老人需求。现有的居家养老服务信息平台之间不仅独立而且信息无法共享,为老年人提供的服务通讯终端存在同质化严重的弊端,我国居家养老服务信息化建设还任重道远②。睢党臣、曹献雨认为,政府和学界对我国养老需求与互联网融合已达成共识,但是如何推进,并最终使"互联网+"养老从概念走向现实,仍然缺乏清晰的实现路径③。

戴树青通过对我国几个"平安钟"服务试点城市的使用情况分析后认为,国内"平安钟"服务尚未成熟,大多数只是单一的"一键式""电话客服号式"紧急呼叫救助,呼叫后救助落实、完成情况以及整个"平安钟"服务政策还未成型④。

同春芬、汪连杰认为"互联网+"下的居家养老服务的转型发展面临以下难点:"以人为本"的理念和"养老困难"现实相矛盾;单一性的服务提供与多样性的养老服务需求之间存在偏差;固定化的服务场所和老人行动的受限性之间不匹配;滞后性的医疗护理和老人身体的风险性之间相脱节⑤。

贾伟等总结了我国智慧养老运行困境,认为我国处于起步阶段,信息化和智能化的程度低,数据应用、整合、处理上无法充分利用有效数据信息,难以实现服务对接并满足养老需求,并且我国养老产业没有成熟的商业模式,缺乏规模化经营,养老服务碎片化严重,资源得不到充分利用,

---

① 于潇、孙悦:《"互联网+养老":新时期养老服务模式创新发展研究》,《人口学刊》2017年第1期。
② 田兰宁:《对居家养老服务信息化平台建设要点的概述》,《中国信息界》2014年第12期。
③ 睢党臣、曹献雨:《"互联网+"养老平台供给模式的选择与优化——基于动/静态博弈分析》,《陕西师范大学学报》(哲学社会科学版)2018年第1期。
④ 戴树青:《老年人"平安钟"服务存在的问题及改进策略》,《南华大学学报》(社会科学版)2012年第4期。
⑤ 同春芬、汪连杰:《"互联网+"时代居家养老服务的转型难点及优化路径》,《广西社会科学》2016年第2期。

许多相关产品缺乏人性化，没有考虑到老年人的使用能力和生活习惯，导致老年人放弃使用，也没有实现服务老年人的最终目标。另外，在服务供给上过度关注生活照料、健康照护，忽视老年人精神需求①。

郑玉、龚卫中认为目前在建和已建成的养老服务平台信息平台扩展能力不足，难以方便、灵活地应对业务量的发展和需求的变更。目前已建成的养老服务平台不能贴合用户的需求，不符合实际使用状况，由于老年人对电子产品并不熟悉、网络环境不成熟等特殊情况，一些功能成为摆设。养老信息化平台结构、配置差异较大，系统稳定性、成熟度有待提高。平台缺乏统一的数据标准；各个信息系统间难以互通互联；跨机构和部门的业务流程没有整合②。

张丽雅、宋晓阳通过对比东、西、中部的养老服务信息平台建设现状指出，受地区经济实力、科技实力影响，三个地带的老年人能享受的信息化养老服务资源存在数量或者种类上的差异。同时，大多数地区的信息技术水平和设备配置水平较低，优质的智慧养老项目推广和应用有限，覆盖面过窄，限制了养老服务的专业化与产业化水平。另外，养老服务信息化标准不统一造成了养老产品质量参差不齐，相关资源浪费，制约了养老服务信息化产品发展，从各地的实践来看，部分地区进展甚缓，尚未做到利用现代信息技术，实现社会服务资源和老人服务需求的点对点对接，未能满足老年人多层次、多样化的养老服务需求③。

于潇、孙悦认为"互联网+养老"模式还处于从概念到现实的阶段，在发展中遇到多种现实困境：第一，智能设备的开发应用难以跨越"银色数字鸿沟"，现阶段智能设备的开发应用遇到层层阻碍，不仅在开发上具有局限性，类型单一，与理想差距较大，而且在应用领域存在老年人使用率和接受率不高的现状。第二，信息安全堪忧，缺乏争取的隐

---

① 贾伟等：《我国智慧养老的运行困境与解决对策》，《中国信息界》2014年第11期。
② 郑玉、龚卫中：《社区居家养老模式下的信息化平台建设》，《信息化建设》2015年第11期。
③ 张丽雅、宋晓阳：《信息技术在养老服务业中的应用与对策研究》，《科技管理研究》2015年第5期。

私控制，引发隐私和安全问题，并且大数据驱动养老服务的功能尚未有效发挥作用，一方面数据的使用停留在表面，无法真正使用，数据共享难以实现；另一方面内部数据交换与资源互补双不足，使养老服务开发动力不足，服务难以供给，服务输送难以实现。第三，线上平台监管与线下服务跟踪双重缺失，在监管上，养老服务平台"繁花似锦"的景象吸引了多方资源，但是监管与引导难以跟上。在服务跟踪上，虽然借助了信息技术对养老服务需求进行初步探索与挖掘，但是现实养老服务的供给并没有因此而增加，服务内容仍然有限，难以实现多样化和定制化的服务，服务主体未形成有机结合、科学运营的系统，服务跟踪机制缺失。第四，政策滞后使养老服务供给方各自为政，原有养老服务政策文件多为建设性意见，对具体实施养老服务的指导作用有限，养老服务提供者自成一派并且服务质量参差不齐，制度和政策的缺乏导致整体碎片化发展。功能重叠的信息平台、服务内容交叉混乱，使各类整合的服务资源实际处于碎片式、割据式、混乱式的发展阶段①。

对于居家养老服务信息化建设过程中存在问题的研究不胜枚举，还有学者们从各地建设现状或者整体建设现状进行描述后，总结了许多存在的问题，例如彭军根据湖北省居家养老服务的建设现状提出政府角色定位不准、市场运行机制发育滞后、需求拉动不足等问题②；李丽君认为兰州"虚拟养老院"存在"地方政府财力有限""缺少社会力量积极参与""志愿者队伍松散"等问题③；张举国、林垚针对兰州市虚拟养老院提出了如下问题："大部分老年人不了解""老年人参与度不高、关注度极低""服务内容和形式单一""经费不足、筹资渠道单一"④；余晓艳、赵银侠以西安市为例指出：国家政策不能及时落地，真正转化为地方具体政策的不多，地方发展定位不明确，缺乏整体规

---

① 于潇、孙悦：《"互联网+养老"：新时期养老服务模式创新发展研究》，《人口学刊》2017年第1期。

② 彭军：《以信息化推进居家养老服务供给侧改革》，《政策》2016年第6期。

③ 李丽君：《养老服务社会化建设地方实践与路径研究——基于沧浪虚拟养老院和城关虚拟养老院的案例比较》，《甘肃行政学院学报》2016年第4期。

④ 张举国、林垚：《兰州市虚拟养老服务问题与对策研究》，《经济师》2016年第11期。

划设计，政府投入不足①；陈建梅等根据黑龙江养老服务信息化建设现状指出，目前存在信息化养老服务覆盖平台不全面，信息化养老项目缺乏专业团队及人员，信息数据资源共享难，平台服务模式运营困难，"50后"老年人接受程度较低等问题②；等等。从整体问题的总结来看，基本上存在以信息技术为特征的繁荣状态，而面临居家养老服务稀少的实践现状。如此来看，居家养老服务信息化作为一种新事物，还未有成熟和适用范围较广的经验供不同的城市复制和参考，城市在探索和实践过程中都需要"摸着石头过河"，信息技术在居家养老服务中的真正应用存在许多问题，许多城市的宣传过于乐观。这一点也正是本书选取案例中所体现的，2014年H市对外发布率先开通全省首家市级居家养老信息服务平台的新闻动态，但是至今为止，服务信息平台仍然没有"服务"。当前的实践现状均表现出一种服务悬浮的状态。

（二）相关原因分析

学界对于居家养老服务信息化建设服务悬浮的实践现状如何解析呢？

首先，有学者从参与主体角度进行了论述。李长远③以各地区实践现状为证据，认为信息技术与居家养老服务难以深度融合，主要由于参与主体面临如下障碍：第一，在政府层面，由于顶层设计、政策扶持和部门协作不足，影响了深度融合；第二，在市场层面，我国社区居家养老服务体系的市场化水平较低，导致服务提供与需求脱节，加盟商、单位、服务中心和服务对象之间缺乏信任关系，服务商个性化服务缺乏；第三，在平台层面，当前养老服务信息平台狭窄、封闭并且功能单一；第四，在技术层面，服务供给与需求的信息传递渠道单

---

① 余晓艳、赵银侠：《以政策支持体系助推智慧居家养老服务发展——以西安市为例》，《陕西行政学院学报》2018年第1期。

② 陈建梅、宋宛聪：《黑龙江省养老服务信息化的困境与对策》，《哈尔滨商业大学学报》（社会科学版）2018年第1期。

③ 李长远：《"互联网+"在社区居家养老服务中应用的问题及对策》，《北京邮电大学学报》（社会科学版）2016年第5期。

一、滞后、缺乏互动性,整体智能化水平低。耿永志等[1]认为,"互联网+养老"服务模式在实践中,主要由于各主体间的原因导致两者难以有机融合:第一,主体之间缺乏共同理念,企业很少考虑养老服务本身的特点,致使政府发展养老服务的政策目标出现偏离的可能性;第二,政府及其各部门与企业整体分工不明晰,使服务发展模式混乱化和碎片化;第三,中央政府、地方政府、企业的行动方向存在偏差,导致"互联网"和"养老服务"难以有机融合。

其次,也有学者提及了老年人的影响因素。戈晶晶[2]对各类服务于老年人的智慧产品进行分析后,认为智慧养老服务难以"养老"的原因之一是老年人接受程度低,一方面,老年人难以操作智慧养老产品,信息渠道比较狭窄;另一方面,老年人具有排斥心理,这一点源于智慧产品的设计没有对养老有深刻理解,很多产品的实际功能与描述的功能不符,数据测试、报警信息、定位等都存在不准确现象,并且价格较高,相关机构和老年人家庭都难以承受。

最后,更多的学者从综合性角度进行了原因分析。向运华、姚虹[3]基于杭州市智慧养老服务建设的经验提出:第一,现阶段老年人口整体教育程度偏低,使得老人在接受和使用高科技产品的时候遇到困难。第二,由于缺乏统一的规划和标准体系,各个地区的养老基础数据库建设难以实现信息共享,也使医疗资源、人力资源等资源难以实现优化配置和共享。第三,杭州智慧养老的产业发展缓慢,社会资源的投入和关注还很有限,缺乏具有影响力的养老品牌。林瑜胜[4]纵观以"虚拟养老院"为代表的"智慧养老"模式,指出当前虚拟养老院面临"瓶颈"的根源如下:第一,服务主体不够多元,服务主体政府属性过重,难以应对增长的居家养老服务需求;第二,服务供给不够优质,

---

[1] 耿永志、王惠颖:《"互联网+养老"服务模式发展研究:转型、融合与新业态》,《天津行政学院学报》2017年第4期。
[2] 戈晶晶:《智慧养老需要走出困局》,《中国信息界》2017年第4期。
[3] 向运华、姚虹:《养老服务体系创新:智慧养老的地方实践与对策》,《西安财经学院学报》2016年第6期。
[4] 林瑜胜:《我国"虚拟养老院"发展"瓶颈"问题探析》,《东岳论丛》2017年第11期。

人才配备、服务项目、性价比等不优秀，使虚拟养老院沦为只有技术形式而无服务内容的平台摆设；第三，服务运行不够通畅，随意性和不确定性难以形成稳定、可靠、流程可塑的质量保障体系；第四，服务资源配置不够专业，养老服务资源大多处于分割离散状态；第五，服务绩效评价不够科学，仅限于某一方的权益实现。

对比实践现状和相关原因分析来看，学界对于居家养老服务信息化建设服务悬浮现状的原因分析，与前述归纳总结的实践现状中存在的问题较为类似，出现了实践现状与原因分析内容重叠的现象，给读者一种问题即原因或者原因即问题的感觉，缺乏对居家养老服务信息化建设实践现状的针对性和深层机理的剖析路径。

四 文献述评

采用信息技术作为优化升级居家养老服务的重要手段，居家养老服务信息化成为当前完善和发展养老服务体系的重要思路，也是应对我国人口老龄化挑战、弥合老年人养老服务供需矛盾的重要选择，得到政府与学界的一致认同。信息技术产生的效应和作用，以及城市实践不断兴起激发了学术界对于这一新事物的关注。从当前的文献来看，对于信息技术应用于居家养老服务的研究成果以不同的信息技术手段、不同城市实践方式、不同的研究背景进行了探讨，为本书的开展提供了丰富的经验素材，也成为本书的重要基础。本书将现有研究中存在的不足进行了如下总结。

首先，上述对居家养老服务信息化建设的理论研究中，结合理论进行分析的研究还较为少见，研究路径也比较单一，仍需要更多的理论视角进行补充和分析。在现有部分采用理论视角分析居家养老服务信息化的研究中，主要表现为两方面：一是表现为借用相关理论指导，总结问题并提出对策建议，虽然不同于"现象描述—提出问题—解决对策"的研究路径，但是出发点与落脚点相同，相对来说，具有针对性解释的同时缺少解释深度和动态的解释方式。二是出现了具有深度的理论解释研究，但是需要继续分清信息技术与居家养老服务的相关关系，并且增加较为动态的视角予以补充。马克思曾指出：理论在一个国家的实现程度,总是取决于这个理论满足这个国家的需要程度①。因此,虽然当前我国居家养老服务信息化存在理论研究的不足,但是可以预见,随着实践的深入,我国居家养老服务信息化的研究会是一个有待继续探索和深化的议题。对此,本书采用政府与社会组织互动的视角来探讨居家养老服务信息化建设,从政府与社会组织在不同阶段的互动情况来呈现居家养老服务信息化建设的实践过程,并总结两者的互动逻辑用以解析居家养老服务信息化建设服务悬浮的实践现状,从更为具体、动态、微观的层面弥补现有理论研究的不足。

其次,当前对于居家养老服务信息化的研究随着实践的拓展而开始汗牛充栋,各地从信息技术应用于居家养老服务的简单形式到高端的技术应用形式都有所论及,但是研究尚未深入。从当前整体发展情况来说,信息技术的应用情况由于国内的实践尚处于初始阶段,并且各类提法和概念层出不穷,导致概念过多立足于信息技术的具体形式、应用功能和实施路径等。因此,有必要将各类形式和建设模式做一个具体概念的抽象,弄清楚居家养老服务信息化的本质是什么,与传统的居家养老服务的实践有何不同,以此避免过度关注表面现象而忽视深层问题的分析和探索,重点将所有信息技术呈现的形式放在其具体的实践过程与实践现状的解析中。

最后,大量的研究侧重于描述现状、发现问题、分析问题和解决问题的研究路径。从而导致在学理上和研究深度上有失,从参与主体的角度来呈现和解析居家养老服务信息化建设的实践过程和实践现状的研究还未涉及。其中对参与主体在这一场域互动的内在逻辑分析和互动形态如何形塑城市居家养老服务信息化建设的实践鲜见。并且,从选取的研究对象来看,对于居家养老信息的建设实践研究多立足于较成功地区的经验描述及运行模式构建等层面,缺少对未成功城市的关注。未成功城市的实践过程是如何铺展的,哪些深层原因导致了服务悬浮的实践现状,这些基本难以见到较为深入的研究探讨。从当前的建设情况来看,各个城市都具有强大的建设意愿和动力,但从整体建设情况看仍处于初级阶

---

① 《马克思恩格斯选集》第1卷,人民出版社1995年版。

段，信息技术还难以服务于居家养老服务，无论是较成功地区还是未成功地区，这种实践现状的深层原因都是值得探讨的。因此，本书选取未成功地区的实践案例，通过主体（政府与社会组织）的互动过程呈现该地区居家养老服务信息化的建设过程，进而通过主体（政府与社会组织）的互动逻辑，解析该地区居家养老服务信息化建设出现的服务悬浮实践现状及其原因。

第三节　核心概念

一　居家养老服务

首先需要先了解"居家养老"的概念为何。早在19世纪，欧洲国家为需要照顾的老年人建立了可提供服务和照顾的机构，但老年人在获得机构照顾的同时遭遇机构非人性化、与社会隔离、标签化、缺乏隐私保护等突出问题，引起了当时社会的反思，因此从20世纪50年代初期开始，出现社会福利服务"去机构化"运动。在这个过程中，英国提出"社区照顾"思想，这是居家养老概念的最早来源，是指相对于家庭养老、机构养老的一种新型养老方式。可以说，在20世纪60年代，西方国家整体提出了让老年人"在合适环境中养老"和"老年人应尽可能长期地在家居住"的倡议。在我国香港地区最先提出居家养老概念，践行对有需要的老年人开展入户服务，在社区内为老年人提供安老服务。到2000年2月13日，我国民政部、国家计生委等11个部门颁发了《关于加快实现社会福利社会化的意见》，提出了"在供养方式上坚持以居家养老为基础、社区为依托、社会福利机构为补充的发展方向"，成为中国大陆首次使用"居家"一词最早的居家养老政策文件。在学界，很多学者提出了居家养老的不同概念。例如，袁缉辉认为从养老场所来划分，居家养老即在家养老。[1] 熊必俊将居家养老视为家庭养老[2]。穆光宗[3]、

---

[1] 袁缉辉：《养老问题浅议》，《社会科学》1996年第6期。
[2] 熊必俊：《发展社区助老事业　为老人提供居家养老服务》，《市场与人口分析》1999年第3期。
[3] 穆光宗：《中国传统养老方式的变革和展望》，《中国人民大学学报》2000年第5期。

姚远[①]认为，居家养老是与机构养老相对应的说法，它并不必然等于家庭养老，居家养老关注的是居住方式，是一种以集中居住为特征的机构养老，即分散居住在家庭中的老年人的养老形式[②]。

随着居家养老概念的不断提出和深化，居家养老服务作为其中重要的组成部分，学界对居家养老服务的认识也在不断地深化，但是其概念还尚未统一。2008年全国老龄委等发布的《关于全面推进居家养老服务工作的意见》中将居家养老服务定义为"是政府和社会力量依托社区，为居家的老年人提供生活照料、家政服务、康复护理和精神慰藉等方面服务的一种服务形式。它是对传统家庭养老模式的补充与更新，是我国发展社区服务，建立养老服务体系的一项重要内容"。章晓懿、刘帮成认为，居家养老服务以家庭为核心，以社区为平台，以专业机构为技术支撑，由政府主导购买服务，鼓励社会参与、社会组织，采取上门、日托等多种服务形式，为老年人提供生活照料、医疗保健、心理慰藉等社会化服务[③]。丁志宏、王莉莉认为，居家养老服务是老年人居住在家里，由政府、市场、社会、社区和家庭等多个社会部门为其提供生活照料、医疗护理和精神慰藉等服务，以满足老年人居家养老服务需求的一种新型养老方式[④]。丁建定指出，居家养老服务是社会养老服务体系的重要内容和方式，是符合中国传统文化、适合中国基本国情的养老服务方式，包含生活照料、家政服务、康复护理、医疗保健、精神慰藉等，以上门服务为主要形式[⑤]。徐翠蓉等认为，居家养老服务是通过社会化的服务体系为在家居住的需要照料的老年人提供多元化服务，具有服务方式多样化、服务对象公众化、服务主体多元化的特点，这种社会化的服务体系可面向所有有需求的老年人，

---

① 姚远：《从宏观角度认识我国政府对居家养老方式的选择》，《人口研究》2008年第2期。
② 穆光宗、姚远：《探索中国特色的综合解决老龄问题的未来之路——"全国家庭养老与社会化养老服务研讨会"纪要》，《人口与经济》1999年第2期。
③ 章晓懿、刘帮成：《社区居家养老服务质量模型研究——以上海市为例》，《中国人口科学》2011年第3期。
④ 丁志宏、王莉莉：《我国社区居家养老服务均等化研究》，《人口学刊》2011年第5期。
⑤ 丁建定：《居家养老服务：认识误区、理性原则及完善对策》，《中国人民大学学报》2013年第2期。

其提供的各项服务和设施全体老年人都可以享用①。随着老年人养老服务需求的不断变化，加上居家养老服务本身的发展，学术界对其概念的认识也在不断地深化。随着供给主体、服务内容、服务供给方式等都逐步增多，可以预见，居家养老服务的概念将不止于此，内容会更加丰富。

综合上述研究，结合我国国情，本书认为居家养老服务是以居家老人为服务对象，以政府为主导，采取服务购买、PPP 模式等形式鼓励并纳入市场、社会等为多元主体共同参与、相互补充的，采用不同手段（包括信息技术手段）整合政府资源、家庭资源、市场资源、社区资源、社会资源，为居家老年人提供不同层次的生活照料、家政服务、医疗护理、精神慰藉、文化娱乐、法律维权以及紧急救助等服务内容的一种社会化的养老服务体系。

二 居家养老服务信息化

居家养老服务信息化是居家养老服务完善和发展过程中的一种新型模式。各类信息技术运用的延展，极大影响了人们的生活、工作、学习、社交等方面，同时带动了传统服务业的更新升级，这种影响已经开始渗透在养老服务体系中，其中包括本书所指的居家养老服务领域。对于本书要论及的居家养老服务信息化概念，既需要直面现实的发展现状，更需要梳理学界对此的总结和认识。因此，对居家养老服务信息化的概念界定，由于前文文献综述已经呈现了国内发展现状，在此继续呈现国外的发展现状，并梳理国内学者对当前信息技术应用于居家养老服务中的概念总结和阐释，结合国内外发展情况对信息技术应用于居家养老服务的发展阶段进行划分，确定当前我国城市所处的居家养老服务信息化发展阶段，进而对居家养老服务信息化进行概念界定和实践过程划分。

（一）国外信息技术应用于居家养老服务的现状和相关研究

从国外当前的实践和研究看，信息技术融入居家养老服务已经

---

① 徐翠蓉等：《中国居家养老服务体系构建与相关主体责任定位研究》，《青岛大学学报》（自然科学版）2014 年第 7 期。

从概念走向了现实，信息技术与养老服务的融合在国外表现得更为深入和具体。首先，在不同国家的实践中，日本建立了智慧居家养老社区，利用信息技术设备，在社区内设置自动感应的危险报警器、自动检测血压血糖的智能仪器等，方便家庭医生为老年人提供针对性的健康咨询和医疗护理服务①。2012年，英国已经开始在社区医院和老年人家庭普及和推广机器人护士，为老年人提供身体健康的实时检测服务，通过机器人护士连接医生和老人，及时有效地回应老人的健康保健咨询②。波兰利用心血管植入式电子设备为患有心衰史的老年人在步行训练中提供安全、有效的远程监控③。美国、德国、意大利等研发了老年人的定制式服务型和陪伴型机器人，服务型机器人为老年人的吃饭、洗澡、上厕所等基本生活方面提供支持；陪伴型机器人类似于宠物，通过陪伴以保证老年人的身体和心理健康④。不同的信息技术手段已经在日常生活中充分地融入了老年人生活的方方面面。

其次，就国外现有研究来看，信息技术与不同特征的老年人的不同养老服务需求的结合更加广泛。第一，在老年人的社交关系方面，Green认为利用信息技术，有助于提高老年人生活水平，提高与外界交流的机会，防止老年人抑郁症的产生⑤。Godfrey等通过对老年人对信息技术的使用和需求进行调查指出，由于老年人在获取和使用社会信息时面临复

---

① Schnell M. W., "The Wisdom of the Elder", *Journal of Gerontology and Geriatrics*, 2010, p. 436.

② Shi YingYang, "Wisdom and Good Lives: A Process Perspective", *New Ideas in Psychology*, 2013, p. 313.

③ Piotrowicz E., Zieliński T., Bodalski R., et al., "Home-based Telemonitored Nordic Walking Training is Well Accepted, Safe, Effective and Has High Adherence among Heart Failure Patients, Including Those with Cardiovascular Implantable Electronic Devices: a Randomised Controlled Study", *European Journal of Preventive Cardiology*, 2015, 22 (11), pp. 1368–1377.

④ J. Broekens, M. Heerink, H. Rosendal, "Assistive Social Robots in Elderly Care: a Review", *Spring*, 2009, 8 (2), pp. 94–103; E. Broadbent, R. Stafford, B. MacDonald, Acceptance of Healthcare Robots for the Older Population, *Review and Future Directions*, 2009 (1), pp. 319–330.

⑤ Susan K. Green, "Senility Versus Wisdom: The Meaning of Old Age as a Cause for Behavior", *Basic and Applied Psychology*, 1984, p. 52.

杂的环境，所以需要为老年人提供新兴的技术手段，例如利用数字化的网络技术增强老年人在社交过程中处理复杂信息的能力，为老年人创立属于自己的社交网络，便于老年人对外分享创作，建立社交关系①。第二，在老年人看病就医方面，Jill 认为医院通过使用信息技术方便了老年人就医，使老人足不出户就能享受医疗咨询和就医服务②。Broadbent 等认为，机器人已经被认定是可以用于解决健康护理服务需求和供给的巨大缺口的一种辅助装置③。Hirani 等认为家庭远程医疗服务在 12 个月的时间内可以有效影响存在独立生活风险的老年人的生活质量和心理健康④。同时，家庭远程医疗还可以有效减少门诊就诊次数，居家老年人群体对此满意度较高，尤其是在远程医疗的医疗咨询项目中满意度最高，而另一种满意度较高的项目是物理治疗⑤。Mcdowell 等以英国北爱尔兰肺疾病患者为例，认为应用远程检测技术可以实现常规家庭保健和护理，以及家庭远程监控服务⑥。在保障老年人独立生活上，Sarela 等认为，信息技术还可以具体采用无线传感技术、通信技术和信号处理技术等，通过这些技术组合成新型的智能社会报警系统，为老年人提供连续性的远程监控，可以迅速察觉老年人的异常行为并及时提供帮助⑦。Tabar 等认

---

① Godfrey M., Johnson O., "Digital Circles of Support: Meeting the Information Needs of Older People", *Computers in Human Behavior*, 2009, 25 (3), pp. 633-642.

② Canada Jill, "Special Report. Best Hospital, Wisdom of Ages, Hispitals Seek Out Older Volunteers", *US News & World Report* (Print), 2007, p. 1412.

③ E. Broadbent, R. Stafford, B. MacDonald, Acceptance of Healthcare Robots for the Older Population, *Review and Future Directions*, 2009, pp. 319-330.

④ Hirani S. P., Beynon M., Cartwright M., et al., "The Effect of Telecare on the Quality of Life and Psychological Well-being of Elderly Recipients of Social Care Over a 12-month Period: the Whole Systems Demonstrator Cluster Randomised Trial", *Age & Ageing*, 2014, 43 (3), pp. 334-341.

⑤ Chae Y. M., Heon L. J., Hee H. S., et al., "Patient Satisfaction with Telemedicine in Home health Services for the Elderly", *International Journal of Medical Informatics*, 2001, 61 (2), pp. 167-173.

⑥ Mcdowell J. E., Mcclean S., Fitzgibbon F., et al., "A Randomised Clinical Trial of the Effectiveness of Home-based Health Care with Telemonitoring in Patients with COPD", *Journal of Telemedicine & Telecare*, 2015, 21 (2), pp. 80-87.

⑦ Sarela A., Korhonen I., Lotjonen J., et al., *IST Vivago, an Intelligent Social and Remote Wellness Monitoring System for the Elderly*, International IEEE Embs Special Topic Conference on Information Technology Applications in Biomedicine, IEEE, 2003, pp. 362-365.

为信息技术在满足老年人独立生活方面,其中一项功能便是检测老年人跌倒的情况,可以采用智能家庭监控的无线传感器,当老年人出现意外跌倒时可以感知和报警,确保老年人在需要时能够获得及时的救助和护理①。

(二)学界对国内信息技术应用与居家养老服务的概念阐释

在我国,正如前文文献中提及的,信息技术应用于居家养老服务仍停留在概念中,不仅实践方式多种多样,而且相关概念十分多样化。通过文献梳理,相关概念主要呈现如下发展趋势。

最早提及信息技术与居家养老服务融合的概念是胡黎明、王东伟提出的"数字化居家式养老社区"②,两位学者基于构建可以顺畅运营的新型老年人公寓模式,从而提出了用数字化、智能化技术手段进行管理和服务的思路。实际上这种"数字化居家式"的提法与当前所说的居家养老服务信息化不同,虽然理念相同,但是并不属于真正的居家养老服务范畴。2011年出现了"居家养老信息服务系统"③概念,是指建立在信息技术基础上,以系统化为管理思想,为政府以及其他机构打造关于居家养老的决策提供运行手段的管理平台。2012年又有学者提出了"网络化居家养老"④概念,认为它是利用信息化手段,建立起统一的为老服务平台,编织起一张以政府为主导、引入并整合全社会为老服务资源的养老服务网络,使老年人居住在家中就能尽享现代社会带来的种种便利。2013年以后,各类关于信息技术运用于居家养老服务的概念层出不穷,主要集中为"居家养老服务信息化""信息化居家养老服务""智慧居家养老服务""智能居家养老服务""互联网+居家养老服务"等,近年来以"智慧居家养老服务"概念最为

---

① Tabar A. M., Keshavarz A., Aghajan H., *Smart Home Care Network Using Sensor Fusion and Distributed Vision-based Reasoning*, 2006, pp. 145 – 154.

② 胡黎明、王东伟:《新型数字化居家式养老社区解决方案》,《智能建筑》2007年第11期。

③ 杨洪章、吕津等:《居家养老服务系统的研究与构建——以长春明珠社区为例》,《河北北方学院学报》(自然科学版)2011年第3期。

④ 史云桐:《网络化居家养老:新时期养老模式创新探索》,《南京社会科学》2012年第12期。

常见。有学者通过文献梳理总结了我国信息技术运用于养老服务概念的发展变化，认为从2007年的数字化养老到当前统一使用的"智慧养老"，经历了如下过程[①]：

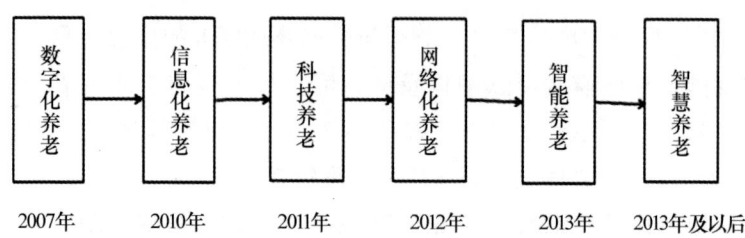

对于具体概念的阐释散见于各种研究中，在此将最为集中的概念进行归纳。首先许多学者使用"居家养老服务信息化"和"信息化居家养老服务"两种概念，代表性的概念见表1-1。

表1-1 "居家养老服务信息化"和"信息化居家养老服务"的代表性概念

概念	信息技术手段	应用价值	文献来源
信息化居家养老服务	互联网技术、移动通信技术、物联网技术相互组合，构建集成化的养老服务系统，以及信息化的养老互动平台	采集养老服务需求与供给资源、老人身体状况与养老档案等信息，运用信息技术来实现养老服务的数字化、网络化、多媒体化和智能化，打破时间、空间壁垒，让老人可以更加及时便捷地获取养老服务	孙慕梓：《多媒体技术在信息化养老服务中的应用》，《社会福利》（理论版）2016年第2期。
	"话费优惠+手机发放"的"一键通"项目为重点，搭建服务信息平台	拓宽居家老年人的养老服务渠道、增加养老服务供给，为老年人提供社会化的养老服务	彭军：《以信息化推进居家养老服务供给侧改革》，《政策》2016年第6期。
	以现代老年服务业技术和信息控制技术为基础	整合各种为老服务信息和资源，提供高质高效的为老服务，提高老年人社会参与能力	刘芷含：《舟山市信息化居家养老服务研究》，《江苏商论》2017年第2期。

---

① 孙梦楚等：《国内外智慧养老研究进展》，《特区经济》2016年第6期。

续表

概念	信息技术手段	应用价值	文献来源
居家养老服务信息化	以现代通讯、智能呼叫、互联网等典型通信技术为硬件支持	采集居家养老对象信息建立老年人信息数据库，形成集政府、服务机构和服务对象为一体的综合信息管理服务平台，实现虚拟养老、视频监控、人员定位、短信发布等一系列功能	郭歌、孙立娜：《人口老龄化背景下居家养老信息化平台建设》，《电子测试》2013年第12期。
	以感知终端为手段，以云服务平台为支撑	整合不同供应商的服务渠道，使居家养老者通过电脑、网络、固话、手机等智能终端获得便捷的服务	田兰宁：《对居家养老服务信息化平台建设要点的概述》，《中国信息界》2014年12月。
	以信息技术为支撑，构建养服务信息化平台	整合社区资源和专业化的社会资源，为居家老年人提供社会化、专业化及个性化的养老服务，疏通养老供需信息渠道，使全体老人可以共享信息社会的成果	万莼：《基于信息化支撑的社区新型养老服务模式研究——以杭州市为例》，中国软科学研究会，《第十届中国软科学学术年会论文集》，2015年。

资料来源：作者通过文献检索汇总。

近年来，还有很多学者使用"智慧居家养老服务""智能居家养老服务""互联网+居家养老服务"等概念进行总结。从学者诠释的定义来看，最终都归属于"智慧居家养老服务"的总体范畴（见表1-2）。从文献呈现的情况来看，"智慧居家养老服务"概念最早包含于"智慧养老"中。"智慧养老"的概念先被学界提及，其最早来源于计算机技术、工程管理等专业领域的硕士论文进行的探索性系统开发研究，之后以中国人民大学左美云教授为代表的学者进行了更为详细的系统开发与应用相结合的研究。随着研究的深入，逐渐分离出更具针对性的"智慧居家养老服务"概念，表1-2所归纳的概念就是基于这种针对性的概念，而没有对所有的智慧养老概念进行总结。

表1-2　　　　　　　智慧居家养老服务的代表性概念

概念	信息技术手段	应用价值	文献来源
智慧居家养老服务	物联网、互联网等现代信息技术的综合应用	对居家养老老人提供基于数据采集、分析、处置的安全监控、健康医疗和生活便利服务	单忠献：《智慧居家养老服务的实践模式与发展对策——以青岛市为例》，《老龄科学研究》2016年第8期。
	互联网	改变居家养老服务的信息传递方式、强化资源整合力度、革新养老观念等手段，破解现有居家养老存在的问题，为居家养老的发展带来新的革命性契机	睢党臣、彭庆超：《"互联网+居家养老"：智慧居家养老服务模式》，《新疆师范大学学报》（哲学社会科学版）2016年第5期。
	互联网、物联网、社交网、大数据、云计算等	对涉老信息进行自动检测、传递、处理及存储，将老人与服务提供者、监护人及政府联系起来，满足老年人的居家养老需求，促进养老服务业发展并为政府决策提供支持	唐美玲、张建坤等：《智慧社区居家养老服务模式构建研究》，《西北人口》2017年第6期。
	借助互联网、物联网、大数据等网络信息技术	创新和发展商业模式创新，提升居家养老服务质量，最大限度满足居家老人社会服务需求	常敏、孙刚锋：《整体性治理视角下智慧居家养老服务体系建设研究——以杭州创新实践为样本》，《中共福建省委党校学报》2017年第3期。
	互联网、物联网、云计算等先进的信息技术，加上互联网服务、智能感知设备等手段	最大限度地实现老人的生理健康指标、位置信息、活动量等各类传感器通过互联网和数据中心随时随地实时连接，同时让其子女和家人、养老机构等服务机构和志愿者等相关人员能远程实现对居家老人的安全看护、健康监测、生活服务和精神关爱等服务，能让老人在日常生活中不受时间和地理环境的限制，在家中度过高质量的老年生活	杨波、林毓铭、丑建忠：《广州市智慧居家养老服务质量评价》，《社会保障研究》2017年第4期。

资料来源：作者通过文献搜索汇总。

纵观来看，概念的演变过程呈现两方面的趋势：首先，应用于居家养老服务中的信息技术形式越来越多样化，从服务系统、服务平台、"一键通"等朝着更高端的互联网、物联网、云计算等形式不断增加。

其次，在应用价值上，不断扩展为信息整合、管理协助、资源整合、不同类型服务需求满足等。

（三）居家养老服务信息化概念的提出

对于上述"居家养老服务信息化"或者"信息化居家养老服务"主要概念的提出，没有学者论及两者的不同，或者概念的来源为何。因此，本书在此尝试简单地从发展现状和发展阶段的角度，阐释选用"居家养老服务信息化"这一概念的原因。

结合学界的概念，如果将整体的概念进行归类，本书认为，信息技术应用于居家养老服务可以从信息技术是直接还是间接响应居家老人的养老服务需求的表现来进行简单抽象和分类。从当前的实践情况看，国外信息技术与居家养老服务的结合更多表现为一种信息技术直接响应养老服务需求的形态，属于高级阶段。信息技术（例如机器人、远程医疗）可以直接面对老年人的养老服务需求，提供在生活照料、看病就医、社交生活、紧急救助等方面的协助。也就是说，老年人通过直接使用各种不同形式的信息技术就可以直接满足自己的养老服务需求。当然这一点也包含在了国内学者提出的"智慧居家养老服务"概念中，以及在国内有部分科技公司已经投入的实践中，例如为老年人设计的可穿戴设备——智能手表、便捷呼叫器等已经可以直接实现为老年人提供健康监测类和紧急呼叫类服务。但是相对来说，国内直接响应养老服务需求的信息技术开发和应用还比较有限，相关研究和应用处于起步阶段[1]，信息技术应用于居家养老服务的方式，还属于将传统居家养老的服务内容、服务需求、服务流程等与信息技术两个不同环节的简单结合，属于初级阶段。信息技术手段的使用价值类似于中介作用，表现为将老年人的养老服务需求通过信息技术手段连接养老服务资源从而满足养老服务需求。

有学者指出，概念是对客观事物规律性及其本质特征的认识和表述，所以，不同概念的提出，不仅是说法的变换，更是认识的深化[2]。

---

[1] 齐爱琴：《国内智慧养老文献综述》，《科技视界》2017年第7期。
[2] 姚远：《从宏观角度认识我国政府对居家养老方式的选择》，《人口研究》2008年第2期。

这一点从上述信息技术应用于居家养老服务概论的演变中已有体现。随着应用于居家养老服务的信息技术手段不断被挖掘，老年人养老服务需求不断调整和增加，信息技术回应老年人养老服务需求的方式将发生变化，学术界对其概念的认识和阐释也将不断地扩展和延伸。可以预见，类似的概念将不止于此，还会更加丰富。在此需要指出的是，概念虽然可以超于现实，呈现这个新兴事物的发展方向和发展趋势，但是对于研究的深入仍需要立足于现实，从而可以避免陷入对形态万千的现象的表面描述和讨论。结合上述分析，从国内城市居家养老服务信息化的实践情况以及学界针对不同城市的研究可以发现，当前我国信息技术融入居家养老服务的发展现状是以信息技术间接响应养老服务需求为主。城市居家养老服务信息化建设暂时处于一种初级阶段，但也在努力尝试探索高级阶段，而当前这种阶段和过程更多属于"居家养老服务信息化"。

理解和解释居家养老服务信息化概念，可能还需要理解"信息化"概念。20世纪60年代，日本学者伊藤阳一首先提出了信息化的概念，他认为信息化是指从物质生产占主导地位的社会向信息产业占主导的社会发展的过程[①]。我国1997年召开的首届全国信息化工作会议上，将信息化定位为培育、发展以智能化工具为代表的新的生产力并使之造福于社会的历史过程[②]。杨学珏总结了学术界三个关于信息化的主要观点：第一，信息化就是计算机技术现代化、通信技术现代化和网络技术现代化，强调信息化的技术层面以及信息化的技术特征表现；第二，信息化是指在人类社会活动中通过普遍地采用信息技术，更加充分有效地开发和利用信息资源，推动经济发展和社会发展的过程，强调信息化对经济和社会的促动作用；第三，信息化是指人类利用信息技术手段，增强开发和利用信息资源的能力，从而实现经济发展、社会进步乃至人类生活方式等变革的过程，强调信息化不仅具有推动社会经济发展的作用，而且也是人类自身开发和利用信息资

---

① ［日］伊藤阳一：《日本信息化概念与研究的历史》，载李京文等编《信息化与经济发展》，社会科学文献出版社1994年版。
② 邓鑫政：《军事信息化人才定位研究》，《科技信息》2011年第3期。

源的能力提高的过程①。

对比以上三个观点可以发现，对于信息化来说，我国目前的城市居家养老服务信息化建设处于探索和实现第一种及第二种信息化的过程中。首先，应用于居家养老服务中的信息技术在技术层面和技术特征上还处于不断探索的过程中。其次，在居家养老服务中采用信息技术是一种不断追求和实现有效开发和利用养老服务需求和供给信息资源的过程，以此促进居家养老服务体系的完善和发展。总结而言，纳入居家养老服务内容是信息化外延的扩展，而居家养老服务引入信息技术是居家养老服务内容的延展和内涵的深化。信息技术完善和发展居家养老服务的过程是"居家养老服务信息化"，当这一过程达到相应程度后便可以称作"信息化居家养老服务"或者"智慧居家养老服务"。目前来说，我国城市信息技术融入居家养老服务的实践大多还处于初级阶段的建设和发展过程，因此使用"居家养老服务信息化"这一说法更为贴切。

（四）居家养老服务信息化概念及实践过程

从国内学者阐释的概念来看，居家养老服务信息化可以抽象为"信息技术+居家养老服务"两种关键要素，即利用什么形式的信息技术手段，以及如何利用这些信息技术手段整合养老服务资源，为居家老人提供什么样的养老服务。居家养老服务信息化的落脚点在"服务"，其最终目标仍是为老年人提供居家养老服务，其本质在于提升老年人的生活质量。因此，从它的建设目标和本质出发，本书进行居家养老服务信息化概念界定。从它的两个组成要素出发，本书将主体在居家养老服务信息化中的实践过程，划分为"物理性建设+居家养老服务落地"两个过程。主体作为居家养老服务信息化建设的行动者，居家养老服务信息化建设也是主体的实践场域，而物理性建设和居家养老服务落地是主体实践中的两个具体场域。

首先，本书将"居家养老服务信息化"界定如下，是指以老年人养老服务需求为基础，利用现代通信技术和信息网络技术等不同的信

---

① 杨学钰：《中国产业结构升级与信息化推动》，博士学位论文，中国社会科学院研究生院，2000年。

息技术形式，搭建居家养老服务信息平台，开发利用有效的感知终端设备，以服务信息系统为物质支撑，在政府主导、市场化运作、专业化服务、社会参与、老年人满意的建设和发展路径下，将居家老人的服务需求与政府、市场、社会、家庭等主体的服务资源有机链接，及时有效地回应和满足老年人基础性、多样化、个性化的养老服务需求，实现提升老年人生活质量的居家养老服务新形式。

此外，围绕居家养老服务信息化"信息技术＋居家养老服务"两个关键组成要素，可以将居家养老服务信息化划分为物理性建设和居家养老服务落地两个实践过程，这两个实践过程是主体行动和互动的具体场域。主体的行动和互动在这两个实践场域内展开，实现两个实践过程即实现居家养老服务信息化的整体性建设目标（见图1-2）。

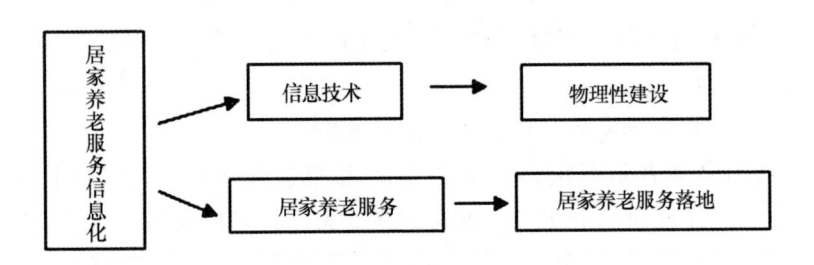

图1-2 居家养老服务信息化的组成要素和主体实践场域

"物理性建设"是指在搜集和整理养老服务需求、养老服务供给资源的基础上，采用不同形式的信息技术手段形成具有逻辑性的信息系统、综合性的信息平台和便捷性的连接终端等，是居家养老服务信息化中信息技术的建设过程，以信息技术为主要特征，物理性建设过程是最异于原有居家养老服务的显著之处。它直接使原有居家养老服务的服务手段和服务方式发生了变化，服务对象不变，但是服务内容拓展较大[1]。采用信息技术是对原有居家养老服务空间的拓展，可以说，在基于对老年人服务需求做出前瞻性思考后，主体在居家养老服务信

---

[1] 余晓艳、赵银侠：《以政策支持体系助推智慧居家养老服务发展——以西安市为例》，《陕西行政学院学报》2018年第1期。

息化建设中的行动和互动将涉及对这个实践场域的铺展。

"居家养老服务落地"是居家养老服务信息化建设的最终目标，是指通过信息技术的辅助，以老年人的服务需求为依据，将匹配的养老服务资源有效地传递给老年人的过程，也是居家养老服务信息化最终实现居家养老服务供给的过程，以服务为主要特征。居家养老服务落地是经过信息技术升级的居家养老服务供给过程，这是居家养老服务信息化中主体行动和互动的重要场域，主体在这个场域的行动和互动如果得以实现，就可以完成居家养老服务信息化建设的最终目标。

这两个实践过程有机组成了居家养老服务信息化整体实践过程，主体需要同时在两个实践场域开展行动和互动。正如学者强调的，信息化建设与落地养老服务是同步推进、相辅相成的[①]。物理性建设是实现居家养老服务落地的保障，以实现居家养老服务落地为目标进行形塑，延长了居家养老服务的支撑链条，创造了新的居家养老服务供给结构和供给方式。同时，居家养老服务落地是检验物理性建设是否有效的标准，体现了应用信息技术的价值，也是指导和调整物理性建设的重要依据。这两个实践过程或者说主体实践的两个场域需要同时推进、相互调适才能实现居家养老服务信息化的整体建设和发展。

三 社会组织

国内外对社会组织的称谓或者相对应的概念很多，主要有志愿组织（Voluntary Organization）、第三部门组织（the Third Sector Organization）、非政府组织（Non-Governmental Organizations，简称NGO）、非营利组织（Non-Profit Organizations，简称NPO）、慈善组织（Philanthropic Organization）、中介组织（Medium Organization）等等。这些概念在表述中往往依据主体的不同、场景的不同、侧重点不同而被学者们选用。在我国，党的十六届六中全会首次提出社会组织概念，并倡导发挥各类社会组织提供服务、反映诉求、规范行为的作用。在党的十七大报告中又赋予社会组织以明确定义：为除政府和市场之外的"非营利组

---

① 常敏、孙刚锋：《整体性治理视角下智慧居家养老服务体系建设研究——以杭州创新实践为样本》，《中共福建省委党校学报》2017年第3期。

织、民间组织、第三部门与非政府组织"的统称,不包括各类营利性企业组织、政党组织、宗教组织和家庭组织①。学界也对社会组织做了相关概念界定,张尚仁认为,所谓的"社会组织"是指政府与企业外面向社会提供某个领域的公共服务的法人实体,并将社会组织分为准行政组织、事业组织、公益组织、中介组织②。

  社会组织具有许多不同的称谓,各个学者给出的概念不尽相同,对于某些组织的社会组织性质也存在些许争议。有学者认为可以从组织具有的核心特征来判断某个组织是否属于"真正的社会组织"。社会组织的核心特征以萨拉蒙提出的组织性、民间性、非营利性、自治性、自愿性最具有代表性,被学界广为接受和使用。学者王诗宗就是其中之一,他指出当前人们对于何为"真正的社会组织"的判断标准,以萨拉蒙的这种划分影响最大,只要具备组织性、民间性、非营利性(或非利润分配)、自治性(或自我管理)、自愿性的组织,即为NGO/NPO③。也有其他学者提出了相似的特性总结,张文礼认为社会组织最显著的特征是非营利性、自愿性和专业主义④。还有学者针对中国的社会组织特点,总结了更为具体的社会组织基本特点。王浦劬等在《政府向社会组织购买公共服务研究——中国与全球经验分析》中指出,中国的社会组织不仅具有西方国家非营利组织(NPO)或非政府组织(NGO)的某些特征,而且保留了中国特定的国情和制度赋予的特点,具体来说包含如下基本特征:不以营利为目的;不同于政府机构与市场组织;有特定的使命和目标;其行动不是追求剩余利润的分配,而是为了完成其特定使命⑤。

---

  ① 陈洪涛:《"社会组织"概念的政策与理论考察及使用必要性探析》,《社团管理研究》2009年第6期。
  ② 张尚仁:《"社会组织"的含义、功能与类型》,《云南民族大学学报》(哲学社会科学版)2004年第2期。
  ③ 王诗宗:《独立抑或自主:中国社会组织特征问题重思》,《中国社会科学》2013年第5期。
  ④ 张文礼:《合作共强:公共服务领域政府与社会组织关系的中国经验》,《中国行政管理》2013年第6期。
  ⑤ 王浦劬等:《政府向社会组织购买公共服务研究——中国与全球经验分析》,北京大学出版社2010年版。

在居家养老服务场域中，有学者对社会组织进行了针对性的概念界定。陈莹将这类社会组织定义为狭义的社会组织，即民办单位非企业，并总结了其四个作用：社会服务和公共服务的供给者；社会资源和公共资源的配置者；政府和民众的搭桥者；社会自治的探路者①。李灵芝等将参与社区居家养老服务中的"社会组织"定义为是除政府与营利企业外，为推进养老公益事业或发展养老产业而组建的相对独立的社会群体，职责即为整合政府、企业、社会等力量，提供专项养老服务，不以营利为主要目标，旨在承担社会责任②。宋雪飞等指出，其所界定参与居家养老服务的"非营利组织"是指除了政府和营利性企业之外的，不以营利为目的，向社会提供居家养老服务的相对独立的社会群体，具有非营利性和民间性的特征，主要包括民办非企业、公益性社会组织等，其主要职责是通过联合政府、企业以及社会等的力量，无偿或低偿提供居家养老服务③。

另外，社会组织分类中具有民办非企业性质的社会组织具有一定特殊性，学界对其社会组织属性存在质疑。宋雪飞等人提出上述社会组织概念的同时，强调了当前参与居家养老服务供给中社会组织的特殊性，虽然社会组织不以营利为目标，但是考虑到居家养老服务领域社会组织的发展困境，为了鼓励社会组织长远发展，按照现有法律规定不允许其进行利润分红的基础上，应当允许其有适当的利润空间④。但是带有营利色彩的民非组织，王名等人在探讨社会组织发展的议题中就提出质疑，他认为与社会团体相比，虽然民非的民间性、自治性更强，但是实际上其营利色彩也较重。从法理上看，某些在民政部门登记注册的民非应归属于非营利组织，但是中国有相当一部分民非带

---

① 陈莹：《社会治理视角下社会组织嵌入社区居家养老服务研究》，《社会福利》（理论版）2017年第1期。

② 李灵芝等：《社会组织参与社区居家养老服务的模式构建研究》，《现代城市研究》2014年第9期。

③ 宋雪飞等：《非营利组织居家养老服务供给：模式、效用及策略——基于南京市的案例分析》，《南京大学学报》（哲学·人文科学·社会科学）2017年第2期。

④ 宋雪飞等：《非营利组织居家养老服务供给：模式、效用及策略——基于南京市的案例分析》，《南京大学学报》（哲学·人文科学·社会科学）2017年第2期。

有的营利色彩使其更像是营利组织①。因此，他指出，这类民非组织应该强调它的非营利性，它与其他社会团体、基金会的主要区别在于它是一种直接提供各种社会服务的实体性机构或实体性社会组织，实体性是其有别于社会团体的一个基本特征。

在本书的案例中，参与 H 市居家养老服务信息化建设的 LT 社区养老服务中心就属于学界所争议和质疑的社会组织类型。其生成带有企业背景，并在居家养老服务信息化建设中也暗藏营利偏好，笔者曾经纠结于其是属于社会组织性质还是市场性质。但是该服务中心在开展居家养老服务信息化建设过程中，政府给予它的合法性身份为"具有民办非企业性质的社会组织"，并要求"不以营利为目标，履行职责义务，为发展 H 市社会养老事业做出贡献"。另外，政府部门与服务中心在对外宣传中，也极为明确地将服务中心定位为社会组织。至于服务中心是否将利润进行分红，可以说至今为止，该服务中心仅依靠外部资源维持组织的生存，并且开始探寻为社区提供服务的组织价值。因此，本书在此使用社会组织对其进行概念界定。

本书将参与居家养老服务信息化建设的社会组织界定为狭义的社会组织，是指除了政府和市场营利性企业外，不以营利为目的，在信息技术手段的辅助下，以为老年人提供便捷而多样化的服务为宗旨，在居家养老服务信息化建设过程中扮演运营者、服务供给者、资源整合者、服务信息中介者、服务宣传者等角色。

第四节　篇章安排

整体而言，本书以"政府与社会组织互动"为视角，呈现和解析 H 市居家养老服务信息化建设的实践过程和服务悬浮的实践现状。本书一共分为七个章节，除了交代研究的问题、文献综述、核心概念、研究方法、研究难点和创新点的第一章"导论"外，其他各章的内容安排如下：

---

① 王名、朱晓红：《社会组织发展与社会创新》，《经济社会体制比较》2009 年第 4 期。

第二章题目为"政府与社会组织互动：居家养老服务信息化建设实践的一个面向"，笔者将对本书所采取的理论视角进行详细交代。首先呈现社会组织参与城市居家养老服务信息化建设的意义和趋势，提出居家养老服务信息化成为政府与社会组织互动的新场域。其次，详细梳理学界现有政府与社会组织关系研究中"控制"与"合作"的两种研究取向，在这些研究的借鉴和启发下，本章交代选用政府与社会组织"互动"这个动态的视角解析居家养老服务信息化建设实践的原因。最后，结合城市实践和学界对居家养老服务信息化的研究，提出本书抽象化的分析框架。

第三章题目为"互动催生：居家养老服务信息化基本建设模式的确立"，笔者将分析政府与社会组织互动是如何催生的，以及如何形成了居家养老服务信息化基本建设模式。首先分析政府发起居家养老服务信息化的建设背景，然后呈现和解析社会组织的生成过程，以及社会组织的生成与居家养老服务信息化建设的基本模式的关系。

第四章题目为"互动开始：社会组织行动策略与物理性建设的铺展"，笔者将分析居家养老服务信息化物理性建设的实践过程，如何在政府与社会组织互动开始阶段得以实现。首先分析社会组织采取嵌入式发展行动策略的背景，继而呈现了社会组织采用政策嵌入和关系网络嵌入两种行动策略，与政府围绕物理性建设形成以合作为基础的互动过程。在此基础上，分析两者的互动逻辑并揭示其对物理性建设实践过程，以及对居家养老服务信息化建设整体目标的影响。

第五章题目为"互动发展：政府的限制与居家养老服务落地的失败"，笔者将分析居家养老落地实践过程如何在政府与社会组织互动发展阶段遭遇失败。首先分析居家养老服务落地的必要性，然后呈现政府对社会组织在居家养老服务落地实践过程中三种探索方式的限制，在此基础上揭示两者形成以限制为表现的互动形态的逻辑及其对居家养老服务落地的影响，以及最终对居家养老服务信息化建设的影响。

第六章题目为"居家养老服务信息化建设实践的优化路径"，笔者结合前文的分析，提出了优化居家养老服务信息化建设的三个主要路径：首先指出，政府与社会组织需要对信息技术与居家养老服务的关系进行整体性认知；其次认为，居家养老服务信息化建设必须坚持以服务老年人为核心理念；最后提出，构建政府与社会组织以合作为基础的互动条件。

第七章题目为"结论与讨论"，笔者分析上述案例政府与社会组织互动逻辑与居家养老服务信息化建设的实践过程与实践现状的机制关联。总体而言，指出居家养老服务信息化实践表现为服务悬浮的现状，总结政府与社会组织互动情况与居家养老服务信息化物理性建设和居家养老服务落地两个实践过程之间的关系，继而提炼出在不同实践过程中，政府与社会组织表现出对居家养老服务信息化建设的宏观环境，以及组织利益、组织目标和资源现状的微观条件的遵从，以此形成不同的互动形态，继而动态地形塑居家养老服务信息化建设的服务悬浮状态。最后，就难以与居家养老服务信息化建设实践剥离的宏观层次的整体实践环境、中观层次的主体合作与冲突，以及微观层次的老年人养老服务有效需求促进等议题进行延伸探讨。

第五节　研究方法

本书主要采用实地研究法和文献研究法。

一　实地研究法

本书选取 H 市"12349"居家养老服务信息化建设为实地调研对象。2015 年 8 月开始笔者在导师的带领下对 H 市进行实地调查，在 H 市民政部门领导、居家养老服务建设负责任人和"LT"服务中心负责人的安排和介绍下，获得了了解 H 市居家养老服务信息化建设的机会。在实地调研中了解到，2013 年 6 月，H 市确定引进 B 市"政府支持、企业支撑、市场运作"的运营模式，开展 H 市"12349"居家养老服务信息平台（以下简称"12349"平台）建设项目。根据 H 市政府的建设构想，通过成立社会组织即 LT 社区养老服务中心，与电信公司和政府部门签订合作协议，与市场服务机构签订加盟协议，与老年人签订入网协议，由此形成了 H 市"12349"平台建设项目不同主体之间的相关关系（如图 1-3 所示），这也成为 H 市"12349"平台建设项目的运行方式，但是实践现状表明，这种运行方式只实现了"12349"平台的搭建完成，具体的服务供给悬浮于表面，居家养老服务还未得到落地。

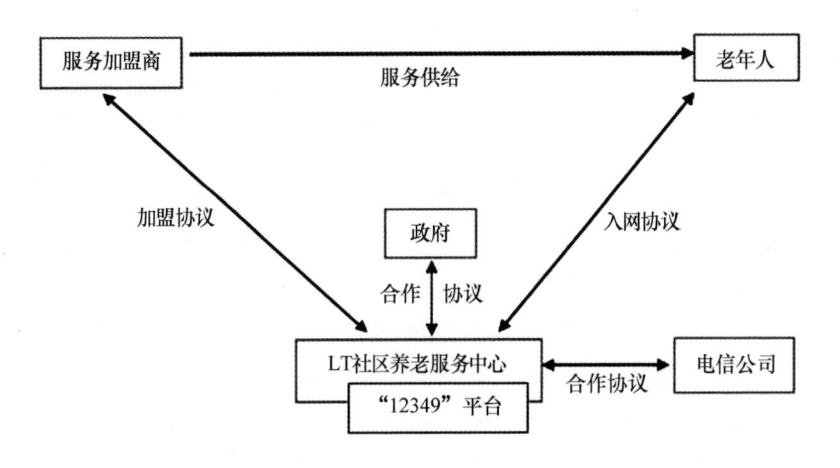

图 1-3　H 市"12349"居家养老服务信息平台参与主体关系

本书关注的重点是：首先，服务机构、电信公司、社区对"12349"平台建设项目的认知、参与的动机、目的和期望，对"12349"平台建设项目的评价，以及存在问题及其原因。其次，老年人的基本情况，使用"12349"平台服务的情况，以及对"12349"平台的认识和评价。最后，政府与社会组织开展"12349"平台建设项目的背景、真正动机、条件、开展过程，以及二者对于当前现状的认知和原因分析。针对本书探讨的问题，围绕"12349"平台建设项目有关的主体，采用座谈和深度访谈方式获取第一手资料。

座谈会一共分为 3 次，座谈会的地点、参与人员如表 1-3 所示。

表1-3　　　　　　　三次座谈会基本情况统计表

场次	地点	参与人员
第一次	H市民政局会议厅	H市民政局副局长、市社会福利与慈善科科长、某区民政局局长和副局长、"LT"服务中心负责人、H市电信公司大项目部经理、JX社区副书记、HQ社区主任和老龄协会会长、各社区养老专干等
第二次	HQ社区居家养老服务中心二楼会议室	社区主任、老龄协会会长、社区公益岗位工作人员、社区网格员、社区老年人
第三次	"12349"信息服务平台运营中心"LT"社区服务中心	"LT"外联工作人员、电话接线员、财务工作人员；"HBS"管道疏通公司和"JJL"家电维修店老板

另外，不断对相关参与人员进行访谈。在实地调研的访谈过程中采用笔录和录音两种方式，及时将笔录手稿与录音进行对应整理，之后通过电话、微信等手段与政府和社会组织的关键人员进行持续性的交流和探讨，获得大量补充材料。截至本书开始着手写作时，共获得8万余字的访谈资料。关于访谈对象的选取，按照图1-3中"12349"平台建设项目涉及的主要对象进行选取，包括了省市区民政干部、社区干部和工作人员、LT服务中心主任和工作人员、电信公司经理和工作人员、老年人等，具体访谈人员以及人员情况见表1-4。

表1-4　　　　　　　访谈对象基本情况一览表

访谈对象	编码	基本情况
政府部门（G）：	GL01	男，省民政厅社会福利与慈善处处长
	GL02	男，省民政厅社会福利与慈善处副处长
	GF03	男，省民政厅政策法规处处长
	GC04	女，H市民政局副局长
	GC05	女，H市社会福利与慈善科科长
	GW06	男，H市社会福利与慈善科副科长
	GZ07	男，H市HZ区民政局局长
	GC08	男，H市HZ区民政局副局长

续表

访谈对象	编码	基本情况
社区（C）：	CY01	男，H市JX社区副书记
	CZ02	女，H市JX社区日间照料中心负责人
	CD03	女，H市JX社区养老服务专干
	CY04	男，H市JX社区养老院院长
	CZ05	男，H市HQ社区书记
	CT06	男，H市HQ社区老年协会会长
	CW07	女，YZM社区网格员
社会组织（S）：	SL01	男，H市LT社区养老服务中心主任
	SX02	男，服务中心外联工作人员
	SW03	女，服务中心财务管理员
	SC04	女，服务中心座席人员
市场服务机构（M）：	ML01	男，HBS管道疏通公司负责人（已加盟）
	MS02	女，JJL家电维修店老板（已加盟）
	MW03	男，LX家政服务中心负责人（未加盟）
	ML04	女，HS餐馆老板（未加盟）
	MZ05	男，某三甲医院外科医生
电信公司（T）：	TY01	男，电信公司H市分公司项目经理
	TZ02	女，电信公司H市分公司项目办公室人员
老年人（E）：	EW01	男，67岁，1儿1女，空巢老人
	EL02	女，65岁，1儿2女，与儿子同住
	EY03	女，64岁，2女，独居
	EC04	女，63岁，2儿1女，独居
	EW05	男，69岁，2儿，空巢老人

总体来说，通过多次补充调研，访谈对象中与H市"12349"平台建设项目有关的关键性代表人员，以及各种不同类型的参与人员均有涉及。希望通过不同主体的阐述，可以对访谈资料进行总体上的相互印证、纠偏，在一定程度上避免因研究方法导致片面性和局限性，从而获得更为可靠的围绕H市"12349"平台建设项目的重要材料。

二 文献研究法

文献研究是一种通过收集和分析现存的，以文字、数字、符号、画面等信息形式出现的文献资料，来探讨和分析各种社会行为、社会关系及其社会现象的研究方法①。本书选择文献研究法得益于在以 H 市"12349"平台建设项目为考察对象开展调研的过程中，集中获得了大量 H 市 2013 年至 2015 年间居家养老服务和 H 市"12349"平台建设项目铺展过程中的地方性政策法规文件、官员讲话、相关部门的工作总结、研究文献、工作报告、大众媒体的相关报道等较为翔实的资料。并且在之后对 H 市的补充调研期间，获得了 2016 年至 2017 年关于"12349"平台建设项目重要的补充文件材料。首先，这些资料为本书呈现了两方面的过程：一是 H 市居家养老服务信息化的建设实践过程；二是政府与社会组织围绕居家养老服务信息化建设采取的各种行动。此外，这些资料不仅支撑了本书以政府与社会组织互动视角呈现居家养老服务信息化建设过程的设想，而且在很大程度上为本书从政府与社会组织的互动形态及其逻辑，来解析 H 市居家养老服务信息化建设不同实践阶段的状况提供了依据。

第六节 研究的难点和可能的创新点

一 研究的难点

一方面，本书使用的主要方法以个案为主，辅以实地调研和文献研究。虽然深入探究了 H 市政府与社会组织的互动过程和互动逻辑，以及由此呈现了居家养老服务信息化建设的实践过程，充分考虑到了动态性和整体性，但是难逃个案研究结论的特殊性和适应性质疑。对于这个问题，笔者认为本书关注的案例是对类似于 H 市这类经济不发达城市在居家养老服务创新中的探索，与笔者调研的国内四个经济不发达城市开展居家养老服务信息化建设的情况相同。这些城市的情况

---

① 风笑天：《社会研究方法》，中国人民大学出版社 2001 年版。

都表现为，地方政府与社会组织合作完成了居家养老服务信息平台的搭建，但是随着居家养老服务信息化项目的不断深入，政府与社会组织一开始表现出的以物理性建设为主要内容的良性互动，并没有在成功实现这一阶段性目标后朝着或者保持这种良性的互动形态发展，而表现为两者通过互动完成了物理性建设的实践过程后，居家养老服务落地的实践过程没有继续通过互动得到实现，致使居家养老服务信息化建设面临服务悬浮的尴尬境遇。H 市的案例不仅可以呈现出多数地区的实践情况，而且对案例总结出的实践过程和服务悬浮现状的机理，可以在一定范围内解释我国部分城市当前的普遍实践情况。

另一方面，由于牵涉政府部门，往往存在许多敏感地带，尤其涉及政府与社会组织行动动机、态度转变等内在原因的分析时，对资料的收集和获取要求较高，如果无法获取相关证据支持，将很难揭示背后的深层逻辑。对于这个问题，笔者在调研过程中十分重视与相关重要人士建立相互信任的关系。从实地调研开始至今，笔者与 H 市分管居家养老服务工作的副局长、具体负责实施工作的社会福利与福慈科科长以及 LT 养老服务中心工作人员 XP 仍然保持着密切联系，并与参与 H 市居家养老服务信息化建设的 LT 服务中心负责人 L 主任成为好朋友，为本书及时地获得最新和可靠资料创造了便利条件。

因此，H 市从 2013 年开展居家养老服务信息化建设到笔者 2015 年的调研时间为止，所有政策文件在政府部门相关人士的帮助下基本上都已经获得，搜集到的材料如下：首先，政府引入他地建设模式的政策依据、可行性分析、政府初步的建设规划、与 LT 公司签订的合作协议书、具体政策支持文件、每个季度县市区完成入网任务情况表以及上报的工作进展情况及存在的问题、宣传工作开展情况、市级和区级领导的公开讲话稿、建设进度汇报和总结，等等。其次，服务中心与老年人的入网和服务协议书、与服务加盟商和电信公司的合作协议书、服务中心简介、上报给政府部门的工作计划、中心工作人员管理细则，等等。同时，对于这些静态材料，在调研过程中注重对市民政局领导及其区民政领导，以及服务中心负责人和工作人员进行求证，希望通过不同主体的访谈对所获得的这些材料进行相互印证，在开展访谈过程中注意对重点问题的深入和与之相关问题的扩展，希望通过访谈资料的整理能够体现访谈对象的真实想法，并且通过不同证据资料对重点问题进行相应印证。最后，在调研过程没有关注到的问题以及H市居家养老服务信息化建设后续的发展情况，因为已经与参与建设的重要人物建立了信任关系，虽然不能直接再进行实地调研，但是经常使用非直接接触方式（主要为微信、电话）进行交流和探讨，获得了许多补充性材料。

二 研究的创新点

本书可能获得的创新点主要有以下方面：

第一，本书的研究议题为居家养老服务信息化，它作为养老服务的新兴领域，较多研究侧重于"现状—问题/原因—对策"的研究路径，缺乏实证与理论结合的深度研究，本书在一定程度上弥补了现有研究的局限。在我国老龄化程度日渐加深的背景下，亟须养老服务体系中具有基础性地位的居家养老服务实现完善和发展。与此同时，信息技术的发展和延伸提供了新的方向和选择，通过采用信息技术手段升级优化居家养老服务体系，打造新型的居家养老服务信息化模式已经在城市中广泛践行。随着实践的不断拓展，居家养老服务信息化备受学界关注。从现有研究看，学界总结了大量居家养老服务信息化的实践现状，也提出了存在的问题或者相应的原因分析，并提出了诸多可供优化的对策建议。这些研究为我们展示了当前居家养老服务信息化建设的整体情况，但是"现状—问题/原因—对策"的研究路径还较为单一，部分讨论多从应然角度展开，缺乏实证研究与理论研究的深度结合。因此，本书通过对具体案例的剖析，结合理论视角深度解析这一新型居家养老服务模式的实践过程和实践现状。

第二，本书采用"政府与社会组织互动"为理论视角，从两者动态的互动角度而非静态的关系角度呈现了居家养老服务信息化建设的实践过程，解析了居家养老服务信息化建设有"信息技术"而无"居家养老服务"的服务悬浮现状。政府和社会组织是居家养老服务信息化建设的主体，二者的互动型塑了居家养老服务信息化建设的发展走向，这一视角有助于深层次剖析其实践机制和实践现状。居家养老服务信息化建设异于传统的居家养老服务建设的实践过程，政府与社会组织作为居家养老服务信息化建设中的实践者，两者在不同的实践阶段所体现出来的行为及其互动形态不同，这一点恰好给予了本书一个深度和动态的解析居家养老服务信息化建设实践的视角。在本书选取的居家养老服务信息化建设的案例城市中，政府与社会组织从互动萌芽、互动开始再到互动发展的过程，与居家养老服务信息化的建设实践过程相互对应。两者在不同实践过程中受到宏观政治环境的影响，基于组织利益、目标和资源条件等微观条件，产生了围绕不同居家养老服务建设实践过程的选择性行为，形成了早期以合作为基础的互动，以及后期以限制为表现的互动，两种不同的互动形态十分有助于深度解析居家养老服务信息化建设服务悬浮的实践现状。这种动态呈现和解析居家养老服务信息化建设的实践过程和实践现状的理论视角和研究路径，是当前学界还未深入和未涉及的。

第三，本书将居家养老服务信息化抽象为"信息技术+居家养老服务"两个要素的有机组合，据此将居家养老服务信息化建设划分为物理性建设和居家养老服务落地，并且两者是同步推进、相辅相成的关系。对于居家养老服务信息化建设的这种划分是很重要的，因为居家养老服务信息化是信息技术与居家养老服务深度融合的过程，但是在实践过程中以及有关学者的研究中出现将信息技术的使用与居家养老服务的供给等同而论的问题。由此，主体在两个实践场域内的行动表现出一种现象：将物理性建设与居家养老服务落地分离实践，认为完成了以信息技术为特征的物理性建设实践过程后，居家养老服务落地的实践过程便会继续或者自动得以实现。因此，对居家养老服务信息化建设的实践阶段进行划分，才能更为深刻地认识两者的不同与相互关系，从而指导主体在这两个实践场域的行动中，应当避免过度关注和放大信息技术优势的倾向，而忽视了以居家养老服务为本质的居家养老服务信息化建设实践的最终目标。

第二章

政府与社会组织互动：居家养老服务信息化建设实践的一个面向

第一节 社会组织——一支重要的居家养老服务信息化实践力量

在公共服务领域，大多数学者认同多元参与理念，认为现代生活的复杂性使得政府不再处于驾驭社会的地位，解决社会公共问题需要政府同私人组织或者非营利性团体协同，以公共组织、私人组织、非营利组织结成联盟的形式行动。这种多元化的理念渗透了居家养老服务领域。有学者认为单纯依靠政府不足以应对日益增长的养老服务需求，需要政府、社区、家庭、各类民间组织相互协调合作来共同造就居家养老服务体系①，通过走政府、社区、家庭和个人相结合的道路，解决现阶段居家养老老年人的照料问题②。多方供给居家养老服务是当前的必然趋势，关系到居家养老服务模式的可持续发展③。因此，形成政府主导、多元主体共同参与的机制是实现居家养老服务的重要途径，也是构建社会养老服务体系的重要内容。在这种从一元到多元的主体扩展中，社会组织成为政府"多元"选择中重要的选择，现代居家养老服务体系建设已经离不开社会组织的强力参与④。

---

① 赵立新：《社区服务型居家养老的社会支持系统研究》，《人口学刊》2009 年第 6 期。
② 赵丽宏：《城市居家养老生活照料体系研究》，《学术交流》2007 年第 10 期。
③ 赵乐：《社区居家养老服务中政府与市场角色定位分析》，《社会工作》（下半月）2010 年第 5 期。
④ 王义：《发挥社会组织在现代养老服务体系中的重要作用——以李沧区养老协会为例》，《社团管理研究》2012 年第 11 期。

第二章 政府与社会组织互动：居家养老服务信息化建设实践的一个面向

党的十八届五中全会强调，社会组织是社会治理的重要载体，政府要推动社会组织明确权责、依法自治，确保社会组织成为党和政府的有力帮手。从社会组织自身发展来看，20世纪70年代以来，社会组织数量增长迅速。根据民政部发布的《2016年社会服务发展统计公报》的数据显示：截至2016年年底，全国共有社会组织70.2万个，其中社会团体33.6万个，民办非企业36.1万个，基金会5559个（见图2-1）。数据表明，社会组织在数量和规模上均取得了较大发展。它们参与公共服务领域的热情高涨，自身能力提升促使其成为承接政府职能、创新社会治理、增加公共服务供给的重要载体。

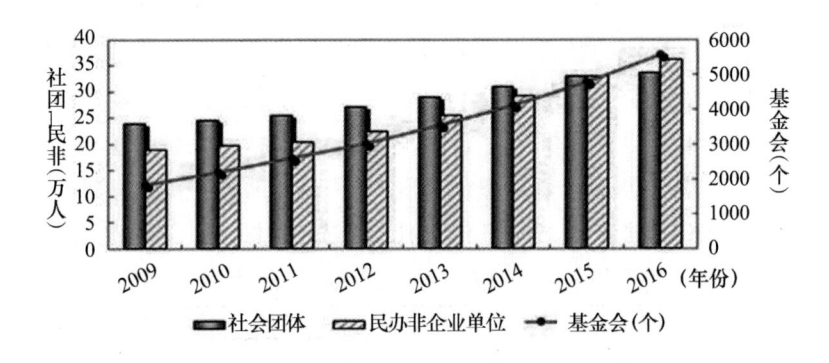

图2-1 社会组织发展情况

资料来源：《2016年社会服务发展统计公报》，民政部网站，2017年8月3日。

社会组织参与居家养老服务带有自身独特的优势，它具有公益性、灵活性、志愿性、服务性等特性，扮演着政府、市场和家庭所不能替代的角色①，同时在居家养老服务方面具备目标公益、内容弹性、情感注入和绩效取向等特征，可以纠正和补偿政府失灵、市场失灵和家庭失灵②。可以说，社会组织作为独立于政府和市场之外，同时又与政府和市场有着千丝万缕联系的非营利部门，解决了政府与市场不能解决

---

① 李长远：《社会组织参与居家养老服务的困境及政策支持——基于资源依赖的视角》，《内蒙古社会科学》（汉文版）2015年第4期。
② 李长远：《国外社会组织参与居家养老服务的典型经验及借鉴》，《中国海洋大学学报》（社会科学版）2015年第6期。

的社会问题①，可以弥补政府服务供给不足，实现居家养老服务的新形势、新手段和新途径，扩大居家养老范围②，是养老服务体系建设中一支重要的力量，搭建了政府与市场连接的桥梁。在已有的实践中，社会组织带来的以下现实效应已经得到认可：供给居家养老服务成本较低、效率相对较高；供给居家养老能够产生较高的经济社会效益；能整合社会的各种资源，增加养老产品的丰富性③。

在以居家养老服务实现为本质的居家养老服务信息化领域，社会组织不仅是倡导多元主体参与的代表，而且其作用已不能小觑。有学者指出，在采用信息技术完善居家养老服务过程中，由于线下的养老服务机构具有营利能力小、社会关注度低等特点，加上在政府投入相对不足，非营利性的社会组织成为能够兼顾市场化、专业化和公益性的组织形态④。有许多学者也已经认识到，就目前中国的发展现状而言，在为老年人提供服务、整合各类资源等方面，社会组织很有可能成为最适宜发展居家养老服务信息化的平台和载体⑤。而这种可能已经在很多城市的居家养老服务信息化实践过程中得到印证和践行。

上海市虹口区和静安区按照"政府购买、社会组织运营"方式开办了"网上敬老院"和"智慧屋"，社会组织承接便民服务和专业服务，为老年人提供就近、便利、诚信的优质服务⑥。杭州市江干区通过政府购买服务形式引进上海市"海阳慧老服务中心"管理智慧养老信息中心，鼓励辖区老人以低偿、会员制等形式自主购买养老服务；上城区政府通过招标，由"在水一方"承接"居家服务无忧在

---

① 汪锦军：《公共服务中的政府与非营利组织合作：三种模式分析》，《中国行政管理》2009年第10期。

② 祁峰：《非营利组织参与居家养老的角色、优势及对策》，《中国行政管理》2011年第10期。

③ 宋雪飞等：《非营利组织居家养老服务供给：模式、效用及策略——基于南京市的案例分析》，《南京大学学报》（哲学·人文科学·社会科学）2017年第2期。

④ 常敏、孙刚锋：《整体性治理视角下智慧居家养老服务体系建设研究——以杭州创新实践为样本》，《中共福建省委党校学报》2017年第3期。

⑤ 史云桐：《网络化居家养老：新时期养老模式创新探索》，《南京社会科学》2012年第12期。

⑥ 张亚男、陈蔚蔚：《基于PSR模型的上海社区智慧养老发展路径研究》，《安徽行政学院学报》2017年第4期。

线平台"的呼叫服务①。青岛市以"政府主导、市场化运作、社会化服务"建设"青岛市北区 e 家养老院",由社会组织运营区级养老服务中心,依托"社会组织运营信息服务平台"为老年人提供服务②。2011 年西安市莲湖区采取"公建民营"形式建立居家养老服务信息平台,交给社会组织管理运营,每年投入最低 20 万元的运营补贴支持;碑林区瑞泉智慧养老服务中心采取 PPP 模式,由企业自建网络信息平台,政府提供一定的资金支持(200 万元建设资金 + 400 万元福彩金),交由企业下属的社会服务机构运营③。

从以上社会组织参与居家养老服务信息化的地方建设路径可以发现,社会组织生成和参与居家养老服务的最大动力来源于政府部门,政府主要通过购买、引入等方式交由社会组织建设和运营。其内涵都是在政府角色不可替代的基础上,吸纳和允许社会组织共同开展建设和运营。笔者的调查结果表明,政府部门在考量政治目标、社会偏好、政策可操作性等因素下,往往更愿意选择社会组织作为居家养老服务信息化建设的帮手,这一点在很多地方政府要求某类投身于建设的营利性单位成立具有民办非企业性质的社会组织中表现得更为突出。经由政府挑选的社会组织,或者由政府和企业协商成立的社会组织承担居家养老服务信息化平台的建设和运营,为老年人提供及时、便捷、个性化和多样化的养老服务。这就表示,借由居家养老服务信息化的建设,政府基于自身资源和能力的需要,通过不同的方式为社会组织参与建设提供机会,意味着政府与社会组织围绕居家养老服务信息化建设开展互动,或者说在居家养老服务信息化建设过程中伴随着政府与社会组织的互动。

---

① 常敏、孙刚锋:《整体性治理视角下智慧居家养老服务体系建设研究——以杭州创新实践为样本》,《中共福建省委党校学报》2017 年第 3 期.

② 单忠献:《智慧居家养老服务的实践模式与发展对策——以青岛市为例》,《老龄科学研究》2016 年第 4 期。

③ 余晓艳、赵银侠:《以政策支持体系助推智慧居家养老服务发展——以西安市为例》,《陕西行政学院学报》2018 年第 1 期。

第二节 政府与社会组织"互动"：
一个分析视角

互动本身的定义是指一种个体与个体之间或者群体与群体之间围绕具体事件、具体问题等彼此发生作用或变化的过程。政府与社会组织互动是一种微观和动态的两者相互作用过程，通过互动可以形成不同的关系形态。从当前学界对政府与社会组织的研究来看，直接以互动作为重点的研究不多，研究的归结点大多为两者互动所产生的关系结果，即政府与社会组织关系研究。政府与社会组织关系研究历史悠久，虽然研究结果所追求的目标大多在于两者的互动结果，但是同时也对两者的互动过程进行了呈现和阐述，对本书具有重要的指导意义。因此，本书选取的政府与社会组织互动视角，离不开已有政府与社会组织关系研究所提供的借鉴和启发。

一 "控制"与"合作"：政府与社会组织关系的两种取向

在政府与社会组织关系研究中，有学者指出，由于政府与社会组织之间是动态的、在不同地区具有不同表现形态的关系[1]，因此两者的关系具有复杂性、多样性和多变性，以至于到目前为止，政府与社会组织关系的相关研究虽然汗牛充栋，但是仍尚无定论并且还在持续探究中。从文献搜索来看，政府与社会组织的关系研究以政治学、管理学和社会学的研究最多，也最为深入，这些研究又以政府与社会组织关系类型、关系形成的机理或者逻辑最为常见和令人深思。中国语境下的社会组织从诞生开始，总是与掌管所有社会事务的政府部门形成不同的关系形态，从总体的研究以及实践中政府与社会组织关系的发展演变来看，学界对政府与社会组织的"控制"和"合作"两种关系的研究最为集中，从中探索和界定两者关系的类型和生成机制。

---

[1] 张文礼：《合作共强：公共服务领域政府与社会组织关系的中国经验》，《中国行政管理》2013年第6期。

第二章 政府与社会组织互动：居家养老服务信息化建设实践的一个面向

（一）控制：政府与社会组织关系的现状

控制关系表现为政府对社会组织的一种管理和约束，国内学者的控制研究大多根植于政府与社会组织实践过程中显现的状态和结果。回溯我国政府与社会组织的关系状态，政府对社会组织的控制一直存在，不同的时期表现的控制程度不同，可以总结为"全面控制"和"分类控制"。

中华人民共和国成立以后，中央集权的政治体制和计划经济体制得以建立，社会各种力量和资源都被纳入政治体制，缺乏相对独立的社会空间，社会组织几乎被掩盖甚至不存在，政府对社会组织有绝对的控制权。从当时的社会环境看，这种绝对的控制权具有积极的功能，首先有利于结束总体性混乱的社会危机，其次有利于国家尽快回归到工业化和现代化发展的轨道上，结束政治解体和社会解组的危难局面[1]。通过这样的方式，中国稳定了政治局面和社会秩序，在短期内实现了经济的快速发展，使新生政权得到巩固，同时使政府成为经济社会中无所不包、无所不能的全能型政府。政府采取的策略是"在政治上，实行党政合一、党国合一；在经济上，工商企业被改造成国家控制；在社会生活上，所有发端于民间的组织全部被纳入政府控制范围"[2]。政府通过全方位的渗透和严格抑制体制外的其他组织力量满足国家意志和战略，有学者总结：国家的基本政策取向是抑制甚至禁止民间社会团体的发展，国家借由控制单位组织来整合社会，导致行政体系外的社团活动被禁止[3]。在这种政社合一的形势下，政府与社会组织之间没有界限和空隙，形成一种严密的同构状态[4]，可以说，政府与社会组织的职能缺乏相应边界，政府对社会组织采取全面控制态势，形成一种政府对社会组织全面控制的关系格局。

直至改革开放，社会发展的失衡问题日渐凸显，改革开始从经济

---

[1] 唐兴军：《嵌入性治理：国家与社会关系视阈下的行业协会研究》，博士学位论文，华东师范大学，2016年。

[2] 俞可平：《中华人民共和国六十年政治发展的逻辑》，《马克思主义与现实》2010年第1期。

[3] 崔月琴、张冠：《社会组织管理模式变迁及创新路径》，《江海学刊》2014年第1期。

[4] 张钟汝等：《国家法团主义视域下政府与非政府组织的互动关系研究》，《社会》2009年第4期。

领域向政治、生活领域扩展，由此而来的是社会公共空间的出现和扩展，加之公众日益呼唤公共服务，政府仅凭一己之力无法满足日益增长的公共服务需求，因此主动转变职能，逐渐放松对社会组织的全面控制，社会组织开始萌芽和快速发展。但是这并不意味着政府放弃了对社会组织的控制，在此期间，国家陆续颁布了《社会团体登记管理条例》《民办非企业登记暂行条例》以及《基金会管理条例》，其基本导向都体现了政府对社会组织的约束和控制。尤其是《社会团体登记管理条例》在社会组织的登记注册、组织架构、发展和日常管理等方面进行了严格的规定，成为社会组织极高的发展门槛，考验着社会组织[1]。政府通过政治体制形塑的双重管理模式，规制民间社会组织的发展，同时倾向于支持官办社会组织，挤压同一领域民间社会组织生存空间[2]。政府在意识到社会组织作用和发展的同时，在市场经济发展和国家释放社会空间的过程中表现出的明显的国家主义色彩，以期通过双重管理体制以及对社会组织资金的掌控，限制社会组织活动范围，力图将社会组织极大程度地纳入政府监管的范围内[3]。双重管理体制被许多学者视为政府对社会组织进行自上而下管理和控制的实践[4]。

政府对社会组织的控制在不同程度延续的同时，基于市场经济发展需要形成了学者普遍提出和认同的"分类控制"特征。郁建兴、吴宇认为政府对于可能威胁政治秩序的社会组织要么直接抑制，要么通过行政化、业务监管、资源管控、分类管理等方式，控制社会组织的行为[5]。康晓光、韩恒进一步提出，大量社会组织的出现和发展开始瓦解传统的国家全面控制模式，从而开始形塑一种新的国家控制体系，即分类控制体系。换言之，政府对不同类别的社会组织实行分类控制，

---

[1] 管兵：《统合、嵌入、参与：社会组织发展路径探讨》，《浙江学刊》2017年第1期。
[2] 邓莉雅、王金红：《中国NGO生存与发展的制约因素——以广东番禺打工族文书处理服务部为例》，《社会学研究》2004年第2期。
[3] 毕素华：《法团主义与我国社会组织发展的理论探析》，《哲学研究》2014年第5期。
[4] 顾昕、王旭：《从国家主义到法团主义——中国市场转型过程中国家与专业团体关系的演变》，《社会学研究》2005年第2期。
[5] 郁建兴、吴宇：《中国民间组织的兴起与国家—社会关系理论的转型》，《人文杂志》2003年第4期。

允许从事社会服务和公益慈善等服务领域的社会组织发展，限制具有政治潜力的社会组织发展[①]。王信贤按照政府的分类控制思想将国内社会组织划分为四种类型：一是高社会服务高政权威胁型组织，政府将此类组织直接纳入体制内进行管理，例如工会；二是高社会服务低政权威胁型组织，政府鼓励发展的同时加强监管，例如行业组织；三是低社会服务高政府威胁型组织，这种组织一旦出现即刻被政府取缔，严厉禁止其发展，例如异议团体；四是低社会服务低政权威胁型组织，政府放任发展，干预不多，例如兴趣组织[②]。也有学者在认同分类控制理论的基础上更深入地指出，政府对不同的社会组织实行差异化的控制方式，实施什么样的控制策略和控制强度，取决于政府的利益需求以及社会组织的挑战能力和社会功能[③]。也就是说，分类控制在强调政府对社会组织控制的同时，认为政府在控制手段、方式与强度上，将社会组织的经济、社会服务能力，以及对政府潜在的威胁和影响等纳入考虑，从而选择性地采取控制策略。分类控制成为我国社会组织发展过程中的一个重要阶段[④]，在很长一段时期内成为研究中国政府和社会组织关系的理想类型。

分类控制带来的是政府与社会组织之间呈现出"强者"与"弱者"的不对等合作关系[⑤]，从而形成了社会组织的"依附式发展"特征。政府的分类控制方式致使社会组织悬浮于政府的社会治理过程中，缺乏独立性，以资源交换、依附式自主策略寻求发展，最终成为政府权力、需求与秩序整合的被动参与者[⑥]。对于社会组织来说，其生存和发展仍然

[①] 康晓光、韩恒：《分类控制：当前中国大陆国家与社会关系研究》，《社会学研究》2005 年第 6 期。
[②] 周俊、郁建兴：《中国公民社会发展的温州模式》，《浙江社会科学》2008 年第 6 期。
[③] 唐兴军：《嵌入性治理：国家与社会关系视阈下的行业协会研究》，博士学位论文，华东师范大学，2016 年。
[④] 王名、孙伟林：《社会组织管理体制：内在逻辑与发展趋势》，《中国行政管理》2011 年第 7 期。
[⑤] 车峰：《我国公共服务领域政府与 NGO 合作机制研究》，博士学位论文，中央民族大学，2012 年。
[⑥] 徐珣：《社会组织嵌入社区治理的协商联动机制研究——以杭州市上城区社区"金点子"行动为契机的观察》，《公共管理学报》2018 年第 1 期。

受到政府的控制,"依附式发展"成为社会组织的基本特征①。依附式发展在这个时期最为突出的表现是社会组织的"二政府"身份。尤其是具有政府背景的社会组织,其发展深深受到行政化的模式影响和束缚②。康晓光指出,我国非营利组织具有"官民二重性",因此正确处理非营利组织与政府的关系是研究非营利组织的重点之一。分类控制与依附式发展是政府与社会组织控制关系中的一体两面,政府对社会组织实行分类控制手段,社会组织对社会组织采取依附式发展策略。

总体来看,政府对社会组织控制的论题都可以归结为:改革开放以来,我国政府应对变迁的社会环境采用何种策略、手段或者态度对不断发展的社会组织进行管理。从学者的研究来看,甄别控制的界限在于政府对社会组织的控制程度,或者说是社会组织对政府的依赖程度与依赖路径。有学者指出,改革开放可作为中国国家与社会关系的转折点,改革开放前社会组织由国家控制,改革开放后社会组织拥有更多的自主权,虽然依旧依附于国家,但是改革开放前原有的严格控制已经出现松动③。分类控制或者社会组织依附政府生存和发展的情况便是这种松动的现实表现。

(二)合作:政府与社会组织关系发展的趋势

随着全能型政府逐步追求向有效和有限型政府转变,学者们开始将目光投向合作关系的研究,从整体的政府对社会组织控制关系现状以及二者将可能产生关系趋势挖掘合作的空间和生成机制。很多学者从资源依赖的视角,解释了政府与社会组织产生合作关系的基础。郁建兴等指出,近年来的研究更加强调政府与社会组织的资源依赖关系,提倡拓宽政府与社会组织的协同领域,创新协同方式④。汪锦军认为,资源依赖理论解释了政府与社会组织的合作机制,正是由于两

---

① 康晓光:《依附式发展的第三部门》,社会科学文献出版社2011年版。
② 陈蓓丽:《从官办社团到现代的"非政府组织"——对上海市阳光社区青少年事务中心的个案研究》,《社会工作下半月》(理论) 2008年第4期。
③ White G., "Prospects for Civil Society in China: A Case Study of Xiaoshan City", *Australian Journal of Chinese Affairs*, 1993, 29 (29), pp. 63–87.
④ 郁建兴、金蕾:《社区社会组织在社会管理中的协同作用——以杭州市为例》,《经济社会体制比较》2012年第4期。

者之间存在资源与权力的相互依赖关系,从而促成了两者的互动合作,两者的互动过程就是资源的相互依赖过程①。马立、曹锦清指出组织间的资源是双向的、开放的,政府将长期集中掌握的公共权利和公共资源向社会组织进一步释放,为社会组织提供了必要的资源支持和政治动力,社会组织获得政府资源提供公共产品和公共服务,承接政府公共服务责任,与政府在特定领域进行合作,成为政府职能转变的重要载体②。

另外,学者还从组织能动性的角度出发,认为社会组织能动性的发挥是社会组织与政府走向合作的关键,这也成为许多学者探讨二者合作生成机制的重要论题。随着改革开放的不断深化,社会主义市场经济的不断导入,公民的整体性社会利益结构被打破,出现利益多元化、差异化趋势,为了维护和实现自己的利益,形成了不同的利益表达机制,其中通过结成具有共同利益的组织成为重要的利益表达方式,促成了社会组织活动空间的进一步拓展。随着社会组织的强大,Lu Y. 认为社会组织在无法避免依附政府的同时,努力寻求组织的自主性和独立性空间,通过采取与政府在一系列制度、经济和个人因素上的能动性策略,与政府建立某种协商和妥协的机制,获得生存和发展③。贺立平从组织功能的角度分析了半官方社会组织在与政府互动中的生存策略,他认为在社会组织成长发育的路径中存在与政府的让渡和拓展的双向互动关系,除了政府将已有的资源、职能和核心领域主动让渡外,社会组织在拓展的新空间中可以发挥能动性,可以获得新的资源和承接新的职能④。康晓光等在提出分类控制思想后,探讨了社会组织如何在不同程度地依附于政府的事实下发挥能动性,并认

---

① 汪锦军:《浙江政府与民间组织的互动机制:资源依赖理论的分析》,《浙江社会科学》2008 年第 9 期。
② 马立、曹锦清:《基层社会组织生长的政策支持:基于资源依赖的视角》,《上海行政学院学报》2014 年第 6 期。
③ Lu Y. , *Non-governmental organizations in China : the rise of dependent autonomy*, Non-Governmental Organisations in China, 2008 , p. 39.
④ 贺立平:《让渡空间与拓展空间——政府职能转变中的半官方社团研究》,中国社会科学出版社 2007 年版。

识到"分类控制"的局限性，通过对 17 家社会组织进行实证研究，总结了政府与社会组织的互动合作经验，建立了基于合作原则、合作策略、合作措施在内的社会组织行动策略分析框架，为社会组织提出了以下与政府进行合作的详细策略：第一，社会组织要了解与政府合作的外部环境；第二，寻找双方的利益交叉点；第三，通过多方合作寻求突破口；第四，向政府表达合作的意向；第五，获得政府信任；第六，精心设计合作项目[1]。也有学者通过案例分析指出，随着社会组织在公共服务、教育、环保等领域表现越来越卓著，政府与社会组织之间出现利益契合，从而形成政府控制下的支持关系[2]，而如何产生利益契合，需要社会组织在政府提供有利社会组织发展的政策条件下，能动地执行政府政策并寻求更高层次的发展：一方面与政府博弈改变政策；另一方面增强自我社会功能以转变政府态度。由此可见，社会组织在政府采取的控制策略下，并不完全是被动的主体，而是在与政府始终保持互动形态中围绕自身利益能动地采取应对策略寻求生存和发展，互益或者互惠成为两者合作产生和持续的关键。

　　国内还有许多学者基于当前政府与社会组织关系的现状，对两者合作关系的路径进行了总结，并对构建两者的合作关系进行了建议和展望。赵敬丹认为政府通过自我调整、创新服务方式，不断整合社会组织，使社会组织在参与服务供给过程中逐渐明确自身的发展策略，两者在"共生共强"中推进经济社会的和谐发展[3]。汪锦军认为，政府未来的选择应该是推动与民间组织的公共服务合作，将民间组织纳入政府整体公共服务安排中，并提供合理的制度框架以实现目标，提高民间组织公共服务能力，提供与服务目标相一致的资金支持，构建政府与民间组织互动合作的框架[4]。同时，他认为越持久的合作，越

---

[1] 康晓光等：《NGO 与政府合作策略》，社会科学文献出版社，2010 年版。
[2] 江华等：《利益契合：转型期中国国家与社会关系的一个分析框架——以行业组织政策参与为案例》，《社会学研究》2011 年第 3 期。
[3] 赵敬丹：《论第三部门与服务型政府内在逻辑的契合》，《社会科学辑刊》2012 年第 4 期。
[4] 汪锦军：《浙江政府与民间组织的互动机制：资源依赖理论的分析》，《浙江社会科学》2008 年第 9 期。

第二章 政府与社会组织互动：居家养老服务信息化建设实践的一个面向

需要双方构建制度化的合作框架，以引导互动的开展①。张文礼总结了公共服务领域政府与社会组织关系的中国经验，认为政府与社会组织在合作关系的基础上，两者将迈向"合作共强"的阶段②。敬乂嘉认为，在合作治理过程中，社会组织不再仅仅扮演直接养老服务提供的角色，而是通过发挥其影响力与政府共同参与居家养老服务的决策、咨询、实施、评价与监督，政府与居家养老服务是相互代理或相互代表的关系③。黄浩明认为，政府应该通过与有条件的民间组织合作，开放公共服务领域，形成政府充当裁判员、民间组织为运动员的合作机制，这对社会及合作双方都有裨益④。

从上述学者们对政府与社会组织关系研究来看，学者关于控制关系研究的逻辑起点是在我国"强国家、弱社会"的大背景下，政府为了维持社会稳定或出于维护政府权威的初衷，担心社会组织的发展成为体制外的异己力量，从而对党和政府的权威形成挑战，因而对社会组织严加管控，成为社会组织发展的阻力。随着社会矛盾变化和社会组织成长，政府希望社会组织发挥能力之外的补充作用，承担部分社会管理职能，政府在不同时期基于不同的出发点，采取时松时紧的态度释放出社会空间，由此产生了这个时期学者们提出的两者之间的分类控制关系。学者们提出的分类控制关系既是对政府这种态度转变的洞悉，又是在政府对社会组织全面管控情况下对两者合作空间和合作机会的一种探讨，虽然学者们没有明确提及。从全面控制到分类控制的过程，正如学者总结的，是政府自上而下的强制性变迁和社会组织自下而上的诱致性制度变迁的过程⑤。

---

① 汪锦军：《公共服务中的政府与非营利组织合作：三种模式分析》，《中国行政管理》2009年第10期。
② 张文礼：《合作共强：公共服务领域政府与社会组织关系的中国经验》，《中国行政管理》2013年第6期。
③ 敬乂嘉：《从购买服务到合作治理——政社合作的形态与发展》，《中国行政管理》2014年第7期。
④ 黄浩明：《国外民间组织的国际化发展实践及其借鉴意义》，《社会治理》2016年第5期。
⑤ 康宗基：《我国民间组织的发展及其与政府的互动关系研究》，博士学位论文，华侨大学，2011年。

正如上文提出的，分类控制关系强调政府对社会组织在控制手段、方式和程度基础上，还会考虑到社会组织的经济、社会服务能力，以及对政府潜在的威胁和影响，从而选择性地采取部分控制或者部分合作。政府与社会组织合作是学者们和社会大众所希望看到的景象，因此在探讨两者合作关系时更多的是在挖掘合作的生成机制，或者是如何能够构建和促进两者的合作关系，合作关系是在政府控制或者主导背景下的一种最为理想的关系类型，也是政府与社会组织重要的关系发展趋势。

二 政府与社会组织的互动视角

学界对于政府与社会组织关系的研究根植于中国的现实土壤，表现出研究者对当前两者现实关系的抽象演绎，也表现出研究者在"控制"与"合作"中的理想类型偏好。虽然有兼而有之的论述，但是并不明晰，都是在"控制"与"合作"的关系框架下逐渐走向分而论之的趋势，从而形成了控制论和合作论的二元论取向。这对于审视我国政府与社会组织关系状况大有裨益，但是也表现出了一定的局限性。当把"控制"和"合作"两种关系模式简单地用于分析政府与社会组织共同参与的场域（例如社区管理、环境保护、居家养老服务供给）时，便会发现，这两种关系模式不能充分解释两个主体在具体场域中的动态关系形态。因为政府与社会组织往往同时"在场"，不仅存在"控制"与"合作"关系兼而有之的情况，而且时常存在在时间谱系上两种关系不断切换的过程。这种动态的切换过程需要从政府与社会组织动态的关系过程予以补充，不能完全使用某一种关系类型一语概之。同时，从学者们通过经验演绎和总结得到的政府与社会组织关系情况看，落脚点在两者关系类型的归纳和解释，这一点从研究目的来说无可厚非，但是对于具体场域实践的指导和影响不能在相关研究中直接获得。如果从政府与社会组织的关系角度来理解相关场域的形塑和发展情况，那么需要将侧重点放在两者相互作用的微观过程中，即从政府与社会组织关系的生成过程来展现两者参与场域的实践过程，从中获得指导和影响具体场域的机制，这就与学界对政府与社会组织关系研究有所不同，学者演绎的"控制"或者"合作"关系往往侧重的是一种结果,而这两种关系的生成过程是更为微观和动态的过程,是两个主体在"场内"相互作用、相互影响的过程。这个过程便是本书的着眼点,重点在于通过政府与社会组织间相互作用的过程,解析对居家养老服务信息化实践过程的影响和形塑。

采用政府与社会组织的互动视角并不是笔者的主观之举,而是基于以下几点:

首先,互动强调的是政府与社会组织之间不是"有你无我"式的二元状态,而是在政府与社会组织围绕具体场域相互作用、相互影响过程中常常两者皆有,甚至不断变换的情况。有学者曾将社会组织与政府的关系总结归纳为,不是单纯的互补型、合作型或者竞争型,而是这三者在某种程度上的混合。"混合"便是兼而有之的状态。采用互动能够超越既有研究者根据不同立场产生的先验判断,从而回到具体的经验中重新审视实践,既看到"控制"又看到"合作"。这种政府与社会组织的控制与合作关系并存的状态在国外学者对政府与社会组织互动形成的具体关系模式划分中表现得尤为明显。20世纪90年代,萨拉蒙、吉德伦、克莱默等人在对政府与社会组织互动进行研究时,从服务的实际输送和资金筹集与授权两个维度,总结了政府与社会组织互动形成的四种模式:政府支配模式(Government-Dominant Model)、第三部门支配模式(Third-Sector-Dominant Model)、双重模式(Dual Model),以及合作模式(Collaborative Model)[①]。(见表2-1)

表2-1　　　　　　　政府和社会组织的关系模式

功能＼模式	政府支配模式	第三部门支配模式	双重模式	合作模式
服务供给	政府	第三部门	政府/第三部门	政府
资金筹集	政府	第三部门	政府/第三部门	第三部门

资料来源:王绍光:《多元与统一:第三部门国际比较研究》,浙江人民出版社1999年版。

[①] 王绍光:《多元与统一:第三部门国际比较研究》,浙江人民出版社1999年版。

纳贾姆在关注政府与社会组织双方互动的情况下，从两者间目标和手段（策略）的相似度提出了互动形成的4C模式：一是政府与社会组织使用相似手段（策略）追求相似目标的合作关系（Cooperation），两者的目标和手段（策略）本质上相同；二是政府与社会组织使用不同手段追求相同目标的互补关系（Complementary）；三是政府与社会组织使用相似手段（策略）追求不同目标的吸收型关系（Co-Optation），是一种过渡性关系，其中两者试图改变的对方，有可能变成对抗型关系，但如果改变成功就会迈向合作关系；四是政府与社会组织使用不同手段（策略）追求不同目标，产生冲突形成对抗关系（Confrontation）[1]。这种4C模式的划分强调政府与社会组织的互动存在张力，两者作为行动者，依据现实的情境和条件采取行动手段（策略），这些手段（策略）是两者在互动中基于理性选择做出的策略性行为。

布林克霍夫认为，政府与社会组织合作的类型取决于组织的独立性和资源依赖程度两种关键变量，其中资源依赖程度是指社会组织对政府在政策法规、资金、奖励性三个方面的依赖，通过独立性和资源依赖程度将两者的互动组合成四种不同的关系类型[2]。（见图2-2）

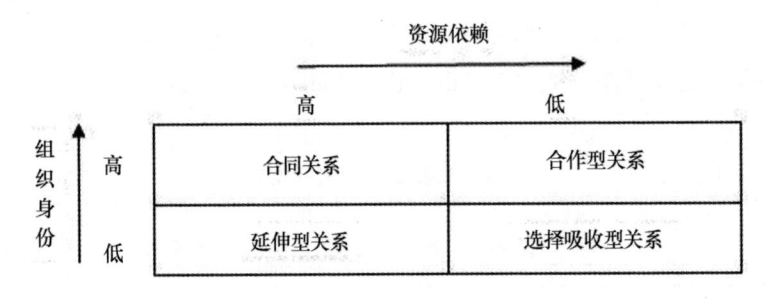

	资源依赖 高	资源依赖 低
组织身份 高	合同关系	合作型关系
组织身份 低	延伸型关系	选择吸收型关系

图2-2 政府与社会组织的相互依赖性关系模式

---

[1] Najam A., "The Four C's of Government Third Sector-Government Relations", *Nonprofit Management and Leadership*, 2000, 10 (4), pp. 375-396.

[2] Jennifer M., Brinkerhoff, "Government-Nonprofit Partnership: A Defining Framework", *Public Administration*, 2002, pp. 19-30.

第二章 政府与社会组织互动：居家养老服务信息化建设实践的一个面向

国外学者划分的模式或者提出的关系类型都蕴含了"控制"与"合作"，从政府层面来看，政府是具有理性和权威自主性的行动主体，政府主导着社会组织的发展，容易实现将社会组织控制于政府的权力系统，也容易帮助社会组织获得快速的发展。政府为了适应经济改革带来的社会巨变，原有的单纯依靠强制性手段的控制策略相应转变为通过吸纳社会组织增强政府的社会管理能力的适应性策略，政府使社会组织"为我所用"，因此，必然降低控制程度为社会组织腾挪必要的生长空间，允许它进入和参与社会管理和公共服务提供。但是政府仍然具有对社会组织自利行为进行纠偏、为社会组织提供决策制度、协调社会组织之间的矛盾和冲突等作用①，如果没有政府对日益增多的社会组织进行适当的引导和控制，在游戏规则未健全时，社会有分崩离析之危险。因此，控制在所难免。从社会组织层面来看，培养与政府之间的良好关系，发展与政府之间的联袂合作，是其获取资源供应、维系组织生存的理性选择②。社会组织生成后不是将自己置于政府静态的权力配置结构中，而是积极地采取生存和行动策略与政府进行动态的互动，从而在依附政府的同时，规避政府控制产生的不利因素，使组织利益尽可能最大化。寻求合作是社会组织最理性的策略选择，社会组织能力（包括组织价值取向、业务专业性、关系网络能力、外部资源获取能力等）是政府接受与其合作最重要的砝码，也是与政府互动中具有自主性和独立性的必要条件。

从上述的关系类型划分来看，学者们基本认同政府的先天权威地位，以及对社会组织必要的引导和控制，控制之外对社会组织通过组织能动性的发挥力争合作保持期望和开辟路径，合作成为学界和社会组织共同探索的互动方向，也是政府与社会组织重要的互动主题和互动趋势。这为本书探讨政府与社会组织互动提供了更成熟的思考空间，不能将政府与社会组织关系做简单的二元划分，"控制"和"合作"中都包含了互动，但互动类型不同（见表 2-2），也可以说，两者互

---

① 鲁篱:《论行业协会自治与国家干预的互动》,《西南民族大学学报》（人文社科版）2006 年第 9 期。

② 唐文玉:《如何审视中国社会组织与政府关系》,《公共行政评论》2012 年第 4 期。

动过程中"控制"和"合作"同时存在,不同阶段所表现的关系状态的实质在于政府与社会组织资源的互补和依赖程度,也有学者称其为利益契合程度或政社互需程度,以及社会组织作为能动主体围绕具体场域与政府互动采取的不同策略。

表2-2 不同关系模式下的互动情况

关系模式 比较内容	全面控制模式	分类控制模式	合作模式
基本关系模式	政府全面（垄断）控制	政府对不同类型的社会组织采取分类控制与管理	政府让渡部分核心空间,减少直接干预,引导社会组织发挥功能
互动情况	互动：类似于行政隶属关系,是一种"权威式"互动	互动：依据社会组织的组织情况,两者采取"策略式"互动	互动：政府和社会组织平等主体,是一种"协商式"互动
主导力量	政府	政府	政府引导,社会组织独立性和自主性地位增强
互动基础	政府权威	政府管理体制	利益契合、资源依赖
互动目标	政治经济社会的一体化	经济发展 社会稳定	合作治理

资料来源：作者自绘。

其次,已有学者指出了"控制论"或者"分类控制"理论的局限,认为它们属于一种简单的静态结构分析,还需要动态的行动分析予以补充[1],这种"动态的行动分析"便是"互动"的另一种表述。政府与社会组织互动的表现形式很多,其中许多学者注意到了二者互相嵌入的过程。"嵌入"概念最早由波兰尼提出,用于表达和分析经济行为与社会之间的关系。此后,格兰诺维特将其进一步具体化,提出关系性嵌入和结构性嵌入两种形式,用以分析经济生活的宏观和微观理论[2]。之后"嵌入"概念被国内外学者广泛用于各类研究领域,包

---

[1] 唐文玉：《如何审视中国社会组织与政府关系》,《公共行政评论》2012年第4期。

[2] M. Granovetter, "Economic Action and Social Structure: The Problem of Embeddedness", *American Journal of Sociolofy*, No. 91, 1985.

括政府与社会组织的互动关系研究。张紧跟和纪莺莺均提出了政府与社会组织"双向嵌入"的结构关系，前者认为通过"双向嵌入"社会组织将获得合法性和自主性①；后者认为在双向嵌入结构中国家与社会组织的关系均得到提升，获得"双向赋权"②。刘鹏在政府与社会组织关系的"分类控制"和"行政吸纳服务"的关系模式外提出了新的关系情况，即"嵌入型监管"③。吴月也提出了类似的观点，用"嵌入性控制"进行归纳，认为政府对社会组织运用"嵌入式"控制的行动策略，以"关系嵌入"与"结构嵌入"为手段，将社会组织纳入政府体制内进行管理的过程，使得双方在行动逻辑上更为趋同，呈现社团行政化问题④。陈莹通过对厦门市 X 老年社会服务中心的实践分析指出，社会组织以外部嵌入的方式通过结构嵌入、关系嵌入和价值嵌入等过程嵌入政府社区居家养老服务过程，获得社会资本、关系网络、价值体系和政策推动力⑤。

已有研究表明，嵌入展现了政府与社会组织作为不同主体采取的不同互动策略，它存在如下三种逻辑：一是政府对社会组织的嵌入，主要表现为政府利用行政手段对社会组织的运行过程和逻辑进行干预和控制。二是社会组织对政府的嵌入，这种嵌入与政府对社会组织的嵌入路径不同，不是社会组织对政府内部组织结构的进入，而是表现为社会组织发挥能动性进入已有的政府社会管理体系。三是融合了政府对社会组织的嵌入与社会组织对政府的嵌入，表现出政府与社会组织的相互嵌入。三种嵌入逻辑以第一种政府对社会组织的嵌入路径最为常见，这种逻辑与政府对社会组织采取行政化管理和控制策略异曲

---

① 张紧跟：《NGO 的双向嵌入与自主性扩展：以南海义工联为例》，《重庆社会主义学院学报》2014 年第 4 期。
② 纪莺莺：《从"双向嵌入"到"双向赋权"：以 N 市社区社会组织为例——兼论当代中国国家与社会关系的重构》，《浙江学刊》2017 年第 1 期。
③ 刘鹏：《从分类控制走向嵌入型监管：地方政府社会组织管理政策创新》，《中国人民大学学报》2011 年第 5 期。
④ 吴月：《嵌入式控制：对社团行政化现象的一种阐释——基于 A 机构的个案研究》，《公共行政评论》2013 年第 3 期。
⑤ 陈莹：《社会治理视角下社会组织嵌入社区居家养老服务研究》，《社会福利》（理论版）2017 年第 1 期。

同工。而社会组织对政府社会服务体系的嵌入和政府与社会组织的互嵌是组织能动性的表达和策略性回应。这种嵌入方式很容易被忽视，却是社会组织自律、自觉去政治化所采取的策略，以实现对政府依赖关系下的生存与发展，这种嵌入方式越来越普遍和得到社会组织的践行。"嵌入"理论成为当前许多学者用以分析政府与社会组织之间采取策略式互动的代表，也为本书下文中社会组织围绕居家养老服务信息化物理性建设，能动地与政府部门进行互动的分析提供了重要借鉴。

最后，基于政府与社会组织的互动视角更能够动态地解读实践。一方面，能够动态地展现政府与社会组织的关系变化情况，从而避免简单地用某种关系形态笼统地审视实践；另一方面，可以透过两者的互动情况重新回到具体的互动场域实践中，洞悉互动对具体场域实践的影响，以及具体场域对两者互动的影响。这种视角不仅可以反观互动形成的关系逻辑，而且可以指导和关照具体场域的实践过程。

第三节　居家养老服务信息化建设实践：政府与社会组织互动的分析框架

政府与社会组织在居家养老服务信息化建设中形成不同互动形态的同时，形塑了居家养老服务信息化两个实践过程的内容和结果，居家养老服务信息化两个实践过程的实现有赖于政府与社会组织形成良性互动。正如前文概念界定中所述，无论从具体实践过程还是从学者们做出的定义都可以发现，居家养老服务信息化与原有的居家养老服务不同的是，它由"信息技术＋居家养老服务"两个关键要素有机组成。因此，居家养老服务信息化作为政府与社会组织互动的新场域，还可以细分为物理性建设和居家养老服务落地，也就是说可以将两者互动的新场域细分为"物理性建设＋居家养老服务落地"两个实践场域。政府与社会组织共同参与居家养老服务信息化建设，着重围绕这两个实践过程铺展。政府与社会组织互动可以呈现和解释居家养老服务信息化中的两个实践过程及其实践结果。首先，居家养老服务信息化两个实践过程就是政府与社会组织作为行动主体开展互动的具体场域和具体内容，两者的互动围绕这两个实践过程展开，丰富和扩大了原有居家养老服务的互动范围和互动内容。另外，居家养老服务信息化是一个需要不断完善和推动的过程，其发展的进程和结果就是政府与社会组织持续互动的过程和结果。

如果以学者对政府与社会组织互动形成的关系模式为划分依据，居家养老服务信息化建设为两者提供了共同的利益契合空间和对方所需要的资源，因此在共同铺展居家养老服务信息化的建设实践中，政府与社会组织的互动以合作为起点。但是这种合作与上述学者探讨和划分的合作关系不同，它不是两者围绕居家养老服务信息化建设建立的关系模式，也不是经过政府与社会组织在具体的互动过程中形成的关系状态，而是表现在互动开始前政府与社会组织在相互需求中达成的共识和追求。居家养老服务信息化建设实践的其本质仍为居家养老服务，一直以来居家养老服务以政府提供为主流。政府作为居家养老服务信息化建设实践的主导者，面对这种新型的居家养老服务建设和发展方式，在居家养老服务中利用信息技术对政府而言并不具备相应的专业优势，需要借助其他组织的资源和能力共建。如上文所述，政府将投身于这个领域的专业社会组织"请进来"协助建设和运营。因此，对政府而言，在有利于居家养老服务信息化建设的前提下与社会组织共同寻求和创造合作空间。对社会组织而言，政府掌握了最多的资源和最大的权力，借由居家养老服务信息化建设出现的合作空间，政府伸出的"橄榄枝"是社会组织获得资源和发展空间的最好机会，通过塑造和展现组织的专业形象以符合政府需要，从而与政府互动获得合作机会和政府资源。

因此，两者进入居家养老服务信息化建设场域以合作为起点开始互动，需要政府和社会组织进入居家养老服务信息化建设的两个实践场域后，通过进一步良性互动维持和实现，但是在铺展过程中，两者的互动会随着环境变化和组织条件变化而不断地发生变化。本书将政府与社会组织围绕居家养老服务信息化建设的互动变化过程抽象为三个阶段：互动萌芽阶段、互动开始阶段和互动发展阶段，结合实践和学者的研究对这种互动变化过程进行分析，并抽象出这种互动变化过程与居家养老服务信息化建设实践过程的对应关系。

一 互动萌芽阶段

政府作为公共权利的象征和载体，也是社会公共利益的代表者和实现者，为了应对人口老龄化，满足老年人日益增长的养老服务需求，政府有责任通过不断创新居家养老服务供给方式，履行为老年人供给养老服务的职能。其中，在居家养老服务中融入信息技术手段成为重要的创新方式和趋势，得到国家和地方政府的倡导和践行，增强了不同地区的建设意愿和动力。同时，居家养老服务信息化作为居家养老服务与信息技术的充分结合，具有准公共产品属性[1]，政府必然发挥着不同程度的作用。政府不仅是居家养老服务信息化的供给者，还是这一新模式的发起者，掌握核心养老资源，能够迅速发起这一项目建设，获得普遍的社会信任；还能够有效宣传项目，对新模式的推广实施发挥引导和支持作用[2]。

但是，政府职能千头万绪，在原有居家养老服务供给中已经表现出对养老服务需求满足的结构失衡状况[3]。再加上居家养老服务信息化包含信息技术要素，信息技术的开发需要投入较高的成本，并且政府在应用上缺乏专业性，尤其是地方政府更显不足。所以，社会、经济、政治环境形塑了政府建设居家养老服务信息化的意愿和动力，但是自身能力和资源的局限，使政府需要其他主体协助以满足建设居家养老服务信息化的需要。在选择协助主体过程中，政府往往具备理性经济人思维，既需要协助主体满足自身建设需要，又要致力于将协助主体置于行政框架内以便控制和管理。社会组织成为政府理性思维下协助建设的最佳选择，这在许多地区实践中得以体现。例如，苏州市虚拟养老院由苏州市鼎盛物业管理有限公司成立的具有民办非企业性质的

---

[1] 睢党臣、曹献雨：《"互联网+"养老平台供给模式的选择与优化——基于动/静态博弈分析》，《陕西师范大学学报》（哲学社会科学版）2018年第1期。

[2] 蔡小慎、田宇晶：《基于行为人模型的智慧养老模式合作机制分析》，《理论导刊》2017年第5期。

[3] 王莉莉：《基于"服务链"理论的居家养老服务需求、供给与利用研究》，《人口学刊》2013年第2期。

居家乐养老服务中心运营；山东省泰安市泰山区居家养老服务信息平台由中国电信泰安分公司与江苏鸿信系统集成公司联合建设，交由民办非企业单位运营①；保定市"12349"居家养老服务信息平台由保定市朗天科技发展有限公司建设，交由公司下属的保定市社区养老服务中心运营；西安市碑林区智慧居家养老服务中心由瑞泉集团旗下的社会服务机构建设运营②。可以说，政府基于强烈的建设意愿和动力，推动着居家养老服务信息化建设项目社会组织的生成。满足居家养老服务信息化建设需要的不仅是社会组织自我形塑的重点，而且是后续互动开始时获得政府资源和发展空间的重要前提。

因此，居家养老服务信息化的建设愿景、建设背景、建设条件为政府与社会组织提供了相互需要、资源互补的互益空间，从而开启或者说催生了政府与社会组织以合作为起点的互动，首先为居家养老服务信息化建设预设了基本建设模式。这一基本建设模式包含了物理性建设和居家养老服务落地两个过程的实现机制。另外，需要指出的是，政府与社会组织这种暂时的或者相对的静态合作，以及居家养老服务信息化基本建设模式中具体目标和内容的实现机制，需要政府与社会组织在居家养老服务信息化的两个实践场域，通过良性互动进一步推进和实现。

二 互动开始阶段

在两者互动开始阶段，基于前期政府与社会组织互需形成的居家养老服务信息化在这一阶段开始付诸行动。正如学者所言，居家养老服务信息化建设的关键条件是建立养老服务资源统筹管理中心和建立养老服务信息管理中心③，信息技术实现的信息网络、综合数据平台、信息服务管理平台、老年人服务终端等是居家养老服务信息化的基础④。也就

---

① 孙文灿：《建设居家养老服务信息平台 构筑一座为老服务新"泰山"》，《社会福利》2014年第4期。
② 余晓艳、赵银侠：《以政策支持体系助推智慧居家养老服务发展——以西安市为例》，《陕西行政学院学报》2018年第1期。
③ 席恒等：《智慧养老：以信息化技术创新养老服务》，《老龄科学研究》2014年第7期。
④ 常敏、孙刚锋：《整体性治理视角下智慧居家养老服务体系建设研究——以杭州创新实践为样本》，《中共福建省委党校学报》2017年第3期。

是说，居家养老服务信息化建设无论从理论上还是从实践过程来看，一般都需要构建相应的信息技术形式和实现机制，即本书所抽象的物理性建设过程。需要指出的是，当前国内居家养老服务信息化的建设还处于起始阶段①，我国信息技术水平和设备水平在部分领域的应用虽然已经很成熟，但是整个养老服务中的应用还未实现高端化，目前，我国各地区以养老服务信息平台建设为主②。因此，居家养老服务信息化的物理性建设内容主要还是以搭建居家养老服务信息平台为主要内容。

相对来说，社会组织在物理性建设中搭建居家养老服务平台的过程凭借专业性优势可以最大化地采取能动性策略。社会组织与服务平台之间是相互关联的，服务平台是社会组织进入居家养老服务信息化的一个重要媒介，社会组织通过服务平台建立了供给与需求的结构性链接关系，形塑了居家养老服务信息化的供给结构③。按照学者提出的社会组织发展路径，社会组织能动性地进入居家养老服务信息化建设的过程，可以称之为社会组织的一种"嵌入式发展"的行动策略④，嵌入性已经被用于描述我国强势政府下国家与社会的关系⑤，是社会组织谋求发展空间和政府认可的普遍化做法⑥，其实质是在社会环境约束下，社会组织为了谋求发展对政府等行政性组织在资源、合法性以及制度支持方面的依附状态⑦。在居家养老服务信息化场域内，社会组织基于自身在物理性建设实践过程中的优势，为了迅速获得政府认可，表现得尤为积极能动，能动性地采取嵌入式发展的行动策略，通过不

---

① 刘建兵：《智慧养老：从概念到创新》，《中国信息界》2015年第5期。
② 张丽雅、宋晓阳：《信息技术在养老服务业中的应用与对策研究》，《科技管理研究》2015年第5期。
③ 田钰燕、包学雄：《互嵌式供给：城市居家养老服务模式构建——以广西梧州市云家庭服务中心为例》，《老龄科学研究》2017年第5期。
④ 王思斌：《中国社会工作的嵌入性发展》，《社会科学战线》2011年第2期。
⑤ 黄晓春：《中国社会组织成长条件的再思考——一个总体性理论视角》，《社会学研究》2017年第1期。
⑥ 管兵：《竞争性与反向嵌入性：政府购买服务与社会组织发展》，《公共管理学报》2015年第3期。
⑦ 郑永君：《社会组织建设与社区治理创新——厦门市"共同缔造"试点社区案例分析》，《中国行政管理》2018年第2期。

同行动方式嵌入居家养老服务信息化建设中与政府发生互动,以快速实现居家养老服务信息平台的搭建,获得组织生存和发展空间。同时,使自身符合政府建设居家养老服务信息化的要求,政府允许并支持社会组织在物理性建设实践过程中的这种行动策略。因此,政府与社会组织围绕物理性建设过程开始互动,这种互动状态以合作共建居家养老服务信息平台为具体内容,以完成物理性建设为实践目标。

针对具体的嵌入过程,许多学者做了具体方式的划分。格兰诺威特在《经济行为与社会结构:嵌入性问题》中将嵌入分为两种类型,即关系性嵌入和结构性嵌入[1],之后得到很多学者的借鉴和发展。Uzzi认为社会组织通过结构嵌入、关系嵌入、认知嵌入和政策嵌入方式融入社会治理过程[2];陈莹认为社会组织在嵌入社区居家养老服务过程中展示了结构嵌入、关系嵌入和价值嵌入[3];郑永君认为社会组织嵌入社区治理场域包括行政嵌入性、人际嵌入性和组织嵌入性三种方式,反映了社会组织与社区其他组织之间的互动关系状况[4]。从学者们抽象的嵌入路径可以发现,政策嵌入和关系网络嵌入两种方式常常被社会组织采用。因此,为了更加微观地呈现社会组织在物理性建设实践过程中采取的嵌入式发展行动策略,以及与此同时与政府形成的互动情况,本书将社会组织嵌入式发展的行动策略主要抽象为政策嵌入和关系网络嵌入。

三 互动发展阶段

从应然性角度,随着物理性建设实践过程的顺利实现,根据居家养老服务信息化的整体实践过程,这一阶段将以不断推进居家养老服

---

[1] 刘清发、孙瑞玲:《嵌入性视角下的医养结合养老模式初探》,《西北人口》2014年第6期。

[2] Uzzi B., "Social Structure and Competition in Interfirm Networks: The Paradox of Embeddedness", *Administrative Science Quarterly*, 1997, 42 (1), pp. 35–67.

[3] 陈莹:《社会治理视角下社会组织嵌入社区居家养老服务研究》,《社会福利》(理论版) 2017年第1期。

[4] 郑永君:《社会组织建设与社区治理创新——厦门市"共同缔造"试点社区案例分析》,《中国行政管理》2018年第2期。

务落地为互动内容,政府与社会组织围绕居家养老服务信息化建设实践展开更深层次的互动。因为,信息技术应用于居家养老服务最终要变革升级的是服务模式,而非信息技术本身①,政府与社会组织的互动从搭建服务信息平台开始,互动的最终落脚点是为老年人提供居家养老服务。随着居家养老服务信息化建设的持续推进,可以预见:如果两者互动得到持续深入,势必继续推动居家养老服务信息化建设的实践朝纵深方向发展。但是如果两者无法形成持续的良性互动,将影响甚至掣肘居家养老服务信息化的发展。

在居家养老服务信息化建设的实践场域中,社会组织的目标是实现组织利益最大化,政府的目标是实现公共利益最大化,两者利益最大化都有赖于居家养老服务信息化建设最终的顺利完成,因此政府与社会组织持续互动不仅是实现居家养老服务落地的实践过程,也是实现两个互动主体最大化利益的实践过程。但是从学界对居家养老服务信息化建设的研究以及现实的实践状况来看,政府与社会组织在互动发展阶段推动居家养老服务落地的实践过程面临着一些问题。田兰宁认为,居家养老服务信息化发展尚处于初期阶段,还很难满足老人需求②。于潇、孙悦指出,虽然发展前景良好,但是还处于从概念到现实的阶段,当前还处于智能设备开发阶段,应用缺失③。睢党臣、曹献雨也指出,政府和学界对我国养老需求与互联网融合已经达成共识,但是对如何推进,使概念成为现实,目前来说仍缺乏清晰的实现路径④。张雷、韩永乐认为,当前信息数据与智能设备开发往往落后于养老服务发展,不能实现与养老服务的有效对接,难以满足老年人实际需求⑤。常敏、孙刚锋虽然认同信息技术先行的建设过程,但同时指出,

---

① 郭骅、屈芳:《智慧养老平台的辨析与构建》,《贵州社会科学》2017年第12期。
② 田兰宁:《对居家养老服务信息化平台建设要点的概述》,《中国信息界》2014年第12期。
③ 于潇、孙悦:《"互联网+养老":新时期养老服务模式创新发展研究》,《人口学刊》2017年第1期。
④ 睢党臣、曹献雨:《"互联网+"养老平台供给模式的选择与优化——基于动/静态博弈分析》,《陕西师范大学学报》(哲学社会科学版)2018年第1期。
⑤ 张雷、韩永乐:《当前我国智慧养老的主要模式、存在问题与对策》,《社会保障研究》2017年第2期。

第二章　政府与社会组织互动：居家养老服务信息化建设实践的一个面向

当前的养老智慧化仅仅停留在信息化层面，难以向更深层、大数据应用领域和线下服务推进，智慧养老体系建设中相对重视网络信息平台，轻视线下服务功能整合①。类似关于居家养老服务无法落地的总结难以穷尽。从统计数据看，自2015年我国已有31个省开始搭建养老服务信息平台的建设模式，如果纳入地级市，则模式已经达到72个②，可见，到目前为止，基本每个地区都以不同的建设模式铺展。在居家养老服务信息化建设模式"百花齐放"的大好前景下，只有苏州、上海、北京等少数地区实现了信息技术与居家养老服务供给的结合，使居家养老服务落地的实践过程得以推进。总体而言，居家养老服务信息化建设在物理性建设的实践过程中收获颇丰，表现为一座座平台不断建立、各种信息技术手段层出不穷，但是居家养老服务落地的实践过程基本呈现出一片狼藉的情况。这种情况意味着在居家养老服务落地的实践过程中，政府与社会组织并未在互动发展阶段实现持续的良性互动。

居家养老服务信息化建设的最终实践目标是实现居家养老服务的落地，而这种状况及其原因在前文文献综述中已经进行了梳理，但是从政府与社会组织互动角度或者关系角度进行解释的研究暂时没有。那么，如何寻找适切的理论进行分析呢？从相近的政府与社会组织互动场域和关系研究中也许可以得到借鉴和理解。王名等在研究我国社会组织的发展逻辑和趋势中总结认为，从国家理性的主观视角来看，政府对社会组织的态度非常复杂，既有培育发展的一面，也有规范控制的一面，两种态度在具体的制度安排中相互交织，形成政府"发展社会组织""控制社会组织""规范社会组织"三种不同的战略，三种不同的战略源于政府对社会组织的基本态度③。这种观点包含了上文笔者所提到的，政府与社会组织在具体实践的场域内，两者"控制"与

---

① 常敏、孙刚锋：《整体性治理视角下智慧居家养老服务体系建设研究——以杭州创新实践为样本》，《中共福建省委党校学报》2017年第3期。
② 张丽雅、宋晓阳：《信息技术在养老服务业中的应用与对策研究》，《科技管理研究》2015年第5期。
③ 王名、孙伟林：《社会组织管理体制：内在逻辑与发展趋势》，《中国行政管理》2011年第7期。

"合作"的互动表现形态并存。同时提出,不同时期政府与社会组织的互动形态仍由政府引领,这意味着社会并非一个完全独立于国家之外并与国家博弈的主体,而是处于国家的掌控之内[①]。政府为了实现阶段性目标,时松时紧地释放部分社会空间,邀请社会组织进入具体的治理场域。而对于社会组织来说,当其走进以政府为主流的治理场域内,在政府延续权威式整合、分类控制等政策导向下,社会组织悬浮在联动合作过程中,成为参与治理的工具性和辅助性载体[②]。当政府将这种互动态度和思维置于居家养老服务信息化建设的实践场域时——物理性建设实践过程作为居家养老服务体系的拓展空间,政府就需要社会组织共建,而当建设推进到居家养老服务落地的实践过程,居家养老服务信息化的建设就必然涉及原有居家养老服务体系的核心空间,两者的互动更将受到政府的引领和控制。从当前我国整体的建设情况可以判断,社会组织在居家养老服务落地这一核心空间与政府的互动并没有得到良好的推进,两者的互动停滞于物理性建设的实践阶段,形成政府对社会组织在居家养老服务落地过程的约束与限制,致使居家养老服务落地的实践过程面临失败,最终形成居家养老服务信息化建设实践中服务悬浮的实践现状。

基于上述分析,围绕居家养老服务信息化建设的实践过程,政府与社会组织展开互动,两者的互动过程呈现了居家养老服务信息化建设的实践过程,两者的互动形态构成对不同实践阶段的影响,为本书提供了一种分析城市居家养老服务信息化建设实践的视角。本书将政府与社会组织的互动与居家养老服务信息化建设不同实践阶段的对应过程,抽象为如下总体性的分析框架(如图 2-3),希望通过对具体案例的分析和探讨,管窥城市居家养老服务信息化建设的实践过程和服务悬浮实现现状的机理。

---

① 江华等:《利益契合:转型期中国国家与社会关系的一个分析框架——以行业组织政策参与为案例》,《社会学研究》2011 年第 3 期。

② 徐珣:《社会组织嵌入社区治理的协商联动机制研究——以杭州市上城区社区"金点子"行动为契机的观察》,《公共管理学报》2018 年第 1 期。

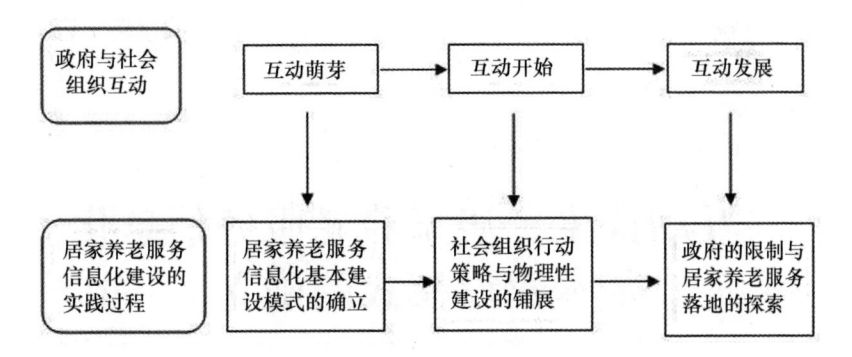

图2-3 政府与社会组织互动视角下居家养老服务信息化建设的实践过程

总之，居家养老服务信息化作为一种升级版的居家养老服务模式，整体建设处于实践的初始阶段，不仅有赖于政府的指导和规划，而且需要社会组织作为重要参与力量发挥组织自主性和能动性，两者的良性互动才能使居家养老服务信息化的建设实践得以顺利铺展和推进。政府与社会组织的互动如何形塑居家养老服务信息化建设的实践过程？两者的互动形态及其逻辑如何解析居家养老服务信息化建设中服务悬浮的实践现状？这两点成为本书探讨的重要命题，在后续的研究中将进行具体呈现和详细讨论。

第三章

互动催生：居家养老服务信息化基本建设模式的确立

在 H 市的调研中发现，居家养老服务信息化的政治环境、经济社会环境等因素成为政府开展居家养老服务信息化建设的意愿和动力，即政府基于政治目标和社会性目标而发起居家养老服务信息化建设。其中 H 市自身的经济、人口、社会环境制约了政府的"如何建设"的选择，但是同时成为非政府组织获得政府允许进入居家养老服务信息化建设场域的重要机会。这一点促成了具有民办非营利性质的社会组织生成，催生了政府与社会组织的互动，进而使 H 市居家养老服务信息化"如何建设"落定。因此，居家养老服务信息化建设的政策环境成为政府发起建设的直接动机，本土的现实环境成为政府"如何建设"的考量，并成为社会组织生成的前提条件。要从政府与社会组织的互动视角解析居家养老服务信息化，首先要理解政府与社会组织互动的来源。本章首先呈现了 H 市的居家养老服务信息化建设背景，继而分析政府与社会组织的互动如何催生以及对居家养老服务信息化建设的影响。

第一节　H 市居家养老服务信息化的建设背景

建设居家养老服务信息化的意义或者说好处已经成为共识，学界对此的研究不胜枚举。信息技术应用于居家养老服务本身的优势和可行性已经使各地趋之若鹜。地方政府发起建设不仅有宏观层面的政治考量，而且也源于区域内微观政治、经济、社会环境的因素影响。

2013年，H市受到国家宏观养老服务政策的指导和省内整体政治气候的牵引，以及区域内经济社会环境的理性考量，最终发起居家养老服务信息化建设的意愿和决心。

一 居家养老服务信息化建设的政策叠加效应

1999年12月，国务院针对信息化建设成立国家信息化工作领导小组，明确了利用信息化推动国民经济的指导方针，之后各个领域与信息化结合顺势而来。随着人口老龄化进程加快，养老服务供给难以满足服务需求，居家养老作为养老服务体系的基础和核心，与其他养老服务模式在发展中存在局限性，因此利用信息技术优化升级居家养老服务是当前应对老龄化问题的有效手段。2008年，民政部、发改委、劳动保障部等十部委发布的《关于全面推进居家养老服务工作的意见》成为居家养老服务采用信息技术手段的早期文件的代表，之后在国家层面的各类有关居家养老服务建设文件中，对居家养老服务信息化建设的关注越来越多（见表3-1）。

表3-1　国家层面的居家养老服务信息化政策汇总表

时间	文件名称	发文单位	相关内容
2008年1月	《关于全面推进居家养老服务工作的意见》	民政部、发改委、劳动保障部等十部委	依托城市社区信息平台，在社区普遍建立为老服务热线、紧急救援系统、数字网络系统等多种求助和服务形式，建设便捷有效的为老服务信息系统，并要求居家养老中心、站点负责建立老年人信息库，发布老年人服务需求信息和社会服务供给信息
2011年8月	《中国老龄事业发展"十二五"规划》	国务院	加快居家养老服务信息系统建设，做好居家养老服务信息平台试点工作，逐步扩大试点范围"，首次提出"居家养老服务信息平台"
2011年12月	《社会养老服务体系建设规划》	国务院	加强养老服务信息化建设，依托现代技术手段，为老年人提供高效便捷的服务，规范行业管理，不断提高养老服务水平

续表

时间	文件名称	发文单位	相关内容
2013年10月	《国务院关于加快发展养老服务业的若干意见》	国务院	地方政府要支持企业和机构运用互联网、物联网等技术手段创新居家养老服务模式，发展老年电子商务，建设居家服务网络平台，提供紧急呼叫、家政预约、健康咨询、物品代购、服务缴费等适合老年人的服务项目
2014年8月	《关于做好政府购买养老服务工作的通知》	财政部、发改委、民政部、老龄委	在购买居家养老服务方面，主要包括为符合政府资助条件的老年人购买助餐、助浴、助洁、助急、助医、护理等上门服务，以及养老服务信息网络建设
2014年10月	《关于开展养老服务和社区服务信息惠民工程试点工作的通知》	民政部、发改委、工业和信息化部等六部门	开展200个社区公共服务综合信息平台建设试点、200个居家和社区养老服务信息网络建设试点和50个智慧社区建设试点，实现以居家社区养老服务为重点的社区信息一体化服务，尽快建设社区公共服务、志愿服务和便民利民服务衔接配套的社区服务信息化体系
2014年11月	《关于推动养老服务产业发展的指导意见》	商务部	依托已建的家政服务网络中心等现有信息服务资源，建立统一的养老服务信息平台。鼓励养老服务企业加强信息管理系统建设，提升养老服务能力；探索面向居家养老服务机构的远程医疗保健、养老护理等服务；建设综合性的养老服务信息平台，提供紧急呼叫、家政预约、健康咨询、物品代购、服务缴费等适合老年人的服务项目
2015年2月	《关于鼓励民间资本参与养老服务业发展的实施意见》	民政部、发改委等十部委	推进养老服务信息化建设，逐步实现对老年人信息的动态管理；支持民间资本运用互联网、物联网、云计算等技术手段，对接老年人服务需求和各类社会主体服务供给，发展面向养老机构的远程医疗服务，发展老年电子商务，为老年人提供紧急呼叫、家政预约、健康咨询、物品代购、服务缴费等服务项目；有条件的地方，可为居家老年人免费配置"一键通"等电子呼叫设备
2015年4月	《关于进一步做好养老服务业发展有关工作的通知》	发改委、民政部、老龄委	明确提出在养老领域推进"互联网+"行动，"将信息技术、人工智能和互联网思维与居家养老服务机构建设相融合，对传统业态养老服务进行改造升级，通过搭建信息开放平台，开发适宜老年人的可穿戴设备等，通过供需衔接扩大服务范围，提供个性、高效的智能养老服务"

续表

时间	文件名称	发文单位	相关内容
2015年7月	《关于积极推进"互联网+联行动的指导意见》	国务院	依托现有互联网资源和社会力量，以社区为基础，搭建养老信息服务网络平台，提供护理看护、健康管理、康复照料等居家养老服务

资料来源：作者通过文献检索整理。

表3-1所列举的政策文本是H市开展居家养老服务信息化建设实践过程前后，国家关于居家养老服务信息化建设出台的政策文件，按照时间顺序有如下转变：第一，发文部委以及多部委联合发文越来越多，更加注重多部门的协同合作。第二，政策文本关于居家养老服务信息化建设从一带而过转变为专门论述，从宏观的倡导和鼓励建设转变为具体可行的建设指导。第三，范围不断扩大。从鼓励有条件的地区自行开展试点到试点范围的扩大，再到支持城市社区全覆盖。第四，居家养老服务信息化建设方式不断扩展。信息技术手段从简单的应用方式扩展到更加先进成熟、丰富多样的技术手段。第五，政策内容逐步细化，居家养老服务信息化的服务对象、服务内容、服务方式愈发明确和丰富。

国家层面的政策文件直接影响了省级部门关于创新居家养老服务方式的整体方向。从2013年前的政策文本来看[1]，在国家政策的指引下，"为积极应对人口老龄化，加快建立社会养老服务体系，不断满足人民群众日益增长的社会养老服务需求"，湖北省政府办公厅于2012年6月7日和2012年12月29日先后出台了《省人民政府办公厅关于印发湖北省社会养老服务体系建设"十二五"规划的通知》及《省人民政府办公厅关于加快发展城乡社区居家养老服务的意见》，这两份文件不仅紧跟国家关于居家养老服务信息化的政策导向，而且成为2013年前后省内鼓励和力促地方政府开展居家养老服务信息化建设最具有

---

[1] 在此仅梳理了2013年的省内政策文件，原因在于H市正式开启居家养老服务信息化建设项目的时间为2013年6月，上述政策文件成为影响H市开展居家养老服务信息化建设更为微观的政策背景。

代表性的政策文件。后由省民政厅于2013年3月5日下发《省民政厅关于做好2013年城乡社区居家养老服务工作的通知》作为省内各市、州、县（市、区）民政局建设居家养老服务信息化的具体行动指导文件，这一指导性文件获评2015年第二届"中国十大创新社会福利政策"之一①。三个文件要求：

> 加强养老服务信息化建设。依托现代技术手段，建立养老服务信息体系，掌握养老服务发展状况、服务资源和工作动态，提高服务效能和管理水平。采取社区服务信息网、热线电话、安心门铃、健康档案、呼叫系统等多种形式，构建社区养老服务信息网络和服务平台，为社会养老服务提供信息技术支持。（《湖北省社会养老服务体系建设"十二五"规划》之主要任务）

> 到2015年，力争居家养老服务和为老服务信息系统基本覆盖全省所有城市社区。加快居家养老服务信息化建设：积极改进居家养老服务方式，力争到2015年，所有城市社区建立居家养老服务信息网络和服务平台，对接老年人服务需求和各类社会主体服务供给，为老年人提供便捷的居家养老服务。积极推动"一键通"模式，有条件的地方要为散居"三无"老人和低收入的高龄老人、失能老人免费配备"一键通"电子呼叫设备。（《省人民政府办公厅关于加快发展城乡社区居家养老服务的意见》之工作目标及主要任务）

> 各市州县（市、区）民政局要认真学习试点经验，加快探索适合本地特点的社区居家养老服务模式。（我省）先后探索出可资借鉴的四种社区居家养老服务模式（三种为居家养老服务信息化模式），即以硚口区为代表由社区出资为困难老人安装"一键通"并提供居家养老服务的社区主导模式；以伍家岗区位代表政府建立"12349"信息服务平台，成立民办非企业助老服务中心提供养老服务的企业主导模式；以武昌区为代表建

---

① 杨麟：《湖北省居家养老服务政策获评"中国十大创新社会福利政策"》，《湖北日报》2015年11月28日。

立居家养老服务呼叫中心，引入社会组织和企业加盟开展养老服务的企业加盟模式。依托现代信息技术手段建立居家养老服务信息网络和服务平台。鼓励有条件的地方使用"武昌区为代表全省居家养老服务统一呼叫号码，依托规模较大的信息技术公司、家政服务公司、社会福利院和社区服务中心建设社区居家养老服务信息网络和服务平台，并加强辖区老年人、服务实体以及志愿者基本信息的录入，落实座席服务人员，对接老年人服务需求和各类社会主体服务供给，为居家老年人提供快捷、便利的服务。（《省民政厅关于做好2013年城乡社区居家养老服务工作的通知》）

上述三个政策文本凸显了以下特点：首先，文件出台的主体以省人民政府办公厅为主，客观上反映出省级部门对居家养老服务信息化建设的重视程度；从省人民政府办公厅延续到省民政厅，反映出居家养老服务信息化建设的执行部门的具体归属。其次，政策内容从笼统到细化，由零散到系统，凸显了建设居家养老服务信息化的决心。纵观省级政府的政策文本，由于每次发文涉及的政策内容较多，政策能够提及的内容"惜字如金"，但是对于居家养老服务信息化建设的关注不断增加。同时，建设居家养老服务信息化的政策内容逐步明晰了建设的内容、下达完成的时间节点和完成的内容、根据地区异质性提供具体的建设模式参考。这些变化使起初的倡导性政策建议转变为可执行性政策文件。最后，居家养老服务信息化的建设内容多侧重于信息技术的物理性建设，"呼叫系统""信息网络和服务平台""一键通""12349呼叫号码"等呈现了物理性建设的主要内容，如何"依托""引入""对接"服务供给主体实现为居家老人提供服务不明晰，即如何使居家养老服务信息化真正落地居家养老服务，还有待提供具体的实现路径。

仅从2013年H市开展居家养老服务信息化建设的时间来看，在同时期国家和省级政府政策文本的影响下，2013年年初，湖北省选定省内11个试点区开展试点，计划在2013年在试点区开通"12349"居家养老服务呼叫热线①。省级部门的推动行动,加上上述文件造就了湖北省省内 2012 年至 2013 年的"养老服务信息平台"建设热潮。2012 年,武汉市建立养老信息化网络,为 60 岁以上老人配置"一键通"设备,实现居家养老服务全覆盖,计划 10 年内全部配备到位②,并将"一键通"建设列入市级绩效考核中,2013 年已实现覆盖全市 1117 个社区③;孝感老龄办、孝南区民政局、孝南区老龄办、孝感日报社 96580 家政服务网络中心共同签订协议打造居家养老信息平台项目④;十堰市依托"95081 居家养老服务中心"建立一站式居家养老服务信息平台,由市老龄办主导建设和监管,天津易盟集团股份有限公司十堰市分公司承建和运营⑤。2013 年,荆门市建立以"12349 社区服务热线呼叫中心"为服务平台的虚拟养老模式,交由该市社会组织荆门利安社区服务中心运营⑥;荆州市建立首个区域性养老信息服务平台——沙市区养老信息服务中心,为 65 岁以上低保老年人发放"一键通"以连接养老信息服务平台⑦;黄石由市民政局牵头、中国移动湖北公司承建,正式开通 12349 居家养老服务热线,将呼叫中心、位置定位、一键式呼叫、短信等技术进行整合,为近 30 万名老年人提供一站式居家养老服务,并指出这一平台将会在全省推广⑧。这种建设热潮使湖北省到 2013 年年底,约有三分之一的市州、四分之一的县(市、区)初步

---

① 《湖北将在 2013 年内试点开通居家养老服务热线》,湖北省人民政府门户网站,www.hubei.gov.cn.2013-02-28.

② 吴质:《武汉养老服务未来实现"一键通"》,《楚天都市报》2012 年 11 月 27 日。

③ 周钢、王志新:《我市为 65 周岁以上老年人建设居家养老服务信息系统 1117 个社区全力推进养老"一键通"》,《长江日报》2013 年 6 月 19 日第 6 版。

④ 《孝感市四单位签共建协议打造居家养老信息平台项目》,湖北省人民政府门户网站,www.hubei.gov.cn.2012-06-07.

⑤ 《十堰 95081 居家养老服务平台启动 填补市政服务空白》,湖北省人民政府门户网站,www.hubei.gov.cn.2012-03-14.

⑥ 《荆门市在中心城区启动"虚拟养老"服务试点工作》,湖北省人民政府门户网站,www.hubei.gov.cn.2013-06-02.

⑦ 《荆州开通区域性养老信息服务平台 提供便民救助服务》,湖北省人民政府门户网站,www.hubei.gov.cn.2013-06-27.

⑧ 《黄石为 30 万老人开通养老服务热线平台会在全省推广》,湖北省人民政府门户网站,www.hubei.gov.cn.2013-05-06.

搭建起社区居家养老服务信息平台并开通呼叫热线①。

可见，国家层面的政策文件已经化为省级政府的政策倡导和具体政策行动指导，推动了全省范围内居家养老服务信息化建设的繁荣。上述国家和省级部门颁布的法律法规、政策文件、意见等，虽然不能代替地方政府开展具体的政策供给作为，但是不仅为地方政府提供了创新居家养老服务的合法化条件和自由裁量空间，而且让各个地方政府，特别是有创新需求的地方政府，可以利用上级政府提供的政策契机释放政绩信号，结合地区实际纷纷开展居家养老服务创新行动，从而形成了省内居家养老服务信息化建设的热潮。同属政策执行的下级部门，H市政府置身于上级政府鼓励开展以及同级地方政府"在行动"的背景下不可能无动于衷，无疑将极大触动H市政府的行动方向，直接使2013年6月H市出台的《市人民政府关于加快发展城乡社区居家养老服务的意见》提出了"建设'12349'居家养老服务信息平台（以下简称'12349'平台）"的工作任务。一直参与H市居家养老服务信息化建设的民政局领导坦言：

> 当时省级对居家养老服务信息化建设很重视，湖北省很多地区都已经着手，市政府关注这个领域的领导在很多会议上也提出来要建，要求我们民政局不能埋头苦干，要抬头看路。市级关于社会化养老服务建设的政策文件都在不断强调，可以说当时从上到下对这个事情都很关注，虽然在当时怎么建设我们还没有完全想好。②

总而言之，国家与省级部门的政策指导成为省内各地区建设居家养老服务信息化的动力，省内其他地区的政策行动进一步助推了H市的建设行动。因此，省级部门的政策指导和同级政府政策行动的政策叠加效应，促成了H市居家养老服务信息化建设的意愿和决心。

---

① 《湖北省加快推进养老设施建设 已兴办各类服务中心365个》，湖北省人民政府门户网站，www.hubei.gov.cn.2013-08-26。

② H市社会福利与慈善科C科长，2015年8月17日访谈。

二 经济社会环境情况及影响

H市政府在响应政策之初只是意识到需要开展居家养老服务信息化建设，但是究竟如何建设并未形成明确的方案，还处于"摸着石头过河"的过程。在这个过程中，区域内政府资源和能力、老龄化程度、经济和收入水平、养老服务企业和社会组织发展状况等因素成为其进行居家养老服务信息化建设的需要重点考虑的要素。

（一）老年人口情况

H市地处湖北省东部、大别山南麓、长江中游北岸，下辖七县二市三区，总面积1.74万平方公里，总人口750.15万人，属于革命老区。同时也是老年人口大市，老年人口呈现不断攀升态势。2010年，第六次人口普查数据显示，H市老年人共有94.2万人，占全市人口总数的12.8%；2015年，H市60岁以上老年人口总数达到113万人，占全市总人口15.1%，高于全国0.8个百分点；截至"十二五"末，全市60岁以上老年人口124.08万人，占全市人口总数的16.66%，预计到"十三五"末，全市60周岁及以上老年人口数量将达到154.54万人，占总人口的比重达20.76%[1]；2017年全市60岁及以上老年人口134.13万人，占全市人口总数的18%，老年人口数占全省11.5%，仅次于武汉市，一直以来位列全省第二[2]。

在老年人口总数不断增长的同时，高龄化、失能化、空巢化趋势也较明显。截至2010年12月，全市80岁及以上老年人口9.01万人，占老年人口的3%，独居、空巢老人32万人，占老年人口31.4%[3]。2014年，70岁及以上老人37.8万人；空巢老人42.66万人，占H市老年人口总数的45%。在空巢老人中，生活困难老人22.61万人，占空巢老人总数的53.7%；生活单调空虚孤独的老人29.59万人，占空巢老人总数的67.1%；经济困难、失能半失能老人数14.51万人，占

---

[1] H市人民政府办公室：《H市老龄事业发展和养老体系建设"十三五"规划》（黄政办发〔2017〕40号），2017年9月13日。
[2] H市民政局：《关于我市养老服务工作情况汇报》，2017年4月24日。
[3] 《关于进一步推进社会养老服务体系建设的建议》（内部文件），2013年8月28日。

空巢老人总数的34.9%①。2017年，80周岁及以上高龄老人12.01万人，占老年人口数的9.68%，百岁以上老人156人。据不完全统计，农村贫困老人22.56万人，农村孤寡老人6.79万人②。随着时间的推移，H市"日益庞大的老年群体热切呼唤为老服务"③，养老服务需求将与日俱增，探索养老服务供给模式创新势在必行。

（二）经济情况

2013年在H市决定开展居家养老服务信息化建设前，其经济发展情况并不乐观。

表3-2　　　　　　　　主要经济指标增长速度（%）

指标＼年度	2008年	2009年	2010年	2011年	2012年	2013年前三季度
GDP	15.0	15.0	14.1	14.0	10.6	10.1
全社会固定资产投资	43.5	49.2	34.8	34.7	33.9	30.8
公共预算收入	31.5	22.7	21.2	17.1	21.9	24.6
社会消费品零售总额	26.2	20.6	22.2	18.0	15.8	12.5

数据来源：H市统计局提供。

数据显示，H市整体经济发展速度减缓。从2009年开始，主要经济指标增速处于不断下滑的趋势，2013年上半年H市GDP增速跌破10%，创下2006年以来的最低水平。④ 在经济发展情况整体下滑的背景下，H市政府提出了"稳中求进、竞进提质"的工作核心，利用信息技术提升居家养老服务供给数量和质量成为题中之意。

与此同时，H市人均可支配收入不高，消费能力不强。根据2017年发布的统计数据显示：2017年，第一产业增加值为417.30亿元；第二产业增加值为784.33亿元；第三产业增加值为756.20亿元；地区生

---

① 数据来源：H市民政局整理提供。
② H市民政局：《关于我市养老服务工作情况汇报》，2017年4月24日。
③ 《关于2014年政府办实施建议项目的报告》（内部文件），2013年11月20日。
④ H市统计局：《认识H市现状　奋力实现大别山实验区跨越式发展之梦》，2013年11月5日。

产总值为 1921.83 亿元，人均可支配收入为 17658 元。H 市产业结构不优的同时，人均可支配收入情况整体落后于湖北省平均水平（见图 3-1）。

	人均可支配收入	城镇居民人均可支配收入	农村居民人均可支配收入
H 市	17658	26884	12116
湖北省	23757	31889	13812

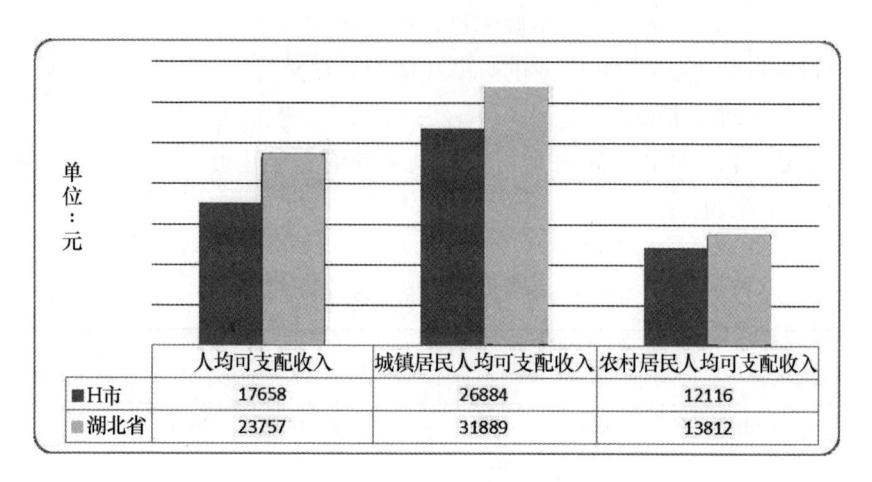

图 3-1　H 市与湖北省人均收入情况对照表

资料来源：《2017 年国民经济和社会发展统计公报》。

那么 2013 年 H 市部署居家养老服务信息化建设前后的经济状况如何呢？笔者通过查阅 H 市历年的统计年鉴发现，2013 年前后，H 市在湖北省 16 个市州的人均可支配收入处于全省倒数位置，基本在倒数第三、四位上停留（见表 3-3）。

表 3-3　　H 市 2013 年前后居民人均可支配收入情况表

指标 年度	2012 年	2013 年	2014 年
城镇居民人均可支配收入（元）及位次（位）	16765.4（13）	18432.0（13）	20719.0（14）
农村居民人均可支配收入（元）及位次（位）	6141.91（14）	6965.55（14）	9387.85（14）

数据来源：H 市统计局、国家统计局 H 市调查队、H 市财政局：《2013 年 H 市统计年鉴》《2014 年 H 市统计年鉴》。

"人均可支配收入"不仅作为衡量地区居民的生活水平的重要指标，而且也体现了经济生活中居民的消费情况。一般来说，人均可支配收入越高，居民的生活水平越高，居民的消费需求越多，消费能力和消费欲望越强，消费动力越足。从数据统计来看，对比其他地区情况，H市人均可支配性收入有限，居民的生活水平不高，消费能力不强。老年人作为收入的弱势群体，可以推断其生活水平更低、消费能力更弱。根据2016年数据显示，H市城乡居民基础养老金为70元/月，企业退休人员基本养老金为1679元，城市最低生活保障标准370元/月，只达到城市居民上年度人均消费支出的30%。① 整体生活水平和老年人收入状况决定了H市是一个典型的"未富先老"城市，政府在居家养老服务供给上的压力将随着老龄化程度的加深而不断上升。

（三）养老服务供给情况

首先，受经济发展水平影响，H市政府公共财政预算收入增幅有限，可投入养老服务事业的财政能力不足。从2014年H市的数据统计来看，虽然H市地方公共财政预算收入一直处于全省中间水平，2012年排名省内16个地区第七位，2013年上升到第五位，但是其公共财政预算收入增幅排位十分靠后，2012年甚至位于全省倒数第二位。与此同时，2012年和2013年H市社会服务事业的地方财政支出也十分有限（见表3-4）。

表3-4　　2012年、2013年H市社会服务事业支出情况表

收支 年度	公共财政预算收入 （亿元）	社会服务事业财政支出 （亿元）	占比（%）
2012年	62.92	2.67	4.24
2013年	79.98	3.10	3.88

资料来源：H市统计局、国家统计局H市调查队、H市财政局：《2014年H市统计年鉴》。

---

① H市民政局：《关于我市养老服务工作情况汇报》，2017年4月24日。

其次，养老服务体系发展存在诸多问题。2012年H市每千名老年人口养老床位数仅为1.77张，2013年为3.55张，社区养老服务中心两年都仅为32所。① 从2013年开始，H市陆续出台了《关于加快发展城乡社区居家养老服务的意见》和《市人民政府办公室关于贯彻落实〈湖北省人民政府关于加快发展养老服务业的实施意见〉的通知》等文件，从土地保障、资金补助、人才培训、税费减免等方面提出了一系列专为建设养老服务体系的优惠扶持政策，但是许多政策还有待落实。通过调研了解，H市到2016年仅有两家民办社工机构，至2019年全市仅有两个从事养老服务行业的社会组织。政府在不足以应对增长的养老服务需求的同时，非政府外的补充力量十分不足。通过对H市政府内部文件梳理和总结，其养老服务体系发展整体存在以下主要问题：一是社会化程度低，出台的养老服务支持政策不足和操作性不强并存，民间资本不愿参与和投入，社会力量参与共建的情况极少，现有养老服务机构95%以上由各级政府投资兴建。二是机构养老建设滞后。养老机构床位数总量不足，全市床位数缺口将近2000张，其中护理型床位占比不到10%，医养结合处于刚刚起步阶段，不能满足养老的需求，同时还存在机构位置偏远、房屋简陋、配套设施总量和质量不足等问题。三是服务覆盖面窄，受益老年人少。服务对象仅包含了城市三无对象、农村五保对象及优抚对象，服务内容限于生活照料等基本服务，护理、康复、精神慰藉、文化娱乐等服务内容缺乏。四是养老服务人才缺乏，专业化水平低。大多数养老服务人员来自下岗职工和农村妇女，文化水平较低，年龄偏大，没有受过专业的护理培训。受传统观念影响，许多人不愿意从事养老服务工作。

主持居家养老服务的民政局C副局长指出：

在国家倡导以"居家为基础，社区为支撑，机构为补充"的养老服务工作背景下，我们作为一个"未富先老"的地区，养老

---

① H市统计局、国家统计局H市调查队、H市财政局：《2014年H市统计年鉴》，2014年9月第1版。

服务的工作任务很重,特别是居家养老服务,我们政府部门在提供这类服务上本身的能力有限,无论是数量和质量上都很有限①。

H 市养老服务供给情况及养老服务体系存在的问题,增强了 H 市政府部门希望通过建设居家养老服务信息化实现增加养老服务供给数量、提高养老服务质量的愿望和动力。同时,H 市现有的老年人口情况、经济情况、养老服务供给情况不仅是政府居家养老服务信息化建设意愿和动力的重要依据,而且成为政府在居家养老服务信息化建设热潮中选择何种建设模式的重要考量因素。

第二节 政企"共谋"形成复制"BD 模式"的建设思路

政府与企业基于资源互补,在两者互需的状态下,形成复制"BD 模式"建设路径开展居家养老服务信息化建设的建设思路。在省级部门对居家养老服务信息化建设的重视和推动下,湖北省出现了一批投身于养老服务的企业和社会组织,居家养老服务信息化成为省内外非政府组织积极参与的热土,各种建设模式层出不穷,其中"BD 模式"便是其中一种。"BD 模式"在企业采取"上门推介—邀请参观"的公关策略下,满足 H 市政府开展居家养老服务信息化建设的需求,成功吸引了 H 市政府并得到高度认可。

一 "BD 模式"的推介和考察

"BD 模式"是 B 市 2010 年利用信息技术手段建立的"12349"居家养老服务信息平台(以下简称"12349"平台),创新了居家养老服务供给途径,得到民政部的肯定与推荐,2013 年已在全国 43 个地市得到应用与推广。简单来说,"BD 模式"首先由 B 市 LT 科技发展有限公司(下文简称 LT 公司)成立具有民办非企业性质的社会组织——B

---

① H 市民政局 C 副局长,2015 年 8 月 13 日 H 市座谈会上的发言。

市社区养老服务中心，承担B市"12349"平台运营工作，经由社会组织与通讯公司和政府部门签订合作协议，与企业及服务机构签订加盟协议，与老年人签订入网协议，通过四个协议的连接来处理四者之间的关系，形成"政府主导、社会组织主办、企业支撑、市场化运作"①的"BD模式"。"BD模式"以具有企业背景的社会组织为中枢，通过服务平台整合政府资源、企业资源、市场服务资源、老年人服务需求等信息实现供给与需求的链接，这种模式成为许多地方开展居家养老服务信息化建设较为通行的做法。

"BD模式"推广以来，LT公司并不满足于"BD模式"当前的扩展状况，抱持着推广全国的"野心"，但是遇到了阻碍。2011年11月，时任国家民政部副部长的窦玉沛在参观B市社区服务中心后就提出，要求B市社区服务中心作为全国居家养老服务工作的典范，要"立足湖北、面向全国、增点扩面"。2013年前后，湖北省开始扩大居家养老服务信息化建设范围时，LT公司十分关注，2012年派出公司项目部参与了武汉市武昌区的养老服务网络系统和信息平台招标，还与孝感市、宜昌市协商合作，期望获得扩展"BD模式"的机会，但是进展并不顺利。当时作为LT公司项目经理的L主任（后来运营H市"12349"居家养老服务平台的服务中心负责人）回忆道：

> 我们当时得到了民政部领导的肯定，我们的想法也是希望能够继续发展，湖北省当时力推建设，我们看好了机会，走了几个经济条件比较好的地区，例如武汉、宜昌、孝感这些。这些地区竞争者也比较多，最后武汉市选择了杭州的援通公司，孝感市选择了当地的日报社，宜昌也没有选择我们，所以我们只好转向有意愿建设但是还没有建设的城市，H市就是其中一个。这些城市都是有共性的，为什么他们想建但是没有建，成本占了很大因素，其次是建设效果，很多城市都希望尽快实现，毕竟那时候处在建设信息化的风口上嘛，

---

① 《B市政府购买居家养老服务》，中华人民共和国财政部—新闻联播—河北财政新闻联播，http://www.mof.gov.cn/mofhome/mof/xinwenlianbo/hebeicaizhengxinxilianbo/201403/t20140331_1061812.html。

第三章 互动催生：居家养老服务信息化基本建设模式的确立

哪个城市不想树典型呢。我们当时在 B 市的建设模式应该是很符合这些城市的需要的。其实，H 市还没有去考察我们总部之前，我们就先去 H 市走了一圈了，跟一些领导做了交流①。

为了实现扩展目的，H 市成为"BD 模式"扩展的次优选择，但是基于前期的失败经验，LT 公司先行了解了 H 市政府建设居家养老服务信息化的主要需求，围绕"花钱少""见效快"两个特点向 H 市政府进行推介，并积极邀请政府部门领导到 B 市进行考察参观。2013 年 4 月，H 市市政府副秘书长带队专程赴 B 市考察了"BD 模式"。为期 4 天的考察后，2013 年 4 月 26 日，H 市民政局向市政府提交了《关于建设 H 市城乡居家养老服务信息平台工作的汇报》，报告详细介绍了"BD 模式"的优势。报告指出：

"BD 模式"具体有六个特点：

第一，政府大力支持。首先，市政府出台话费补贴政策。2010 年网络信息平台启动时，市政府为加入"12349"的老年人一次性补助 50 元话费；其次，扩大覆盖面，设置公益性岗位。2012 年，财政局、民政局联合发文对 65 岁以上入网老人每个终端每月补贴话费 5 元，政府为市区 60 个社区老年服务站解决公益性岗位 60 人，有效激励了老人入网和社区养老服务的积极性。

第二，企业倾力支撑。B 市养老服务呼叫信息平台由 B 市 LT 科技发展有限公司出资与 B 市移动合作建设，并由 B 市民政局批准成立的民非组织——B 市社区服务中心运营，中心无偿为入网老人免费提供呼叫终端及其呼叫设备，每个终端每月获赠 100 分钟主叫，每月仅收话费 10 元，可增设两个亲属号码。运营单位的投资所得从呼叫费用中与移动分成提取。

第三，后续服务规范。为提供后续服务质量，该中心还从市县和 B 市城区吸纳 2 万多家优秀企业和服务机构进入养老服务领

---

① H 市 LT 社区养老服务中心 L 主任，2015 年 8 月 14 日访谈。

域。加盟企业与中心签订服务协议，制定了加盟企业服务质量管理办法。建立红黄牌淘汰机制，对老人投诉2次的企业，给予黄牌警告，在民政的监管下，对老人投诉3次的企业，亮红牌取消加盟服务资格。

第四，社区积极协助。市县城区的每个社区设立了养老服务站并配备一名公益性岗位专职人员负责与中心对接，协调辖区内养老服务的相关事宜。

第五，社会广泛参与。除加盟企业直接为老人提供廉价的相关服务外，由民政牵头组织了3万多名社区志愿者加入为老服务行列，根据各自特长为老人提供相应的免费服务。

第六，民政监管有力。市县乡（街道）三级民政部门对该中心及其所属的企业、机构的相关服务实现监督和管理，以保证居家养老服务健康发展。

H市采用"BD模式"建设居家养老服务信息化有四大好处：

一是政府节省投资。根据省内武昌等地建设情况，我市市县两级需要投资2000多万元，另每年40余人（市级10人、县级3人）的工资及年度运行费用共达100万，而引进公司运作，两项投资由运营商承担。市县政府仅需分别提供200m^2和100m^2左右的办公用房即可。二是信号覆盖率高。由该公司通过移动建立的呼叫信息平台，不仅覆盖全市所有城镇而且能够覆盖全市移动信号通达的所有乡村，几乎所有城乡老人均可通过该平台享受呼叫服务。三是后续服务可靠。由企业建设养老服务信息平台，运营商必须与加盟商联系紧密跟进相关的后续服务，只有相应的服务内容和优良的服务质量，才能提高老人的入网率，进而才能使运营商获得相应的投资效益。四是建设可以提速。B市运营商现有多年的平台建设经验和成熟的平台软件，直接投入使用，既可以节省软件制作又可节省相关摸索实践，从正式启动到投入使用仅60天即可，若自己建设尚需半年以上。①

---

① H市民政局：《关于建设H市城乡居家养老服务信息平台工作的汇报》，2013年4月26日。

从报告文本看出，H市民政局对"BD模式"认可度很高，采用这种模式建设居家养老服务信息化十分符合H市政府部门的需求。报告文本也体现出，LT公司在向H市推介过程中采取"上门推介—邀请参观"的公关策略获得成功。总结来看，LT公司推荐的"BD模式"至少在以下方面满足了H市政府建设居家养老服务信息化的需求。

首先，"BD模式"具有相对明确的实现路径，LT公司拥有政府需要的功能性资源，这两点满足政府的建设需求。受制于经济发展水平、财政投入能力，H市政府无力自建居家养老服务信息平台，也就是说，H市政府无法完全依靠自己现有的资源开展居家养老服务信息化的物理性建设。"BD模式"依靠LT科技公司可以完成网络系统、信息平台等信息技术开发和应用，同时模式中采用话费补贴、入网等机制可以获得通讯公司的合作，从而为老年人无偿和低偿提供呼叫终端，这些物理性建设的实现机制明确可行，并且所需的高成本支出由LT公司主要承担和整合，LT公司具有政府在居家养老服务信息化建设中所需的功能性资源，政府不用承担过多，使政府摆脱无力自建的困境。

其次，"BD模式"满足政府希望快速实现建设的需求。在湖北省居家养老服务信息化建设繁荣的背景下，H市政府也期待通过居家养老服务信息化的建设获得上级部门的青睐和资源的投入，"高效"是H市政府关注的另一个重要因素。对于H市来说"BD模式"已经是一种成功的模式，复制模式可以快速铺展建设行动、实现建设需求。搭建完成的信息服务平台可以使城乡老年人率先享受无偿和低偿的通讯服务，老年人的收入水平和消费能力受限较小，能够快速取得社会效益。

最后，"BD模式"中成立社会组织负责项目的开展，弥补了本土没有社会组织的现状。受制于区域内投身于养老服务的本土企业和社会组织的发展状况，如果等待本土企业或者社会组织生长和发展满足建设需求，必然需要一个很长的酝酿和实践过程。"BD模式"由LT公司成立社会组织发挥整合其他主体资源的中枢作用运营信息平台，不仅弥补了H市区域内没有企业和社会组织投身养老服务供给的缺陷，而且弥补了 H 市政府无力自营的状况。

在 H 市政府《关于2014年政府办实事建议项目的报告》中明确指出:"BD 模式"政府花钱少、资源整合好、运行机制好、实践效果好,且得到民政部的肯定与推荐,适合我市实际。

从"BD 模式"的推介和政府被吸引的过程来看,不同主体围绕居家养老服务信息化建设表现出不同的需求,而这些需求的满足受制于外部因素的影响。对于政府来说,拥有建设居家养老服务信息化的强烈意愿,但是区域内的整体环境,尤其是政府的资源和能力制约了居家养老服务信息化建设的启动和建设方式的选择,政府需要外部组织提供建设中可替代的功能性资源。LT 公司的推介主动围绕 H 市政府的需求凸显"BD 模式"的优势,类似于一种另类的具有创意的市场策略和公关策略,政府对"BD 模式"的认可及其认可内容很大程度上表现出了对 LT 公司可提供用于建设中的功能性资源的需求。对于 LT 公司来说,拥有扩展当前居家养老服务信息化建设模式的强烈需求,因此 H 市政府对建设居家养老服务信息化的意愿和偏好直接决定了扩展需求是否能够实现,所以 LT 公司需要通过构建自己的功能性资源获得政府给予参与居家养老服务信息化建设的合法性资源。两者的资源互需初步达成政府对"BD 模式"的认可。

二 政企"共谋"引入"BD 模式"

在外部政治环境的激励下,组织间基于自己的利益需求凭借自身的资源优势采取"共谋"行动。从组织行为学的角度来看,任何一个组织都不是孤立的,而是与其他邻近的、周围的行动主体存在互动乃至资源互相依赖关系,因此,一种组织现象和组织行为的发生,更多的是组织间有意或无意"共谋"的结果。[①] H 市政府与 LT 公司都具备组织各自的利益需求,两者也具备对方建设和拓展居家养老服务信息化的互补性资源,当 H 市政府与 LT 公司意识到对方拥有的资源和能力有利于满足自我利益需求时,两者在居家养老服务信息化建设场域中

---

① 周雪光:《基层政府间的"共谋现象"——一个政府行为的制度逻辑》,《开放时代》2009 年第 12 期。

第三章　互动催生：居家养老服务信息化基本建设模式的确立

一拍即合，形成"共谋"。"共谋"的实现过程就是上述 LT 公司的推介与 H 市政府领导的专程考察，"共谋"的直接结果为 H 市政府认可"BD 模式"，决定将该模式作为 H 市居家养老服务信息化的建设思路，从而铺展 H 市"12349"平台建设。

2013 年 4 月 26 日市民政局提交了《市民政局关于建设 H 市城乡居家养老服务信息平台工作的汇报》（以下简称《汇报》），除了上述总结了"BD 模式"的六大特点和四大好处外，市民政局还提出了具体的"建议和请求"：

> 1. 鉴于"BD 模式"的四大好处，建议采用"BD 模式"建设居家养老服务信息平台，在市、县政府统一领导下，由民政具体组织实施。2. 建议以市政府名义出台《加速推进我市城乡社区居家养老服务的实施意见》，加大对市居家养老服务的推进力度。3. 建议市（县、区）政府出台老人呼叫话费的补贴政策，对 70 岁以上城乡低保、重点优抚对象和 80 岁以上老人自愿入网对象每月每个终端补贴呼叫话费 5 元。全市经测算 70 岁以上低保对象、重点优抚对象老人和 80 岁以上高龄老人约入网 10 万个终端，年度补贴约为 600 万元。其中 H 市城区约 5000 个终端，年度约需话费补贴 30 万元，其补贴经费分别从低保和优抚定补的提标经费中列支；80 岁以上老人在高龄补贴经费中列支。所需经费分别在城乡低保优抚定补提标的高龄老人补贴经费中支付。4. 恳请市县两级人事部门分别对 H 市城区 45 个社区和县级城市社区的居家养老服务站每站安排一名公益性岗位，以便与市呼叫信息系统对接，协助相关服务工作。5. 恳请市县两级政府分别提供 200m² 和 100m² 的"12349"老年呼叫中心的办公场地，给市、县两级民政分别每年解决 10 万和 8 万的居家养老服务工作经费。①

---

① H 市民政局：《关于建设 H 市城乡居家养老服务信息平台工作的汇报》，2013 年 4 月 26 日。

市民政局在这份《汇报》文本中提出了具体的落实部门、政策保障、补贴政策、人员配置、办公场地等操作建议，成为接下来 H 市政府决定采用"BD 模式"的"必要性和可行性"依据，以及按照"BD 模式"建设思路铺展居家养老服务信息化建设的重要参考文本。2013 年 6 月 25 日，由市长主持召开了第 22 次常务会议，会议针对居家养老服务信息化建设的内容提出：

> 审议通过《关于加快发展城乡社区居家养老服务的实施意见（稿）》，同时在关于城乡社区居家养老服务中指出：我市居家养老服务信息平台建设采用"BD 模式"，由民政部门具体组织实施。市区两级人事部门分别对 H 城区社区和县市城区社区的居家养老服务站每站安排一名公益性岗位，协作相关服务工作。①

市常务会议作为市政府集体议事决策性会议，将市政府近期重点开展的工作纳入会议议程，体现市政府对具体事务的重视程度。因此，此次会议成为 H 市居家养老服务信息化建设"采用'BD 模式'的最高会议"②，同时为《市人民政府办公室关于加快城乡社区居家养老服务的意见》（党政办发〔2013〕40 号）（以下简称《意见》）的出台和具体政策措施的制定提供了最高的合法性基础，也为 LT 公司参与 H 市居家养老服务信息化建设提供了行政合法性。H 市人民政府办公室在"最高会议"允许下，以《汇报》文件为基础，在《意见》中针对居家养老服务信息化建设提出了如下具体内容：

> 一、工作目标：到 2015 年，城市社区为老服务信息系统覆盖全市所有城市社区。
> 二、主要任务：加快居家养老服务信息系统建设。引进"政府支持、企业支撑、市场运作"的"BD 模式"，建设全市为老服务"12349"呼叫信息系统，吸纳优惠企业和服务机构加盟进入为

---

① H 市人民政府办公室：《H 市人民政府第 22 次常务会议纪要》，2013 年 7 月 6 日。
② H 市 LT 社区养老服务中心 L 主任，2015 年 8 月 14 日访谈。

第三章 互动催生：居家养老服务信息化基本建设模式的确立

老服务、成立社区居家养老服务站，每站提供一名公益性岗位，专门负责与市为老服务信息中心对接并协助为老服务信息中心做好相关服务工作。

三、实施步骤：试点阶段，建立城市社区居家养老服务信息系统，为辖区有需要的老人配置服务终端。全面建设阶段，全市居家养老服务和为老服务信息系统实现城市社区100%覆盖，农村50%覆盖。

四、保障措施：实施呼叫话费补贴。对城乡70岁以上的低保对象，重点优抚对象和80岁以上的入网老人每月每人每个终端补贴5元呼叫话费，补贴经费分别从低保、优抚对象定补提标和80岁以上高龄补贴经费中支付。①

《意见》内容对"最高会议"提出的"H市居家养老服务信息化建设采用'BD模式'"指示做了进一步明确和细化，成为指导H市居家养老服务信息化建设的"最高文件"②。引领了后续H市居家养老服务信息化建设的整体政策框架。另外，对政策文本进行分析可以发现，上述《汇报》中的内容相对《意见》的内容有部分取舍，例如在对呼叫中心的办公场地安排以及每年10万元和8万元的居家养老服务工作经费两方面并未提及。但是大多数都有安排部署，例如在引进或采用"BD模式"、话费补贴、公益性岗位安排这三个内容上都较为一致。

"BD模式"作为满足政府居家养老服务信息化建设的需要，成为H市政府与LT公司之间互补性资源得以结合的载体。H市政府采用"BD模式"的建设思路有如下两种含义：一是意味着H市居家养老服务信息化建设的铺展，将具体围绕LT公司推介的建设内容和实现机制进行复制。二是意味着H市政府与LT公司在居家养老服务信息化建设场域"共谋"的实现。这种结果最终可归因于政企在居家

---

① 《市人民政府办公室关于加快城乡社区居家养老服务的意见》（党政办发〔2013〕40号），2013年7月25日。

② H市LT社区养老服务中心L主任，2015年8月14日访谈。

养老服务信息化建设场域内拥有的非均衡性资源，是一种资源互补、相互需要的结合。尤其是互补性资源，是推动组织间形成互动合作的关键。①当政府意识到区域内的整体环境制约了居家养老服务信息化建设的需要时，LT 公司作为"BD 模式"的运营商具备一定经济资源、技术能力和运营能力，这些功能性资源有利于政府实现建设，同时使 LT 公司实现了政府赋予的合法性资源，即 H 市"12349"平台"运营商"的合法性资格。

第三节 催生的互动与基本建设模式的落定

复制"BD 模式"的建设思路确定以后，依照模式的实现机制，"由民政局批准成立的民非组织运营"是其中一项较为重要的组成部分，社会组织的生成来源于政府与企业的共同需要。随着社会组织的成立，它成为企业履行对政府建设承诺的替代者，因此前期政府与企业互需下形成合作关系，继而催生了政府与社会组织互动，至此，H 市居家养老服务信息化基本建设模式落定。

社会组织生成以 LT 公司"运营商"合法性身份的确立为前提条件，又以满足政府与社会组织的进一步需要为根本原因。按照 LT 公司在 B 市运营"BD 模式"的路径，成立公司下属的社会组织开展具体运营事务，是模式实现机制中包含的重要环节。对于 LT 公司来说，以社会组织身份代替公司运营居家养老服务信息化建设项目是"有考虑的"：

> 在其他省市，也有很多科技公司以企业的身份运营，当时我们在 B 市搞"12349"平台的时候，对公司做了一些考虑，其中一个是在管理、财务、税收这些方面，企业和社会组织之间还是有区别的。另一个是当时国内养老服务政策还没有向企业完全开放，很多政策支持企业得到的机会不如社会组织。当然，企业更偏向于营利，追求效益是公认的目的，但是搞居家养老服务信息化建

---

① Geoege B., Richardso, *Partners in Public Service: Government-Nonprofit Relations in the Modern Welfare State*, Baltimore: Johns Hopkins University Press, 1995.

第三章 互动催生：居家养老服务信息化基本建设模式的确立

设是政府公共服务的一部分，以社会组织身份参与建设对于政府来说，在性质上更好一些。①

LT公司的"考虑"可以总结为以下两点：第一，基于企业的生存和发展需要。社会组织代表公司运营，一方面可以使公司获得已有政策规定范围内的相关优惠；另一方面可以成为公司寻求地方政府向上级政府申请政策支持，以及承接上级政府部门新政策支持的条件。同时可以发现，LT公司借由社会组织获得政策扶持的基础上也暗藏了营利需求。第二，进一步满足了地方政府的政绩需要。社会组织的成立和发展是地方政府另一项政策创新需要，从党的十七大提出落实科学发展观，进一步推进政府职能改转变开始，国家鼓励和倡导各地政府部门将可以转移的社会服务事务交由有能力的社会组织承担和管理，从而优化政府职能，提高政府管理能力和社会需求满足能力。

借由居家养老服务信息化建设成立社会组织运营对于H市来说犹如"锦上添花"，不仅可以借由社会组织的企业背景铺展居家养老服务信息化项目，而且可以弥补H市缺乏社会组织参与居家养老服务的现状，进而获得满足另一项政绩需求的机会。而对于这种"考虑"，政府部门是较为认同的：

> 市政府确立建设"12349"平台后更多是希望早点顺利完成项目，由LT公司自己运营或者成立社会组织运营都是可以的，对于具体由谁来负责没有要求。按照LT公司已有的建设经验，让社会组织来做是他们比较成熟的做法，在实现建设目标上肯定更好。成立社会组织国家也是有限制和要求的，但是在居家养老服务体系建设中，国家也倡导由社会组织来承接部分服务职能的转移，为我们政府部门减负，鼓励我们借助他们的力量来优化职能。严格来说，我们国家的政策是"民非"才能享受的。而且养老服务本身是公共服务，如果以公司的名义开展，一来下面可能比较反

---

① H市LT社区养老服务中心L主任，2015年8月14日访谈。

感;二来本身它的营利范围有限,公司也有自己的打算。这种事情(成立社会组织运营)对于我们来说应该算是一举两得,市政府在考察建设模式的时候(对于成立社会组织运营)肯定也有所考虑。①

很多研究表明,社会组织并非生而有之,而是基于社会公众的多元化需求未能得到满足时,源于社会并因需而生。但是,在 H 市居家养老服务信息化建设过程中,社会组织的生成与其他公共服务领域中社会组织的生成路径存在差异,它不是经由社会发端,而是借由居家养老服务信息化建设项目的确立,LT 公司与政府经过理性思考以后达成共识促成,以进一步满足双方组织的利益需要。

因此,在下面对社会组织权利与义务的设定中,社会组织成为政府与企业依照"BD 模式",铺展 H 市居家养老服务信息化建设的载体。2013 年 9 月 4 日,H 市民政局作为政府指定的"具体组织实施"部门,与 LT 公司"就设立'H 市 LT 社区养老服务中心',实施养老服务项目"签订《居家养老信息平台建设合作协议书》(以下简称《协议书》),具体内容如下:

一、服务事项 乙方(LT 公司)在甲方(H 市民政局)注册成立民办非企业——H 市 LT 社区养老服务中心,并负责在 H 市开展为老服务。免费为入网老人提供终端;设立服务热线"12349",该热线将实现老年人服务需求与社区服务、社会服务、志愿服务的对接,协调加盟商为老人提供瘫痪照料、膳食服务、室内保洁、被褥洗涤、代购代领、健康保健、外出陪护等服务;出现突发疾病、各种险情时,老年人向中心发送急救指令,通过卫星和基站双重定位,2 分钟内即可确定老年人详细地理位置,解决老年人急救和迷路走失等难题。

H 市 LT 社区养老服务中心由乙方依法设立独立运营、自负盈

---

① H 市社会福利与慈善科 W 副科长,2015 年 8 月 14 日访谈。

第三章 互动催生：居家养老服务信息化基本建设模式的确立

亏，甲方不负有资金补贴义务。

二、双方的权利和义务

（一）甲方的权利和义务

1. 甲方作为 H 市 LT 社区养老服务中心的监管单位，有权对乙方各项经营活动进行全程监管和义务指导，定期组织对乙方运作的服务中心为老服务进行满意度调查，使其不背离"为老服务"和"便民服务"的根本宗旨。

2. 甲方有权要求乙方完善服务功能，积极配合甲方做好全市的为老服务和便民服务工作，并积极拓展服务项目，做到"民有所需、我有所应"。

3. 甲方对乙方及服务中心招聘的工作人员工资、福利、各项保险、安全管理及运营费用等不承担补贴义务，全部由乙方负责。

4. 甲方积极协助乙方开展工作，并按法律法规和 H 市政府规定负责协调政府有关职能部门及社区等单位，积极配合乙方开展工作。

5. 甲方负责提供服务中心工作场地，协调县（市、区）民政部门解决"养老服务中心"工作场地。并根据市政府有关文件的规定，对符合条件的老人给予一定话费补贴。

6. 甲方认可乙方所投入的资金、设备和收益。均为乙方所有。

7. 甲方积极支持乙方争取各级部门用于"为老服务"的补助资金。

（二）乙方的权利和义务

1. 乙方享有对项目的管理权。

2. 乙方在甲方的监管下根据业务需求有权调整服务项目和工作方式。

3. 乙方有权开展为老服务和社区便民服务工作。

4. 乙方承担应业务发展需要自行招聘人员的工资、服务、各项保险、安全管理及运营费用等一切开支。

5. 乙方对本项目投入的资金安全及产生的后果负责。

6. 在中国（移动、电信或联通）股份有限公司 H 市分公司完成软硬件平台、呼叫中心及相关网络建设的同时，乙方确保本项目 2013 年 11 月底之前投入运营。

7. 服务中心每季度末需向甲方汇报中心工作进展情况和为老服务情况。乙方保证服务质量、执行合理的服务价格，确保用户满意率达到 90% 以上。

8. 为切实有效地推进、提升服务中心工作，乙方承诺对服务中心的发展进行科学规划，不断提升为老服务水平。

9. 乙方承诺对在工作中获取的个人和单位的信息等资料予以保密，如有泄露或以此谋利的，依法追究相关责任。

三、其他事项

1. 乙方有以下情形之一的，甲方有权解除协议，并且乙方承担相应的责任。一是不能正常开展服务；二是改变平台服务用途；三是经常发生老人投诉，并且造成恶劣影响的，每年老人投诉次数占为老服务话务接线量 10% 以上；四是为老服务过程中发生重大责任事故。

2. 乙方不得以甲方名义对外从事经营活动，否则甲方有权解除协议并要求赔偿甲方一切损失。同时甲方有权对乙方采取任何措施保护自己的合法权益并不承担任何责任。

3. 本协议约定的服务实现不得转让、转包。

4. 鉴于本项目的运营特性，双方约定本协议有限期为五年。如果有关法律、政策发生重大变化，依照有关法律、政策规定处理，协议期满，乙方在同等条件下享有优先权。

5. 本协议期满或提前终止，服务热线"12349"的使用权和所有权属于甲方。

6. 因本协议所产生的纠纷，双方同意提交 H 市仲裁委员会裁决。

7. 如有其他未尽事宜或因事业发展需要，双方可作另行约定，并签署补充协议，补充协议与本协议具有同等法律效力。

《协议书》意味着 H 市政府与 LT 公司就 H 市"12349"平台建设项目经过双方协商，取得一致意见后订立的具有法律效力的契约性文本。从文本所呈现的内容可知，协议围绕服务中心"服务事项"、民政局与 LT 公司的"权利和义务"两大主要内容订立，对其内容的解读可以呈现出以下事实。

首先，《协议书》的内容直接呈现了市民政局、LT 公司、服务中心在 H 市"12349"平台建设中的主要角色和职责。概括来看，市民政局的角色和职责包括：一是监督者。对 LT 公司经营活动进行监督，对服务中心服务质量进行定期检查。二是协调者。协调相关职能部门和社区等配合 LT 公司开展工作。三是资源供给者。为服务中心提供办公场地，为符合条件的老年人提供话费补贴，为 LT 公司争取补助资金。LT 公司的角色和职责包括：一是平台建设者。携手通讯公司搭建软硬件平台、呼叫中心和网络建设，并保证按时投入运营。二是资金投入者。投入项目建设资金；承担服务中心工作人员工资和待遇。三是项目管理者。对服务中心进行规划和管理；对服务项目按需调整。服务中心的角色和职责包括：一是服务供给者。免费为老人提供终端，提供呼叫服务、定位服务。二是服务落实者。对接养老服务资源，协调服务加盟商提供具体的为老服务和社区便民服务，保证服务质量。从文本内容来看，市民政局与 LT 公司的角色和职责履行更为具体和可执行，而对于服务中心服务供给和落实的具体细节并没有文字细述。

其次，对比作为甲乙双方的权利和义务发现，H 市民政局权利多于义务，LT 公司义务多于权利，而当时还未正式成立的服务中心成为两者实现协议内容、落实权利与义务的载体。《协议书》以设立服务中心为目的，但是从文本内容可知，除了具体服务事项外，并未有具体落实细则，服务中心的权利与义务附属于 LT 公司的权利与义务中。加上上文论及的 LT 公司成立服务中心运营的考虑，服务中心实际是 LT 公司"社会组织"形式的外形化，其存在的意义在于代替 LT 公司履行对政府的承诺，意味着服务中心将带着公司的背景及目的铺展居家养老服务信息化建设。服务中心的合法性身份来源于 LT 公司的运营商合法性身份，在满足公司拓展市场的同时，需要满足政府部门的需要，以寻求服务中心作为个体组织的生存和发展需要。对于政府来说，服务中心作为 LT 公司的替代者，是 LT 公司功能性资源的承接者，在后续的建设中不仅要发挥运营作用，更需要为项目供给功能性资源。

最后，《协议书》订立的目的虽然以"实施养老服务项目"为落脚点，但是更多地以平台搭建为重点。如果按照协议书所暗含的法律效应，即为了更好地从制度上乃至法律上，把双方协议所承担的责任固定下来，协议书对协议主体具有制约性，能发挥监督双方信守诺言的功能。那么相对来说，在居家养老服务信息化建设项目的实施过程中，作为政府代表的民政局要应诺落实"工作场地""一定的话费补贴"，而 LT 公司要"完成软硬件平台、呼叫中心及相关网络建设，并保证 2013 年 11 月底之前投入运营"，以及对"个人或单位信息保密"。以上属于双方通过《协议书》规定必须履行的责任内容，这些内容显露了 H 市"12349"平台建设项目以完成居家养老服务信息化建设中物理性建设为共同目标，也决定了服务中心的工作重点。而其他未涉及的事项或者按照协议书所写"未尽事宜或因事业发展需要，双方可做另行约定"，也就是说，未涉及的，尤其是居家养老服务落地的事宜仍需要根据需要再另行订立。

《协议书》签订以后，按照社会组织成立的流程，由 LT 公司提交成立申请，2013 年 9 月 16 日，H 市民政局作为指定的"具体组织实施"部门，下发了《H 市民政局关于同意成立 H 市 LT 社区养老服务中心的批复》，服务中心合法性进一步确认。批复中明确指出：

> 批准 LT 公司成立了具有民办非企业性质的社会组织——H 市 LT 社区养老服务中心（以下简称服务中心），由服务中心承担 H 市"12349"居家养老服务信息平台运营工作。
>
> 服务中心由 B 市 LT 科技有限公司主办，开办资金 50 万元，资金来源由主办者自筹，负责人是 ZW（LT 公司老总）。服务中心为非营利性质，业务范围是：1. 为全市居民提供便民信息咨询服务（家庭服务、维修服务、养老服务、医疗服务、物业管理、社区导购、房屋租赁、人才招聘、法律服务、生活百事）。2. 为全

第三章　互动催生：居家养老服务信息化基本建设模式的确立

市老年人提供为老服务，包括紧急救助、生活帮助、主动关怀。①

至此，服务中心代替 LT 公司获得了 H 市居家养老服务信息平台的运营资格，正式挂牌成立，服务中心运营主体的合法性身份尘埃落定，批复中规定的业务范围成为服务中心参与居家养老服务信息化的组织活动空间。服务中心合法性身份的确立，都是基于对基本建设模式的预设而展开，基本建设模式的确立是"成立民非组织运营"的基础条件，服务中心的成立既是基本建设模式开启的象征，又是基本建设模式从意识走向实践的第一步，再次才是 H 市居家养老服务信息化建设的尘埃落定。

随着服务中心的成立，H 市政府建设居家养老服务信息化的意愿，以及与 LT 公司共谋的建设思路将逐渐付诸实践。这意味着围绕居家养老服务信息化建设，从前期政府与 LT 公司双方互需下的互动，催生了政府与服务中心的互动。服务中心作为政府与 LT 公司在共建居家养老服务信息化中实现各自利益、权利与义务的载体，没有两者的"共谋"，服务中心就难以如此迅速地获得合法性。服务中心这种生成过程决定了，它作为代替 LT 公司运营 H 市"12349"平台的主体，LT 公司与政府资源互补条件下的利益契合将逐渐演变为服务中心与政府之间的利益契合，服务中心作为 LT 公司项目扩展的执行者实现企业的目标是组织与生俱来的使命。另外，满足政府部门建设居家养老服务信息化的功能性需求不仅是服务中心自我形塑的重点，而且是后续互动开始时获得政府资源和发展空间的重要前提，实现政府的目标是组织维系生存和发展的关键。所以在接下来的居家养老服务信息化建设中，服务中心将带着企业资源和拓展目标、政府的期望和建设目标，以及组织自己的生存和发展目标，与相关的政府部门开展互动。在如此复杂的组织构成背景下，服务中心不同的行动将受到不同目标的牵引，也将作用和影响居家养老服务信息化建设。

---

① 《H 市民政局关于同意成立 H 市 LT 社区养老服务中心的批复》（H 民函〔2013〕54 号），2013 年 9 月 16 日。

第四节 互动催生中隐藏的物理性建设实践偏好

H 市 "12349" 平台建设项目还未铺展，但是仅从上述围绕该项目建设的政策文本分析可以发现，H 市居家养老服务信息化的基本建设模式以物理性建设为实践偏好，已经初现缺乏居家养老服务落地实践安排的端倪。

首先，被政府极为认可的 "BD 模式" 体现了政府对快速实现物理性建设实践过程的渴望。"BD 模式" 由 LT 公司在推介过程中，为了获得扩展机会，主动迎合政府希望快速实现居家养老服务信息平台搭建的需要，展现了 "BD 模式" 在 "政府大力支持" "企业倾力支撑" "后续服务规范" "社区积极协助" "社会广泛参与" "民政监管有力" 方面的六大特点。H 市政府通过短期参观考察，随后总结了 H 市采用 "BD 模式" 在 "政府节省投资" "信号覆盖率高" "后续服务可靠" "建设可以提速" 上的 "四大好处"，政策文本内容已经反映出政府对节省投资、信息覆盖率高、建设提速的重视和认可，而这些均是物理性建设实践中的具体实现机制，这意味着政府具有对快速实现物理性建设的渴望。

而且从笔者后续搜集到的资料显示，政府开展 "12349" 平台项目建设的 "可行性论证" 再一次证明了，政府对物理性建设的实践偏好。2013 年 11 月市民政局提交市政府办公厅的《关于 2014 年政府办实事建议项目的报告》中提出了居家养老服务信息平台建设的 "有利条件和可行性论证"，报告指出如下五个可行性条件：

一、老年群体迫切需求。我市人口 "老龄化、高龄化和空巢化" 形势严峻……预计到 2015 年，我市老年人口将达 113 万人，占总人口 15.1%，日益庞大的老年群体热切呼唤为老服务。

二、省政府有明确要求。全省城乡社区居家养老服务工作会议 2012 年 12 月召开，同时印发了《省人民政府办公厅关于加快发展城乡社区居家养老服务的意见》。

三、市政府有安排部署。市政府高度重视城乡社区居家养老服务工作……明确提出建立我市居家养老服务信息平台。

四、学习借鉴B市经验。4月中旬，市政府副秘书长带来市民政、老龄部门相关人员对B市进行实地考察。"BD模式"政府花钱少，资源整合好，运行机制好，实践效果好，且得到民政部的肯定与推荐，适合我市实际。

五、迅速建立信息平台。市民政局已和LT公司签订居家养老服务信息平台建设合作协议，设立服务热线"12349"，市民政局不承担任何费用，服务平台免费为入网老人提供终端，将老人家属、急救中心、服务企业等资源整合纳入平台体系，形成居家老人专属的安全服务渠道。目前，已在城区、XS、WQ进行试点，2014年3月底前在全市铺开。①

从这份报告的时间上来看，2013年11月前，H市政府已下达了引入"BD模式"作为基本建设模式的决议，在"BD模式"已成定局的情况下，可行性论证实际与决议本末倒置。再从报告提出的五个可行性条件的具体内容分析，其并不是真正意义上的可行性论证。因为任何居家养老服务信息化建设模式的适用性或者说可行性分析难以脱离老年人是否接受的问题，但是从可行性报告中并没有看到这项关键内容，甚至也没有看到对于本土居家养老服务的建设和发展的相关影响和作用的分析，这份可行性报告更多地表现为引入"BD模式"后无须政府投入过多成本便可快速实现。按照开展居家养老服务信息化建设的本质，即为老年人提供居家养老服务，无论居家养老服务采用任何手段、任何方式都应以满足老年人的居家养老服务需求为最终目标。但是可行性报告再一次展现了政府对"迅速建设建立信息平台"的实践偏好。

另外，政府与LT公司呈现了一种具有前提假设以及迂回的居家养老服务落地实现机制。LT公司推介的"BD模式"中的六大特点包含

---

① 《关于2014年政府办实事建议项目的报告》，2013年11月20日。

了物理性建设和居家养老服务落地实现的方式，但是相对来说，物理性建设中"话费补贴""老人入网""公司出资与移动公司合作建设"等成为实现信息平台搭建的具体机制，其明确性、可操作性在"BD模式"中更为清晰。而"BD模式"中对于居家养老服务落地的实现机制来源于"加盟企业"和"社区志愿者"，这两种实现机制具有两个前提假设：第一，老年人存在有效需求，并且加盟企业能够满足需求；第二，社区志愿者存在，并且可以满足老年人服务需求。可以说这种实现路径应该来源于现实，现实满足这两个前提假设，那么实现路径才会真正得到实现。而从前述 H 市的经济社会环境来看，这两个前提假设并不存在，因此"BD模式"是否能够完成居家养老服务落地值得商榷。而政府总结的"四大好处"中所提及的"后续服务可靠"，其逻辑来源于"运营商想获得投资收益，只能依靠老年人入网实现，而老年人入网率的提高来源于运营商与加盟商能够提供优质服务"，也就是说，政府寄希望于引入"BD模式"后，运营商在以入网量的增加获得效益过程中能够实现居家养老服务落地。这其实是一种迂回的居家养老服务落地实现机制，即老年人入网所以才促进和保证居家养老服务落地的实现，将居家养老服务落地实现的方式依赖于老年人入网量的增加上。政府对居家养老服务信息化建设的认知和态度，并没有以立足于以实现居家养老服务落地的实践过程为基本目标。

最后，从服务中心的生成以及政府与 LT 公司赋予的功能来看，居家养老服务落地还难以成为其关注的重点。服务中心在成立之前，政府与 LT 公司就生成了一种响应和遵照上级政府政策开展居家养老服务信息化的诉求。居家养老服务信息化建设中政府需要 LT 公司提供的功能性资源，LT 公司需要政府拥有的政治合法性资源。服务中心成为政府与 LT 公司合作开展居家养老服务信息化建设的工具性载体，承载了 LT 公司的技术资源、资金资源、人力资源等可用于居家养老服务信息化的功能性资源，也承接了政府给予 LT 公司建设 H 市居家养老服务信息化的合法性资源。同时，服务中心的社会组织身份迎合了两者遵从社会组织政策环境可能获得的政策资源以及进一步的政绩目标。更为重要的是，从 LT 公司与政府合谋预设基本建设模式到对服务中心合法性身份以及权利与义务的规定，已经表露出三者对居家养老服务信息化物理性建设的取向和目的。因此，"BD 模式"呈现的建设路径将成为服务中心后续铺展建设工作参照的重点，与政府首先围绕物理性建设的实践过程进行互动是其作为工具性身份的责任，也是其能够获得政府合法性资源支持的首选。

政府发起居家养老服务信息化建设的意图显露在各类政策文件中，能够快速实现，并且拥有清晰实现机制的物理性建设来满足政府的这种意图，社会组织作为一种实现物理性建设的其中机制，其组织目标的实现依托于政府所追求目标的实现。对于政府与社会组织来说，偏好将物理性建设作为基本建设模式的设定，不仅满足于自身的利益追求，而且也是两者可以率先实现的居家养老服务信息化建设目标。因此，政府与社会组织互动的催生过程，也向我们昭示了居家养老服务信息化建设的目标取向，呈现了 H 市居家养老服务信息化的建设实践还未铺展前，其实践方向偏向物理性建设，而暂时缺乏居家养老服务落地安排的情况。这种安排情况在后续的居家养老服务信息化建设实践过程中，政府与社会组织互动会将其弥补，从而形成真正的服务悬浮，还有待下文继续阐释。

第五节 小结

对于政府与社会组织互动催生的过程和逻辑的阐释，完全有助于了解政府与社会组织进入居家养老服务信息化建设实践场域的"来龙"，对下文分析居家养老服务信息化建设实践过程中政府与社会组织互动的"去脉"才能追根溯源。采用信息技术手段不仅是居家养老服务发展的内在需求和动力，而且这种新模式的出现离不开政府与社会对老龄化问题和养老服务需求的积极回应，在这种积极的回应过程中，围绕居家养老服务信息化建设必然存在参与主体间的互动。参与主体间的互动并不是生而有之，而是有不同的利益追求[①]。

---

① 蔡小慎、田宇晶：《基于行为人模型的智慧养老模式合作机制分析》，《理论导刊》2017 年第 5 期。

按照事件发展的历时性来看，国家与上级政府倡导和支持地方政府开展居家养老服务信息化建设，促成了 H 市政府建设的意愿和决心，再加上 H 市自身的政治、经济、社会环境因素不仅成为政府部门开展建设的重要依据，而且限制和形塑了其居家养老服务信息化建设的选择。在这种背景下，政府所需为 LT 公司"借势"扩展建设模式赢得了良好机会，LT 公司为了实现市场扩展，洞悉政府需要后进行公关式推介，使"BD 模式"契合 H 市建设需要。两者互需下的"共谋"带来了一系列连锁效应：首先，"BD 模式"的确立实现了政府部门与 LT 公司的合作，这种合作实质上是两者通过资源互补获取组织利益的双向选择结果，而且使 H 市居家养老服务信息化建设模式初具形态，即 H 市将按照 LT 公司推介的"BD 模式"开展 H 市"12349"平台建设项目。其次，借由该项目的确立 LT 公司获得政府赋予的"运营商"合法性身份，进而按照原有建设路径成立具有民办非营利性质的 H 市 LT 社区养老服务中心，使服务中心获得"承担 H 市'12349'居家养老服务信息平台运营工作"的合法性身份。两者的互需促成了社会组织的成立。最后，服务中心作为运营主体的确立正式开启 H 市居家养老服务信息化的建设，同时意味着，作为具体建设主体的政府部门和服务中心将围绕居家养老服务信息化建设项目展开互动。

但是政府与社会组织围绕"12349"平台建设项目开始互动前，两者互动萌芽阶段实践过程中的各类材料，呈现出政府、LT 公司、服务中心的建设偏好，即以快速搭建完成"12349"平台的物理性建设为重点。因此，H 市还未铺展的居家养老服务信息化建设隐藏了以物理性建设为实践偏好的情况，这种情况是否将导致服务悬浮问题或者在后续实践中得到实践弥补还需要继续探讨。

第四章

互动开始：社会组织行动策略与物理性建设的铺展

居家养老服务信息化是"信息技术"与"居家养老服务"的有机结合，但是在当时居家养老服务信息化建设的"风口上"，如何迎风而上迅速获得政治效应和社会效应？政府与服务中心基于组织利益都将眼光倾注于物理性建设中，因此迅速完成物理性建设成为此阶段政府与服务中心互动的重点和目标。在这一阶段，政府与服务中心的互动方式表现为服务中心采取具有能动性的嵌入式发展的行动策略，以获得政府在一定范围内的支持和协助，进而实现了物理性建设的内容。其中，快速完成信息平台是政府与服务中心的动力和共同目标，政策嵌入和关系网络嵌入作为服务中心的两种嵌入式发展机制，是获得政府支持和协助的合规、合理、合意的行动策略，也符合前期基本建设模式预设的实现机制。在此阶段，政府与社会组织互动以物理性建设为共同目标。在这个部分的写作中，首先要分析服务中心采取嵌入式发展行动策略的背景，继而呈现政府与服务中心围绕物理性建设互动的过程，在此基础上，探讨政府与服务中心的互动逻辑以及对居家养老服务信息化建设的影响。

第一节 社会组织采取嵌入式发展行动策略的背景

正如前文所述，嵌入式发展的行动策略是社会组织谋求发展空间和政府认可的普遍化做法，指社会组织能动地进入居家养老服务信息化建设的过程。H 市基本建设模式的确立过程已经展现出，以"信息技术＋居家养老服务"为组成要素的居家养老服务信息化建设，在 H 市将以顺利实现"信息技术"为重点。以信息技术为特征的物理性建设是居家养老服务信息化有别于原有居家养老服务的显著之处。其中，利用信息技术实现的信息网络、综合数据平台、信息服务管理平台、老年人服务终端等是居家养老服务信息化的基础[1]。H 市的居家养老服务信息化建设与其他地区相同，都是以居家养老服务信息平台建设为主[2]。

服务中心作为政府部门与 LT 公司实现合作、履行权利与义务的载体，搭建完成信息平台，一方面是组织代表 LT 公司履行的必要职责和义务；另一方面是组织展现自我能力和获得政府认可的重要途径，如果物理性建设过程难以实现将危及组织生存。同时，居家养老服务信息化以提供居家养老服务为本质，居家养老服务一直都以政府供给和生产为主流，居家养老服务信息化作为准公共服务也以政府作为发起者和主导者，政府以外的主体参与建设均将面临如何进入的问题。因此，服务中心需要通过发挥组织能动性进入由政府引领的居家养老服务信息化中。这种能动性行动可以总结为服务中心凭借技术性的专业优势采取的嵌入式发展的行动策略，以期快速实现居家养老服务信息平台的搭建。而对于政府部门来说，服务中心的行动策略对其快速实现"12349"平台的搭建是大有裨益的。

首先，H 市现有的经济社会发展状况，成为政府允许服务中心采取嵌入式发展行动策略进入居家养老服务信息化建设的前提。如前所述，H 市是一个经济欠发达的中部城市，老年人口不断增长，老龄化程度日益加深，养老服务需求增多，继续依靠政府满足日益增长的养老服务需求已不现实。同时，H 市是典型的"未富先老"地区。在地方政府的努力下，企业退休人员基本养老金连续上调 5

---

[1] 常敏、孙刚锋：《整体性治理视角下智慧居家养老服务体系建设研究——以杭州创新实践为样本》，《中共福建省委党校学报》2017 年第 3 期。

[2] 张丽雅、宋晓阳：《信息技术在养老服务业中的应用与对策研究》，《科技管理研究》2015 年第 5 期。

年，2015 年年末达到 1679 元①。但是这样的收入水平不足以使老年人依靠自己满足养老服务需求。因此，随着老年人养老服务需求总量增加，地方政府的服务供给压力较大。面对有限的地方财政情况，相关人员很直率地指出，财政收入发人员工资都很困难，要争取养老服务方面的资金更是难上加难②。另外，H 市养老服务的社会化程度低，养老服务很多优惠政策在实际中的操作性不强，民间资本不愿投入，社会力量参与养老机构建设和养老服务业发展的情况极少，现有的养老服务机构 95% 以上是由各级政府投资兴建③。可以说，H 市整体的养老服务体系是以政府构建和行政实施为主导。因此，借由居家养老服务信息化建设项目，获得非政府以外的资源扩大养老服务供给，不仅是居家养老服务体系所需，也是政府相关职能部门的需求。

其次，从 2013 年开始，中央关于社会组织发展改革的顶层设计已全面铺展④。国家层面倡导政府职能转变和转移，其中落地的机制之一便是通过社会组织来承接这些职能。作为地方政府，H 市提出"加大扶持培育力度，大力发展养老服务社会组织"的政策导向，为政府允许服务中心进入居家养老服务信息化建设项目提供了宽松的制度环境。H 市为养老服务类慈善公益社会组织登记开辟了绿色通道，对养老服务类慈善公益社会组织登记实行"两免两减一破"的政策；破除"一业一会"的限制，允许以名称加字号的方式成立两个以上业务范围相同或者相似的养老服务类公益组织。加之，H 市养老服务领域一直没有社会组织存在，直到 LT 公司进入成立服务中心，这不仅为当时的服务中心提供了"先来者"的天生优势，而且让政府部门对服务中心报以前所未有的希望和认同感。

最后，对服务中心优势的认同成为政府允许其嵌入物理性建设中

---

① 《H 市老龄事业发展和养老服务体系建设"十三五"规划》（H 政办发〔2017〕40 号），2017 年 9 月 13 日。
② H 市社会福利与慈善科 C 科长，2015 年 8 月 17 日访谈。
③ H 市民政局：《关于进一步推进社会养老服务体系建设的建议》，2013 年 8 月 28 日。
④ 马庆钰、贾西津：《中国社会组织的发展方向与未来趋势》，《国家行政学院学报》2015 年第 4 期。

的助推器。如前所述，在设立"H市LT社区养老服务中心"的《协议书》中，由H市民政局与LT公司作为甲、乙方共同签订协议书，意味着服务中心与LT公司属于"母子"关系，由LT公司作为服务中心的企业支持背景，从技术资源、资金支持、组织人员配备、设施配置到项目安排等，LT公司为服务中心塑造了组织的专业优势，即政府认可的用于项目建设的功能性资源，首先赢得了政府赋予的参与居家养老服务信息化建设的"运营主体"合法性身份。因此，政府基于对服务中心资源优势的肯定，助推了服务中心的成立与前期工作的顺利开展，为社会组织采取嵌入式发展的行动策略提供了基础。

第二节 社会组织两种行动策略铺展物理性建设的过程

H市居家养老服务信息化物理性建设过程的铺展，通过社会组织的嵌入式发展的行动策略得以实现，这个实现过程也是政府与社会组织互动的过程。在论述社会组织的嵌入式发展过程时，需要先明确两点，即嵌入的主体和嵌入的客体[1]。学界有关政府与社会组织在具体场域的嵌入研究分为三种方式，即政府对社会组织的嵌入、社会组织对政府主导的社会管理体系的嵌入、政府与社会组织的相互嵌入。本书研究属于第二种嵌入方式，即嵌入的主体是社会组织——H市LT社区养老服务中心，嵌入的客体是居家养老服务信息化，是社会组织对政府主导的居家养老服务信息化建设的嵌入。无论是物理性建设过程，还是居家养老服务的落地过程，服务中心积极能动地进入居家养老服务信息化建设的整个过程，是实现自我生存和发展目标的必要前提。其中，物理性建设过程的顺利铺展和实现是服务中心进入居家养老服务信息化的第一步，为了迅速获得政府的认可并且进一步获得更多的合法性资源，服务中心重点通过政策嵌入和关系网络嵌入两种具体路径构成嵌入式发展的行动策略，从而与政府开始互动完成"12349"平

---

[1] 王思斌：《中国社会工作的嵌入性发展》，《社会科学战线》2011年第2期。

台搭建。

一 政策嵌入

政策嵌入主要是指社会组织依靠政府政策层面的引导以及支持，获得居家养老服务信息化物理性建设过程中的活动空间，政府从给予服务中心的政治合法性身份转变为政治合法性支持，从而使服务中心合法、合理地铺展居家养老服务信息平台建设。具体来说，服务中心通过政府部门颁布的政策、法规文件、建设规划等，在成为符合国家和地方法律法规承认的社会组织的基础上，获得政府在服务补贴、部门协同、人员协助等方面的行政支持，与政府部门保持合作互动，实现嵌入居家养老服务信息化的目标。H市服务中心从未成立到成立再到运作，借由居家养老服务信息化项目的建设，政府为其提供了政策嵌入的机会和空间。

（一）物理性建设内容的政策嵌入

前期的"最高会议"和"最高文件"为服务中心运营"12349"平台奠定了铺展物理性建设的政策基础，为了完成"到2015年，城市社区为老服务信息系统覆盖全市所有城市社区"的工作目标，市政府继续将"12349"平台建设项目推向新的政治高度。2014年2月，在H市第四届人民代表大会第四次会议上，市长发布《2014年H市政府工作报告》，报告指出："加快推进养老服务体系建设，全面开通'12349'居家养老信息服务平台，为万名以上居家老人提供便民服务。"紧接着，市人民政府根据报告要求发布《市人民政府办公室关于分解落实〈H市政府工作报告〉的通知》，将H市"12349"平台建设工作作为2014年工作任务重点和"为民办实事"十个项目之一，指派市民政局、中国电信H市分公司、市综治办为责任单位，落实工作报告提出的建设目标。政府发布的工作报告是各部门达成共识后的共同行动方向，在建设目标的督促下，市民政局作为"12349"平台建设的组织实施单位，按照上级政策指引陆续下发了各类政策文件（见表4-1）。

表4-1　H市落实居家养老服务信息化建设的政策文件

时间	政策文件	具体内容
2013年11月	市民政局《关于加快试点单位居家养老服务信息平台建设的通知》（H民文〔2013〕120号）	成立专班，明确责任领导，做好协调工作；各单位要无偿提供100平方米"养老信息服务中心"工作场所；落实〔2017〕40号文，每个社区成立居家养老服务站，并向有关部门申请公益性岗位，专门负责与市信息中心对接并协助做好相关工作，协调财政部门，做好呼叫话费补贴工作；各县市区在城区各社区采取多种形式开展养老服务信息平台宣传，做到家喻户晓，做好老人信息登记及入网工作。
2014年2月	《关于做好市政府为民办实事有关工作的通知》（H民文〔2014〕12号）	要求各地要将"加快推进养老服务体系建设"作为2014年民政工作的重中之重，领导亲自安排部署和落实，专人负责；将信息平台工作站数、服务居家老人任务数进行分解；落实〔2017〕40号文件的优惠政策，每个县市区建立居家养老信息服务平台工作站，提供必要的工作场所，联系并确定终端服务机构，签订服务协议；加大信息服务平台宣传，做好老人信息登记及入网工作，确保完成下达的老人入网任务。
2014年3月	《2014年"12349"居家养老信息服务平台建设工作实施方案》	各县市区政府要把12349纳入重要议事日程，成立领导小组和工作专班，明确责任领导，切实履行组织、指导、实施和监督职责。确保养老服务信息平台建设顺利推进。明确工作要求：一是各县市区要建立一个养老信息平台工作站，联系并确定3家以上的服务企业与服务中心签订加盟协议；二是落实优惠政策，按照〔2017〕40号文件，每个社区要成立居家养老服务站，每站提供一名公益性岗位，开设一个专门的服务窗口，财政和民政部门要落实好呼叫话费补贴工作；三是加大宣传力度，开展信息平台宣传，做好老人信息登记和入网工作，确保完成"网上达到一万名老人以上"的分解工作任务。建立平台建设工作通报制度，各县市区每月上报一次项目总体实施进展及节点量化指标完成情况。
2014年4月	民政局《关于进一步明确"12349"信息平台有关工作要求的通知》	各县市区要成立LT公司工作站，5月20日前确定一名合适人员进行业务培训，作为LT公司工作站负责人，并提供办公场所；入网对象以城镇老人为主，农村老人自愿参加，不计入分解任务考核范围；迅速落实话费补贴政策，各县市区民政局要争取当地政府重视，逐步加大政府购买服务力度；每个城镇社区成立"12349"平台服务站，落实一名公益岗位，开设专门的服务窗口，制定专人常年受理辖区老人的入网办理咨询、投诉等事项，6月底以前完成。

续表

时间	政策文件	具体内容
2014年7月	民政局《关于做好"12349"信息平台建设有关工作的通知》	加强工作保障，落实老人话费补贴政策并适当提高补贴范围和标准，落实社区公益性岗位；加大宣传力度，利用老干局，鼓励和各单位对退休干部职工出台优惠政策，组织和开展"关爱老人、服务进社区"活动；加强对LT工作站人员的管理和电信公司工作的监督，调动各方力量，形成工作合力。

资料来源：作者整理汇编。

整体来看，以上政策文件以民政局为责任单位，遵从了2013年"最高会议"（第22次常务会议）和"最高文件"（《H市关于加快发展城乡社区居家养老服务的意见》）的指导，以实现政府工作报告要求的"全面开通'12349'居家养老信息服务平台"，以及"为万名以上居家老人提供便民服务"为工作部署。通过以上政策内容，服务中心在实际工作中获得了如下政策支撑：第一，各级政府部门领导重视。政策文本强调"组织领导""成立专班""明确责任"等，不仅突出了居家养老服务信息化建设的重要性，而且将服务中心运营主体的合法性身份在各级部门广而告之，成为服务中心深入开展工作的基础。第二，针对特定人群的话费补贴。H市政府要求各县市区政府对城乡70岁以上的低保对象、重点优抚对象和80岁以上的入网老人每月每个终端补贴5元的呼叫话费。其中，部分经济条件较好的地区提高了话费补贴标准，例如WX、MC、TF等地将话费补贴标准提高至每月10元。第三，民政局提供的一套位于市社会福利中心6楼约200平方米的场地，以容纳居家养老服务信息化整体技术设备、呼叫平台，以及便于服务中心办公和接待。第四，政府采取行政考核手段，下达分解给各县市区的老年人入网任务数，要求设立服务中心工作站（见表4-2）。第五，协助开展宣传工作，重点实施"关爱老人、服务进社区"活动。第六，要求社区申请专门的公益性岗位，开设专门的服务窗口。第七，针对入网信息服务工作督查情况的汇报提出相应的整改方案。

表4-2　H市"12349"信息平台建设12个县市区任务分解表

单位	建立工作站数（个）	入网老人任务数（人）	单位	建立工作站数（个）	入网老人任务数（人）
HZ区	1	2450	XS县	1	1700
TF县	1	800	QC县	1	1700
HA县	1	1300	WX市	1	1600
MC市	1	1800	HM县	1	1700
LT县	1	1000	LGH	1	100
YS县	1	800	KFQ	1	50
合计	12	15000			

在上述政策框架逐步构建过程中，为了保障政策的落实，H市民政局还同步制定了针对各县市区的《2014年市政府"为民办实事"工作进展节点量化考核表》（见表4-3），以及与之相配套的工作任务完成情况的定期通报制度（见表4-4）。

表4-3　2014年"12349"平台建设工作进展节点量化考核表

阶段设置	完成任务内容	时间节点
第一季度：启动阶段（指数设定：20%）	信息平台网络建设（网络共享）	3月20日
	建立工作站，成立专班	3月31日
第二季度：实施阶段（指数设定：30%）	落实话费补贴	4月30日
	社区开始专门窗口	5月20日
	落实社区公益性岗位	6月28日
第三季度：实施阶段（指数设定：30%）	签约三家以上加盟商	7月10日
	宣传信息服务平台功能，增加入网数量（总数量的70%）	9月30日
第四季度：收尾阶段（指数设定：20%）	宣传信息服务平台功能，增加入网数量（余下的30%）	10月31日
	督办落实	11月10日
	检查验收	12月5日

考核表将"12349"平台建设项目设置为四个建设阶段，提出了在这四个阶段中各县市区需要完成的工作任务，并针对各项被考核的具

体工作任务提供了验收的时间节点,四个阶段需要完成的任务内容简明扼要地展现了基本政策框架的内容。

表4-4　　　　H市居家养老服务信息化项目政策推进情况

日期	文件名	主要内容
2014年5月8日	《关于2014年市政府"为民办实事"一季度进展情况的通报》	第一季度,市级"12349"信息平台网络已建成,TF、MC、XS、QC已陆续有老人入网,WX、HM等地已着手调研摸底,LGH已广泛开展宣传。
2014年7月23日	《关于2014年市政府"为民办实事"上半年工作完成情况的通报》	上半年,各县市区均出台了话费补贴政策,利用开展"关爱老人,服务进社区"公益活动、网格员上门、媒体报道等方式进行了广泛宣传;市电信公司在各县市区设立了老人机售后服务网点,市民政局对市区440名网格员进行了业务培训,市综治办针对此项工作建立了社区网格站工作考核机制,按月进行通报,全市入网老人数量达到2378人,占年度目标任务23.78%,其中MC、WX、TF和KFQ等地进展较快。
2014年9月30日	《关于"12349"居家养老服务平台建设工作进展情况的汇报》	大部分县市区结合各自实际不同程度提高了补贴标准,设立了服务窗口,落实了工作部署,已与医疗、家政、餐饮等70家服务加盟商签订为老服务协议;截至目前全市入网老人数量达13277人,阶段性目标完成。TF、HM、KFQ等地措施得力,居家老人入网人数增加较快,已完成目标任务的150%;开展了媒体宣传、面对面宣传、上门宣传、活动宣传等全方位、多形式的宣传。
2014年11月12日	《关于2014年市政府"为民办实事"等工作进展情况的通报》	"12349"居家养老信息服务平台入网老人数已达到13277人,超额完成了年度目标任务。

资料来源:根据H市相关政策文件整理获得。

对比LT公司推介的"BD模式"可知,以上大部分政策内容以"BD模式"作为参照,许多操作性的具体内容例如信息平台网络建设、入网任务、话费补贴、手机发放、平台宣传等依循原有模式,作为服务中心铺展"12349"平台的具体政策支持内容,从而形成了在政府可支持能力范围内的,用以督促服务中心和各县市区职能部门的整体政策框架。可以说,服务中心从成立开始到铺展物理性建设就预先进入了政府的居家养老服务信息化政策框架中,通过政府的政策出台得以落实。政府部门对居家养老服务信息化建设项目成功的渴望,构建了

H 市以物理性建设为重点的居家养老服务信息化建设的宏观环境，为服务中心铺展物理性建设提供了政策保障，成为服务中心实现嵌入式发展策略的重要环节。2014 年 3 月服务中心顺利完成"12349"平台项目准备工作，H 市"12349"平台全面开通运行。2014 年 5 月，H 市人民政府办公室对外发布《H 市率先开通居家养老信息服务平台》，并得到省民政厅认可和转发。发布内容指出：

> 年初，H 市率先启动全省首家市级居家养老信息服务平台。到目前为止"12349"平台已覆盖全市 11 个县市区。下一步，市政府还会出台针对 70 岁以上重点优抚老人的一系列优惠政策，进一步扩大老人入网范围。①

H 市"12349"平台建设进度虽然与 H 市民政局向市政府提交的《关于建设 H 市城乡居家养老服务信息平台工作的汇报》中所提及的"从正式启动到投入使用仅 60 天即可"的建设进度上稍有出入，但是已十分快速，顺利完成市政府"全面开通'12349'平台"的要求。

纵观整体的政策框架，H 市"12349"平台建设的政策内容源于对"BD 模式"的借鉴和复制，实际是政府与 LT 公司对各自组织在平台建设过程中目标与需求的考量，LT 公司提供的整体政策建议，基本符合政府对快速实现"12349"平台搭建的需求和能力，同时满足自身开展建设工作的需要，双方达成共识后，最后经由政府的取舍形成最终的政策内容。这一点决定了服务中心作为 LT 公司代言人，作为政企互需的产物，从成立开始到铺展物理性建设就带有相应的政策背景，预先嵌入了 H 市"12349"平台建设的大部分政策框架中。许多政策指导不仅属于服务中心铺展工作的需要，而且服务中心对许多需要执行的政策早已"心知肚明"，顺理成章地完成了"12349"平台建设。

---

① H 市人民政府办公室：《H 市率先开通居家养老信息服务平台》，2014 年 5 月 14 日。

(二) 组织建设和管理中的政策嵌入

作为社会组织，政策不仅是约束和规范服务中心开展居家养老服务信息化建设的准绳，也是其身份合法性和行为合规性的标准。也就是说，服务中心的合法性身份虽然已经确立，但是悬浮于其他政府层级之外，需要服务中心通过上述政策的引导内化为组织行动，经由政策的形塑和自身的积极行动，从而进一步落实和深入。因此，对服务中心来说，除了政策自身对各级县市区政府部门的指导和知会作用外，以正式的政策为基础，进行组织建设和内部管理是其开展居家养老服务信息化建设过程中进一步获取政府资源和权威的基础。

组织建设是服务中心铺展居家养老服务信息化建设的保障，从组织结构的设立可以管窥组织的行动方向和行动目标。由于服务中心是由 LT 公司按照已有建设经验发起成立的社会组织，因此其前期的组织结构基本按照原有建设模式进行设置。在调研中发现，在"BD 模式"推广的 43 个地区，几乎所有的城市都遵循这一模式进行机构设置。按照原有建设模式的组织框架，服务中心内设综合管理部、呼叫中心、技术运维部、办公室和财务部（见图 4-1）。

```
                        中心主任
        ┌──────────┬──────────┼──────────┬──────────┐
    综合管理部   技术运维部   办公室    呼叫中心    财务部
    ┌────┴────┐                    ┌──────┼──────┐
紧急救助服务组 生活帮助服务组      业务拓展部 客户服务部 各县市区服务工作站
```

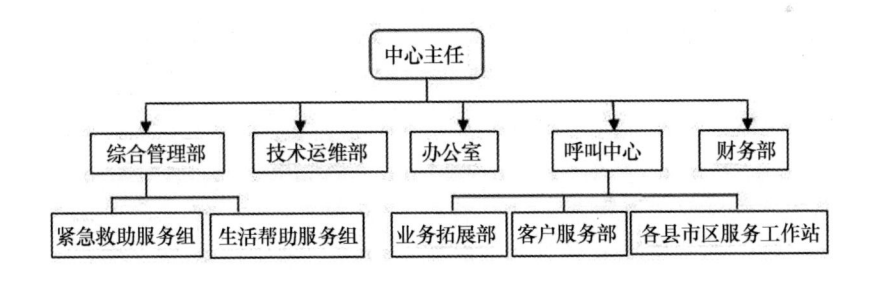

图 4-1　服务中心预设的组织结构图

资料来源：《H 市"12349"居家养老服务信息平台简介》，2014 年 3 月。

服务中心主任由 LT 公司原项目经理 L 主任担任，具体负责 H 市"12349"平台整体建设和运营工作，其他部门人员通过社会招聘形式，按照起初设定的组织结构聘任了 23 名工作人员。L 主任认为："服务中心各部门布局合理，功能完善，可以为顺利实现平台搭建和开展服务打下基础。"① 基于政策需要，服务中心前期建立的组织结构包含了 H 市政府在同意成立服务中心的批复中要求的"紧急救助服务"和"生活帮助服务"两个业务范围，再加上服务中心自我开展工作的需要，例如"技术运维部""业务拓展部""客户服务部"等不仅是组织搭建和开展物理性建设的重要构成，而且也是组织完成物理性建设后转型到居家养老服务落地的基础。同时，"呼叫中心"下设置的"各县市区服务工作站"与上述政策文件下达的要求相同，成为服务中心组织建设的一部分，并且服务中心结合政府要求以及服务中心工作需要制定了《2014 年居家养老县市服务人员工作职责及管理细则》，将县市服务工作站服务人员的工作职责设定如下：

一、工作职责

（一）配合电信与社区的培训、宣传及老人入网办理和回访老人的相关工作

1. 配合电信及民政做好各社区工作人员的相关培训工作（包括：讲解平台三大功能、居家养老平台入网流程、政府相关为老政策）。

2. 配合电信、社区工作人员完成老人机发放工作，并能详细解答老人在办理入网过程中提出的关于资费政策及平台服务的问题。

3. 负责处理各社区的咨询沟通工作，确保良好的沟通，并了解各社区的基本情况。

4. 积极配合社区开展各种宣传活动。配合社区动员老人入网。

5. 完成中心安排的上门走访工作，在社区工作人员的陪同下上门走访老人。

（二）企业加盟工作

1. 熟悉、了解各社区周边各类型服务商及医疗服务机构，如：家政公司、水电维修、理发店、社区卫生服务站等。

---

① H 市 LT 社区养老服务中心 L 主任，2015 年 8 月 14 日访谈。

2. 选取资质好，证件齐全的服务商加盟到平台并签订《企业加盟协议》。

3. 协助加盟企业做好老人服务工作。

4. 负责与当地医疗服务机构沟通签订合作协议。结合当地条件配合加盟医疗机构开展医疗信息服务活动。

（三）配合民政部门发展社区志愿者及义工开展为老活动

1. 平台工作人员为入网老人提供以下公益性服务：为行动不便的老人代缴水电费等；接送"三无"老人；为空巢老人电话送上生日及节日祝福。

2. 配合民政部门及社区开展的其他为老活动。

（四）核实《老年人居家养老信息服务调查登记表》登记的相关信息

1. 核实居家老人信息。

2. 完善委托人信息（若老人是"三无"老人或福利院老人需登记监护人相关信息）。

从以上可以看出，"电信入网""企业加盟""为老活动""信息登记"四项内容是服务人员的工作重点。可以说服务中心前期的这种组织结构形式一方面是在政府政策框架内，从而设置契合实现政府政策目标的组织结构；另一方面也是服务中心完成组织使命，实现组织目标的行动。

但是在2015年笔者赴H市调研期间，对比原有的组织结构，服务中心内设的部门和人员有所"缩减"，在后期的实际工作中最终形成了包括中心主任（1人）、财务部（1人）、办公室（1人）、外联部（4人）、话务员（6人）的运营团队，部门职责分工见图4-2。

对比图4-1与图4-2可以发现，服务中心的组织结构有很大变化。在后期实际工作中服务中心下设的财务部和办公室两个部门保留，而原有综合管理部、呼叫中心出现合并和删减，去掉了技术运维部。2017年笔者针对这一变动对服务中心主任和中心工作人员进行了回访

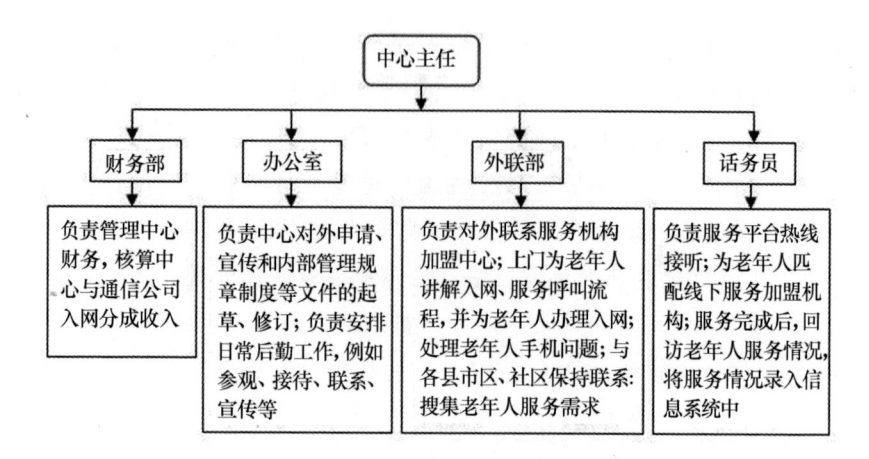

```
                        ┌─────────┐
                        │ 中心主任 │
                        └────┬────┘
           ┌────────────┬────┴────┬────────────┐
         ┌─┴─┐       ┌─┴─┐     ┌─┴─┐        ┌─┴─┐
         │财务部│    │办公室│   │外联部│      │话务员│
         └───┘      └───┘     └───┘        └───┘
```

财务部	办公室	外联部	话务员
负责管理中心财务，核算中心与通信公司入网分成收入	负责中心对外申请、宣传和内部管理规章制度等文件的起草、修订；负责安排日常后勤工作，例如参观、接待、联系、宣传等	负责对外联系服务机构加盟中心；上门为老年人讲解入网、服务呼叫流程，并为老年人办理入网；处理老年人手机问题；与各县市区、社区保持联系：搜集老年人服务需求	负责服务平台热线接听；为老年人匹配线下服务加盟机构；服务完成后，回访老年人服务情况，将服务情况录入信息系统中

图4-2 服务中心后期的组织结构图

并得到了如下回应：

> 服务中心的组织结构公司和政府都没有强制，但是基本上所有推广的城市都按照原有的模式设置。毕竟是原来的建设经验提供的参考，这种组织形式一方面我们自己很容易执行、便于我们自己开展工作；另一方面也很符合政府希望快速搭建"12349"平台的想法。但是随着信息平台建设的推进，虽然平台建起来了，网络系统、设备设施也配备了，但是要让老人跟平台联通就没有这么容易了。需要我们自己，更需要政府部门帮助我们与老年人沟通，但是我们发现，政府有些政策真正实现是很难的，例如要求县市区设立工作站和公益岗位，工作站在之后的政策要求中都放弃了，而公益岗位在很多社区都是让网格人员兼职的，网格人员的工作那么多，根本没有时间和精力协助我们……我们只能从自己内部开始，针对我们最需要实现的目标来组织人员，毕竟人多了，我们也要成本①。

> 人员换了一批又一批，我在中心也算是元老了，刚开始是在业务部，主要负责搞服务机构加盟和到各县市区搞宣传活动，后

---

① H市LT社区养老服务中心L主任，2017年6月3日访谈。

第四章 互动开始：社会组织行动策略与物理性建设的铺展

来变成外联部，什么都要做，加盟商、走访老人、搞入网、搞宣传……这些都是我们外联部一条龙在外面跑，县市区和社区的人基本上都认识我们四个人，没有办法，你自己不去做，下面也没人帮你做。……之前搞那么多部门，我们也是想搞好，但是好多业务没有发展起来……外联部现在是最重要的部门，服务平台只是建好了，如果没有加盟商，没有老年人知道平台，没有老年人入网的话，服务平台有什么用呢？如果老年人的入网数量不保证，估计我们都无法继续运作下去①。

服务中心铺展"12349"平台建设过程中调整组织建设的情况呈现出以下信息：首先，服务中心在组织建设中具有相对自主权，组织结构反映了服务中心的权力结构、职能界定与履职能力。其组织结构的设置和变动以服务中心围绕居家养老服务信息化建设当下的主要工作需要为基础，因为服务中心下设的具体组织部门是服务中心开展工作的执行机构，负责具体的建设工作，当"12349"平台搭建完成后，对于服务中心来说，发展维系服务平台运转以及政府要求有关的业务是变现平台价值的关键。其次，服务中心组织结构不仅是政府政策规定中相关职能履行的布局，而且与政策变动情况相关。无论从前期的组织结构还是后期的组织结构都可以发现，服务中心铺展的"12349"平台建设整体契合政府政策内容，但是后期的调整是服务中心随着政府政策的落实情况进行调整。"话费补贴""入网任务"不仅成为"12349"平台运转的关键，而且成为服务中心能够发挥能动性重点铺展的工作。另外，"各县市区工作站"的设置对于铺展"12349"平台建设的作用不言而喻，政策要求各县市区在社区设置的服务工作站中提供一个专职的公益性岗位作为服务人员，但是基于公益岗位资金难以到位以及社区工作繁杂等现实，作为具体组织实施居家养老服务信息化建设项目的市民政局无能为力。因此，服务中心自知更加难以实行，选择在实践过程中进行组织结构调整是组织适应政策情况的最佳

---

① H 市 LT 社区养老服务中心外联部人员 XP，2017 年 6 月 4 日访谈。

策略。

组织管理不仅是服务中心遵循政策指导，开展"12349"平台建设的规范化流程，也是具体指导服务中心内部人员的行为规范，以及组织与外部组织接洽过程中对双方行为的规范化约定。"12349"平台建设正式铺展以后，服务中心制定了包括工作人员管理和工作流程在内的组织管理指南。

首先，服务中心从开展"12349"平台建设开始制定了《LT社区养老服务中心工作人员管理细则》，按照细则规定，服务中心服务人员需要遵守以下行为准则：

1. 头发梳理整齐，不戴夸张的饰物；颜面和手臂保持清洁。
2. 工作期间严禁饮酒。
3. 不迟到、不早退，按照中心规定工作时间工作；工作期间严禁办私事，如需请假，应提前向中心提出申请并办理。
4. 热爱本职工作，严格履行岗位职责，不推诿，勇于承担责任。
5. 任职期间不从事第二职业。
6. 保持良好的职业操守，严禁利用职权、业务之便，谋取不正当利益；严禁泄露老人信息。
7. 保持通讯通畅，有中心未接电话时及时回拨。
8. 外出工作时，佩戴工作证；沟通中使用文明用语，严禁说脏话、禁语。
9. 禁止做有损中心利益、形象、声誉或影响中心发展的事情。
10. 服从中心的调动和分配；保质保量完成中心交办的各项工作。
11. 严格遵守中心财务制度，如实填报各项费用支出，不弄虚作假。

服务中心作为居家养老服务信息化项目中"平台"及"服务"的建设者和生产者，其中生产服务是服务中心的本职工作以及存在的关键。服务人员代表了服务中心服务质量和服务水平，服务供给的情况决定了服务中心是否能够获得服务对象的认可。行为准则作为服务人员的服务指南，不仅可以内化为服务中心自我的规范化管理体系，而且可以外化为外部组织，尤其是政府部门对服务中心的认可，这是服务中心继续深入居家养老服务信息化建设的基础。在行为准则之外，服务中心对服务人员的工作要求中强调"每周一12：00前上交每周工作日志至服务中心邮箱；定期向民政主管科室汇报平台工作进度"，强调内部规范化管理的同时，强调与政府部门的互动，为政府部门实现政策"监督"提供便利。

其次，按照"做好老人信息登记及入网工作"的政策要求，服务中心制定了《老年人居家养老信息服务登记表》和《居家养老信息服务入网协议书》，在此基础上形成了规范的老年人入网流程（见图4-3）。老年人入网办理如下：1.60岁及以上老人持有效证件（身份证或户口本）和一英寸照片2张到所在社区填写入网申请表。另《优抚证》或《低保证》请提供复印件。2.社区工作人员审核通过后，老人选机选号，填写"服务入网协议书"和"手机入网协议书"。3.老人到所在社区缴费、领取老人手机。

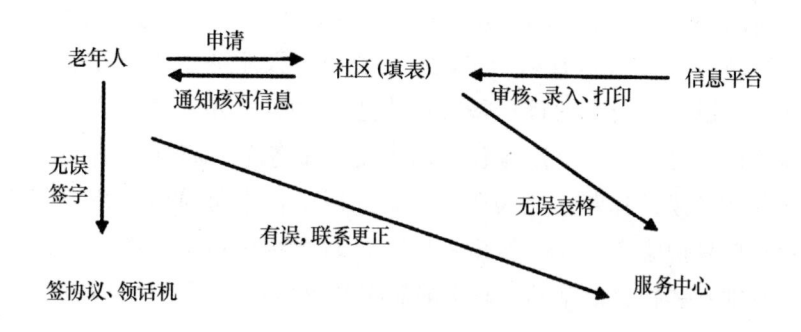

图4-3 老年人入网流程图

资料来源：《H市"12349"居家养老服务信息平台简介》，2014年3月。

可以看出，服务中心在入网工作中不仅有较为规范的老年人入网流程安排，而且利用社区优势，纳入社区进行资格申请和信息核对，间接形成通过老年人对社区的信任达到宣传作用。

最后，按照政策提出的"加强对电信公司工作的监督"内容，服务中心制定了《"12349"居家养老信息服务平台老人机发放流程》，其中提出了简要的电信工作人员工作职责内容：

  1. 将盖章后的"社区通"手机入网协议书和老年人"社区通"入网协议书在发放手机时一并交给用户。
  2.《居家养老信息服务入网登记表》中"电信服务信息"栏必须完善（其中包含手机串码、是否开通 GPS、属于社区、社区通号码）：串码可以用电信的条码贴在表格上面。
  3. 在《手机入网协议书》上圈出手机维修地点并告知用户。
  4. 教会用户手机的简单操作功能。（如：解锁、接听电话、挂断电话、调电话音量等。）

从上文的建设模式以及出台的政策内容可以获悉，服务中心在物理性建设过程中吸引老年人进入"12349"平台的方式，一是针对老年人的话费补贴（入网是落实此项政策的途径）；二是给老年人提供低偿和免费的手机终端，因此发放手机和入网是服务中心重要的工作内容，制定规范的工作流程有利于实现政策要求以及服务中心与外部组织人员的工作衔接，最终的目标是实现快速搭建居家养老服务信息平台的基本目标。另外，从上述流程可以发现，服务中心将社区纳入居家养老服务信息建设阵营，社区在老年人入网工作中扮演话费补贴资格审核者和信息搜集者身份。城市社区是行政结构中最基层的单位，作为城市的细胞和社会的基础，政策的制定和落实离不开社区的功能发挥，老年人对服务中心的信任也不及老年人对社区的信任度。因此，服务中心这种为社区提供权力的策略，不仅是实现政策嵌入，落实政策目标的选择，而且是服务中心通过社区让"12349"平台获得社会认可度，尤其是老年人认可的源泉。

综上所述，服务中心依据自身的需要，在无法扩大政策支持范围和改变政策执行情况时，服务中心通过调整自身来实现"12349"平台

第四章 互动开始：社会组织行动策略与物理性建设的铺展

的搭建。服务中心以 H 市建设居家养老服务信息化项目为契机成立，由 LT 公司在前期推介"BD 模式"中，为其铺垫了既有利于政府又有利于服务中心铺展工作的整体政策框架，服务中心生而嵌入基本的政策背景中。后续的政策嵌入过程是政府与服务中心以完成"12349"平台搭建为目标互益互动的动态过程，呈现出政府政策制定、执行与服务中心组织建设、管理的互相印证与调试。概况表现为服务中心将组织结构调整为承接有效政策资源、落实政策要求的形式，并将正式的制度、规范等内化为组织的内部管理中，充分发挥和体现了服务中心作为居家养老服务信息化建设主体的能动性，以快速实现"12349"平台建设为目标。

另外，政府与服务中心的互动过程展现了一个以"12349"平台搭建为重点目标的居家养老服务信息化物理性建设过程。政策是参与主体在具体场域内的博弈规则，由人为设计，用以约束和限定参与主体在互动过程中的行为。政府作为居家养老服务信息化建设的主导者，通过政策引领服务中心具体工作事项，集中表现为话费补贴、办公场地、活动开展以及各县市区的入网任务分配等工作内容，这些工作内容实质是用以完成"12349"平台的快速搭建的实现机制。但是同时可以发现，在 H 市居家养老服务信息化建设的整体政策框架以及服务中心的行动中，并未涉及居家养老服务的内容以及实现机制。对于居家养老服务信息化建设来说，政策体现的建设目标取向重平台建设、轻服务落地，信息平台服务落地还有待后续政策的补充和落实。而对于服务中心来说，前期预设的建设模式以及当前的政策框架将组织囿于简单的"12349"平台搭建中，其生存和发展的空间还过于狭窄，与政府的互动空间有限，必须通过更为积极的行动进行扩展。

对政策嵌入进行总结，服务中心的政策嵌入过程是通过合规（符合政策规定）、合理（内部建设和管理具有理性）、合意（符合政府建设意图）的行动与政府的互动过程，这一互动过程逐步确认了 H 市居家养老服务信息化以物理性建设为目标的建设内容和方向。H 市居家养老服务信息化建设项目开启后，政府前期赋予服务中心的合法性身份并非天然的合法性支持资源，服务中心这种"可欲的、正当的或者恰当的"身份需要转变为切实的行政支持①。对于服务中心来说，政府掌握着以下用以完成信息平台搭建的行政性支持资源：合法身份、奖励认可、政策环境、宣传优势、资金支持，因此服务中心需要在政府的认可下通过政策嵌入将合法性身份转变为必要的行政性支持。

二　关系网络嵌入

关系网络嵌入是指社会组织根据所处的环境，联合除政府以外的主体力量，构建有利于组织发展的社会网络关系，进而增强组织实力，独立自主地嵌入居家养老服务信息化中。在社会组织的生存和发展环境中，还存在非政府以外的资源，关系网络的建立体现社会组织整合这些资源的能力，不仅可以使社会组织扩展更多的生存和发展空间，而且可以使其获得除政府以外重要的资金资源和组织所需的服务资源，夯实合法性基础。

按照 BD 模式"政府支持、企业支撑、市场运作"的建设路径，服务中心有 LT 公司作为后盾，这是服务中心最原始的关系连接。除了得到政府和母体企业的支持，服务中心需要搭建专有的关系网络，实现"企业支持、市场运作"目标，具体表现为获得通讯公司的合作以及市场服务机构的加盟，这成为服务中心构建社会关系网络的重点。

（一）与通讯公司的"利益共享"关系

物理性建设的内容，例如信息系统支撑、信息平台搭建、通信设备、网络维护等方面，服务中心离不开通讯公司的支持，与通信公司建立合作关系是服务中心的重要部署。服务中心 L 主任认为合作关系的建立需要具体条件：

> 我们成立后，公司累计投资了 80 多万元，但是仍不够我们完成平台建设，平台的建设前期投入很大，除了已有的信息系统外，平台的其他软硬件设施都需要资金，所以我们除了需要政府支持，

---

① 邓宁华：《"寄居蟹的艺术"：两个体制内社会组织的环境适应策略》，《公共管理研究》2011 年第 9 期。

与通讯公司的合作也很关键。不过一般来说，第一，他们要愿意做这个事，老年人是低价型客户，资费、费用必须要适当调整。第二，要给我们分成，按照我们入网老年人的多少按比例分成给我们，政府的长效资金是没有的，只有话费补贴，但并不是直接补贴给中心，而是补在话费和手机上。所以我们给你影响力和规模，你通讯公司要愿意给我们资金支持，这样我们才能生存。第三，要支持我们把信息平台建起来，只要愿意合作，我们都是敞开大门欢迎的①。

服务中心虽然是LT公司作为运营商的社会组织形式化，但是从实际情况来看，LT公司并不能为服务中心提供所有的必要性资源，尤其在"12349"平台的投入和服务中心的运作资金上。随着居家养老服务信息化建设真正步入物理性建设阶段，LT公司与服务中心的关系在成立时呈现的"母子关系"在资源上并不能完全互通，服务中心类似于LT公司旗下的产权明晰的加盟单位，"12349"平台的建立和运作仍需要服务中心发挥自主性寻找资源支持。而服务中心作为平台运营者的合法性身份，以及政府提供的话费补贴政策是其获得通信公司合作的重要砝码。

在与中国移动公司谈判未果后，服务中心最后得到电信公司H市分公司（以下简称"电信公司"）的认可达成合作，2013年10月初，二者就入网分成、手机资费、平台硬件建设、机房装修等事宜签订《H市"社区通"项目合作协议》，主要包括以下内容：

1. 入网分成：电信公司按照"12349"平台中老年人入网总量，从每月固定套餐费（10元/月/人）中分成4元/月/人给服务中心，逐月结算，入网数量以电信公司业务统计的在网老年人总数为准。服务中心负责入网宣传、登记和维护工作，电信公司业务部协助。

---

① H市LT社区养老服务中心L主任，2015年8月14日访谈。

2. 手机资费：手机资费经报请 H 市人民政府办和民政局审批，依据审结果，内容如下：

套餐名称	月套餐费	套餐内容	超出部分资费	其他可选	赠送手机
社区通	10 元/月	本地接听免费，赠送来电显示；本地市话主叫 150 分钟（起初为 100 分钟）；短信 30 条	市话主叫 0.1 元/分钟；国内长途 0.2 元/分钟；国内漫游主被叫 0.3 元/分钟；短信 0.1 元/条	GPS 定位功能，服务费 2 元/月；可另设三个亲情号码，本地网内通话免费	预存话费 240 元，送定制手机一部，240 元话费分 24 个月，每月到账 10 元。

电信公司设置专门的手机维修点，协助发放手机终端，并负责教会用户手机的简单操作功能。

3. 平台硬件建设：平台硬件清单经电信公司确认其投资金额为人民币 37 万元。平台硬件建设采取"电信公司投资、服务中心建设和维护"的方式进行。

4. 机房装修：由电信公司完成，服务中心负责配合完成装修设计工作。为确保项目顺利实施，电信公司必须在 2013 年 10 月 31 日前完成[①]。

概括来看，电信公司为服务中心提供了重要的经济资源，主要包括：一是为"12349"平台提供硬件设施投资 37 万元，并提供网络技术支持（这一点同时成为服务中心取消"技术维运部"的前提）；二是提供只针对 60 岁以上老年人的话费优惠套餐和手机呼叫终端，并设置便捷维修点对发放的呼叫终端进行维修，承担对呼叫终端的更新换代责任；三是从入网老年人每月 10 元的话费套餐中分成 4 元作为服务中心的运营费用。这一入网分成的收益，服务中心主任认为"三万老人入网，平台就可以保本"[②]。对比服务中心从母体公司和政府部门获得的经济资源内容和方式，电信公司为其提供了建设资金和

---

① 《H 市"社区通"项目协议书》，2013 年 10 月。
② H 市 LT 社区养老服务中心 L 主任，2015 年 8 月 14 日访谈。

发展的长效资金。对于服务中心来说，通过老年人入网，电信公司成为其生存和发展的重要支撑，而对于政府部门来说，电信公司是完成"12349"平台搭建的重要支持者。因此，服务中心在外联部的职能设置中，将入网和维持入网工作作为外联人员的重要职责以及业绩考核指标。政府部门间接利用话费补贴政策和购买部分手机终端的方式，实现电信公司与"12349"平台建设和服务中心的捆绑，并且在落实 2014 年《政府工作报告》提出的"加快推进养老服务体系建设，全面开通 12349 居家养老信息服务平台，为万名以上居家老人提供便民服务"的任务分解中，将电信公司作为责任单位之一。电信公司经由 H 市居家养老服务信息化的两大建设主体的行动，已经成为 H 市"12349"平台建设不可或缺的参与主体。

至此，在 LT 公司向 H 市政府推介的建设模式中，"企业倾力支撑"的实现机制到此得以付诸实践。电信公司大项目部 Y 经理将两者的合作概括为"合作共建，利益分摊"，他认为：

> "12349"平台运行需要费用，政府没有，老人和加盟商不能收费，所以只有从通话费中拿出一部分给平台，保障平台的运作。我们企业的效益从他子女的手机上来，入网老人的亲情号，以老年人为中心辐射他身边的人，光靠入网的话赚不了钱。对于我们来说，政府这个"12349"平台是我们电信的业务范围，老年人的钱我们可以不赚，但是子女的话总要用手机，子女一个月 30—40 元的话费总要吧。老年人的钱我们现在基本不赚的，通过 5 年能够保本就行，我们看的是以后的市场。之前这个项目我一直都在关注，也作了研究，老年人和子女之间一对一的话也有 100 多万元，我站在平台的角度看，只有平台做大做强，我们才能做大做强①。

对于电信公司来说，与作为"12349"平台运营者的服务中心形成合作关系能够创造商业利益、培养目标人群、再生产员工等。中国电

---

① H 市电信公司项目 Y 经理，2015 年 8 月 17 日访谈。

信依托"12349"平台增加业务对象,通过老年人的入网和后续针对性的手机定位功能,"倒逼"老年人子女使用中国电信网络,增加中国电信客户量及客户的网络使用频率。同时,经由政府话费补贴政策的保障以及服务中心工作人员职责履行,电信公司的利益在老人基本话费套餐、入网数量、入网老人的维护上得以保证,成为服务中心和政府部门依赖的合作伙伴。

(二)与服务加盟商的"优势互补"关系

服务中心找寻组织之外的服务机构作为"12349"平台线下服务的落脚点。服务中心的组织建设中没有自己的服务队伍,本身不具备直接提供实际养老服务的能力,政策框架内对于如何落地服务的指导没有明文规定,仅仅依靠自身或者政府部门完成"12349"平台"为万民以上居家老人提供便民服务"的目标较为困难,因此只能通过市场服务机构的加入,弥补难以提供服务的困境。

> 在参观"12349"居家养老信息服务平台时,平台座席人员向我们具体介绍了服务流程,需要服务的老人打电话过来,座席人员的电脑会马上显示老人的相关信息,例如居住地、子女联系方式、身体健康状况、病史等,根据老人的要求安排加盟平台的服务商给老人提供服务,加盟商在接到服务订单后上门为老人提供服务,服务结束后座席人员要打电话问老人对服务的评价,问服务加盟商的服务情况,录入信息系统中。如果老年人对服务不满意,需要再联系加盟商了解情况,如果是加盟商的问题,则要求加盟商重新提供服务,直至老人满意为止;如果是老人的问题,就为老人进行详细的解释①。

"12349"平台为老年人提供服务并没有直接的路径,而是通过信息技术手段为服务加盟商与老年人之间搭建便捷的桥梁,将老年人的有效需求(家电维修、管道疏通、送餐、代买代购等)通过信息服务

---

① H 市 LT 社区养老服务中心"12349"平台座席人员 ZF,2015 年 8 月 26 日第二次座谈会上发言。

平台线上的座席人员连接到线下的服务加盟商中，待服务完成后，通过线上回访老年人和服务加盟商，对线下服务情况进行评价，提交并录入线上的服务信息系统（见图4-4）。

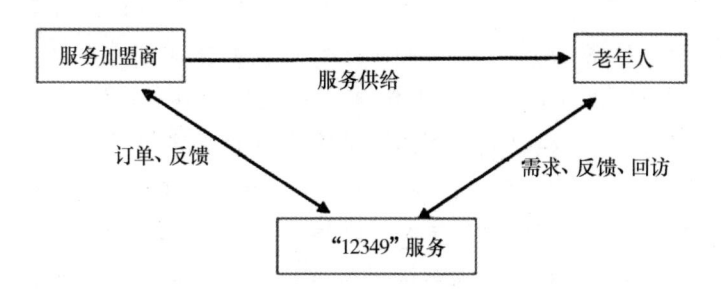

图4-4 "12349"平台服务供给流程图

从这个流程可以看出，"12349"平台可以直接实现的是服务信息的输送功能，服务送达老年人还需要服务加盟商来实现。因此，建立与服务机构的关系是服务中心变现"12349"平台服务信息价值的重要部署。服务中心通过两种渠道形成与服务机构的加盟关系：第一种是由服务中心组织内的外联部工作人员对各县市区各类服务机构宣传，并进行免费加盟邀约；第二种是通过H市政府部门利用行政手段，要求各县市区"联系并确定3家以上的服务企业与服务中心签订加盟协议"。服务机构同意加入后，与服务中心按照"平等互利、优势互补、共同发展"的原则，签订服务中心制定的《企业加盟协议》成为服务加盟商。协议书就双方合作内容、合作期限、权利与义务等内容订立，主要内容如下：

合作内容：甲方（服务中心）利用自身在生活帮助、为老服务等信息方面的优势，免费向服务加盟商及时提供价值服务类信息；乙方（服务加盟商）发挥自身在家政服务类方面的优势，根据所提供的信息，及时开展家政服务。

合作期限：（由签订之日起与加盟商商议到期时间）。乙方可在合同有效期满的前一个月向甲方提出延长合同期限的书面请求，经甲方同意，可在同等条件下续签合同。

权利与义务：1. 甲方有向乙方优先提供在乙方经营范围内的服务信息的义务。2. 甲方免费向乙方提供信息服务。3. 乙方须向甲方提供相应的公司证件（营业执照、发生身份证等有效证件复印件）。4. 甲方对乙方的服务进行全程监督（质量、价格、服务时间等），以保证被服务者能享受到更好的服务。5. 甲方要求乙方要保证能在24小时内对客户进行相应的服务（除预先约定好的时间外），如果不能，应及时告知甲方。6. 乙方必须设立"12349"救助热线绿色通道，以确保全天候24小时内沟通顺畅。7. 乙方对客户服务的收费价格不得超过乙方内部市场价格，严禁漫天要价，若漫天要价，甲方将解除与其合作关系。8. 甲方要求乙方在服务过程中，要把客户的利益放在第一位，要保证在整个服务过程中尊重客户的意愿，不得与客户发生争执和不协调现象，如有问题可向甲方进行咨询，甲方负有协调责任。9. 乙方必须遵守国家法规，对客户不得做出违反国家法律法规的事情，不得做出损害客户利益的事情，如果乙方在服务过程中出现服务不到位或违法的事情，甲方有权要求乙方重新进行服务或承担相应的法律责任。10. 乙方对客户要有礼貌，不得出现侮辱、欺骗、甚至威胁客户的现象。11. 乙方服务完成后及时与甲方联系，主动说明所收金额和服务结果。12. 乙方要确保服务质量，若服务过程中有什么遗留问题要积极解决。13. 如有需要，乙方应在服务单（或收据）上给用户注明保修期限。14. 所涉共同利益双方注意保密。

《企业加盟协议》虽然由服务中心按照原有模式制定，但是协议书内容显示，服务机构加盟以后，除了需要遵守服务中心提出的服务规范外，并不承担或者增加任何成本，相反可以获得服务中心提供的服务订单。这一点对于任何服务机构来说都是有益而无害，可以通过服务中心借由"12349"平台的信息整合优势增加服务订单。而对于服务中心来说，利用服务机构服务供给优势是其实现居家养老服务供给流程的关键。因此，服务中心不仅需要依靠自己组织内的工作人员发展服务加盟商,而且需要在政府部门的帮助下增加服务机构加盟的数量。

通过政府与服务中心的共同努力,截至 2015 年 10 月,服务中心免费吸纳了 77 家服务加盟商,其中 2 家为企业类型,其他 75 家为个体工商户,主要以家电维修、水电维修、家庭服务、开锁服务等为主(见表 4-5)。服务中心制定了加盟企业服务质量管理办法,建立红黄牌淘汰机制,在民政局监管下,对老年人投诉 2 次的企业给予黄牌警告,对老年人投诉 3 次的企业给予红牌并取消加盟服务资格。

表 4-5　　　　H 市 77 家服务加盟商服务项目及其数量统计表

服务项目	数量(个)	服务项目	数量(个)
家/水电维修	24	理发店	3
家政服务	14	餐饮服务	3
开锁服务	13	管道疏通	3
物业公司	4	门窗	2
电器商铺	4	其他(小车服务、麻将机出售、酒店等)	7

资料来源:服务中心整理提供。

不同服务机构的加盟,为服务中心构建了专业的服务支撑网络,通过多种专业合作可以为老年人提供不同需求层面的养老服务,也可以弥补服务中心自身不能直接供给服务的缺陷。通过"12349"平台,在 2014 年与 2015 年,服务中心借由服务加盟商提供了如下服务(见表 4-6)。

表 4-6　　　　　　2014 年与 2015 年服务中心服务订单情况表

服务类型		家政服务	水电维修	家电维修	管道疏通	合计
业务量(人次)	2014 年	33	16	53	5	107
	2015 年	35	30	78	8	151
合计		68	46	131	13	260

数据来源:服务中心整理提供。

提供服务是居家养老服务信息化建设成功的关键和验金石,从表4-6可以看出,整体上服务量十分稀少,并未真正实现为万民以上居家老人提供服务的目标。但是,2015年1月4日,在H市民政局的《H市民政局圆满完成2014年政府为民办实事》文件中指出:

> 2014年,全市全面开通运行"12349"居家养老信息服务平台,为居家老人提供便捷服务,并与医疗、家政、餐饮等70家服务加盟商签订为老人服务协议。截至12月12日,居家养老信息服务平台已有16068位老人入网,接听电话咨询总量已有2万多次,服务需求总量两百余次,接到求救电话近十余次①。

文件内容实际上意味着,以市民政局为代表的政府部门认为,在全面开通"12349"服务平台的基础上,服务加盟商的进入使H市"12349"平台建设已经实现了"加快推进养老服务体系建设,全面开通"12349"居家养老信息服务平台,为万名以上居家老人提供便民服务"的目标。这种认识从现实情况来看还值得商榷,因为信息平台的搭建完成并不代表居家养老服务会随之实现,这一点在之后的实践过程中也逐渐被质疑。

从关系网络嵌入的实现机制看,服务中心"12349"平台建设,在自身和政府资源有限的情况下,通过自我行动以及政府部门的协助编织围绕"12349"平台的关系网络,为建设居家养老服务信息化汲取和储备了更多的资源。服务中心作为代表政府与企业组织利益、组织目标的载体,借由"12349"平台成为政府、电信公司、服务加盟机构与老年人相互关联的枢纽性组织。进入21世纪,随着我国进入老龄化社会,面对养老服务供需矛盾,国家围绕建立"社会化养老服务体系"下发了各种文件,社会化养老服务体系的重点就在于整合政府、市场、社会、家庭等各种服务资源,引导和鼓励社会力量参与养老服务。居家养老服务信息化建设便是国家倡导建立社会化养老服务体系的组成

---

① H市民政局:《H市民政局圆满完成2014年政府为民办实事》,2015年1月4日。

部分，而服务中心俨然成为实现这个政策目标的行动者，通过与各方力量达成利益共识，形成多方参与的异业联盟共同开展居家养老服务信息化建设。在这种宏观背景下，服务中心 L 主任指出：

> 13 年是整个湖北省最提倡信息化建设的时期，当时国家也提倡推广，当时在风口上，H 市也是因为这个去了 B 市进行调研，很多事情只要政府支持和协调很快就能够解决，平台建设用了不到三个月的时间就建好了①。

不难看出，在"风口"上的居家养老服务信息化项目拥有政府作为强大后盾，不仅成为服务中心汲取和整合资源的保障，而且已经成为越来越多企业关注的市场业务，其融合的"信息技术"与"居家养老服务"两项的内容均是时下具有发展潜力的新型业务，参与其中不仅可以为企业带来经济效益，增加市场占有份额，而且可以为企业树立良好的社会形象获得效益。而服务中心作为居家养老服务信息化建设的工具性和辅助性载体②，积极发现和满足企业需求是建立合作关系的基础，在促进居家养老服务信息化建设项目中起枢纽作用。因此，服务于关系网络的各方主体成为服务中心首要的目标，其中在前期，服务中心选择与电信公司建立与组织生存目标最为重要的关系；后期在生存目标实现的基础上，与服务加盟商建立拓展组织发展目标的关系网络。同时，作为物理性建设任务的执行者，服务中心引领其他主体进行服务标准与服务规范制定，这些标准和规范也是居家养老服务体系中的政策、法规制度的题中之意。而政府通过服务中心开创"企业支撑、市场运作"的格局，将居家养老服务信息化建设的政策、利益观念直接地传导至中国电信公司和市场服务机构，在一定程度上克服了政府直接介入市场的弊端。对于政府部门来说，服务中心发挥能动性连接政府以外的其他力量而开展关系网络嵌入的策略，无论是在

---

① H 市 LT 社区养老服务中心 L 主任，2015 年 8 月 14 日访谈。
② 徐珣：《社会组织嵌入社区治理的协商联动机制研究——以杭州市上城区社区"金点子"行动为契机的观察》，《公共管理学报》2018 年第 1 期。

扩充居家养老服务信息化建设的社会筹资渠道上，还是在加快居家养老服务信息化建设的步伐上都有积极作用，政府允许采用行政手段协助服务中心采取这样的关系网络嵌入策略。

第三节　以合作为基础的互动逻辑与物理性建设的实现

一　以合作为基础的互动逻辑

政府与社会组织作为居家养老服务信息化建设场域内的行动者，两者的互动及其策略都是在具体行动中展开的，互动所指涉及丰富的细节和过程。这些细节和过程不仅是对宏观环境的把握，而且将组织利益、组织目标以及资源禀赋等融入物理性建设的互动空间内。从前文的论述可以发现，宏观环境促成了政府与社会组织的行动动力，从而使政府与社会组织为实现各自的组织利益，选择快速完成物理性建设为共同目标，并且双方的互补性资源使两者形成以合作为基础的互动。这种组织利益、组织目标和资源条件之间相互交织，形成合力内化在政府与社会组织建设物理性建设的实践过程中。

首先，物理性建设铺展的时间在居家养老服务信息化建设的政策"风口"上，这种宏观环境成为许多地方政府发起建设的最大动力，也是服务中心能够进入并且获得政府支持和协助的前提条件。纳贾姆曾指出，在研究政府与社会组织的互动关系时，不能仅仅关注单方态度，政府与社会组织作为行动者，其行动策略是依据现实情境和条件进行的，是两者在互动中基于理性选择下做出的策略性行为[①]。这种策略性行为在居家养老服务信息化场域中已经表现为政府与社会组织对于整体政治、经济、社会环境等宏观情境的回应，产生了两者为了实现组织利益，以完成物理性建设为目标的居家养老服务信息化建设取向。对于服务中心来说，服务中心作为政府、LT公司、组织自身等不同目标的载体，为了能够将政府赋予的特殊的合法性支持，即从"可欲的、

[①] Najam A., "The Four C's of Government Third Sector-Government Relations", *Nonprofit Management and Leadership*, 2000, 10 (4), pp. 375–396.

第四章 互动开始：社会组织行动策略与物理性建设的铺展

正当的或者恰当的"转变为切实的行政支持①，在行动上必须发挥积极能动性。但是居家养老服务信息化作为居家养老服务体系的组成部分，一直以来基本由政府提供和生产，政府不但直接掌握着对社会组织的合法性和行动权力空间，而且政府的态度直接影响社会组织的运行效果，因此为获得政府的支持和认可，服务中心需要采用合规、合理、合意的行动策略。而对于政府来说，许多研究已经指出政府公共服务供给能力的不足，因此政府对具有功能性资源的社会组织有着较强的依赖，试图通过推动这些社会组织发展来减轻政府负担，缓解政府压力②。这一点在上述物理性建设过程中已能体现，政府虽然是整体公共服务资源最大的拥有者，但是由于其在居家养老服务信息化建设中可投入资源的有限性，加之服务中心的行动策略符合其早日完成平台建设的期望，因此采用行政手段支持并协助服务中心获得合法性资源和市场资源。政府通过自身这种权威性能力，能够有力地帮助社会组织集中部分政府资源和市场资源，实现两者共同的物理性建设目标。可以说，两者的这种互动形态以完成物理性建设为利益契合点，呈现出政府引领下的规定范围内政府与服务中心的互动过程，是一种以社会组织为活跃主体，以居家养老服务信息化物理性建设快速实现为目的的互动过程。

另外，政府与社会组织在物理性建设实践过程中的资源条件促成了两者以合作为基础的互动形态。自20世纪80年代以来，政府再造、重塑政府成为西方发达国家在公共服务领域开展公私合营的重要推动力。在中国，利用社会组织发挥服务优势，促进政府与社会组织在公共服务领域的合作已日渐成为许多地方政府转变行政职能和治理方式的重要举措。在居家养老服务中，老年人需求增加、养老供需矛盾加大、养老服务事业发展等原因促使政府和社会组织走到了一起，但是中国"强政府、弱社会"的格局，决定了社会组织要生存和发展必定

---

① 邓宁华：《"寄居蟹的艺术"：两个体制内社会组织的环境适应策略》，《公共管理研究》2011年第9期。
② 田凯：《发展与控制之间：中国政府部门管理社会组织的策略变革》，《河北学刊》2016年第2期。

需要在依赖政府政策供给的同时发挥组织能动性。因此，服务中心通过嵌入式发展策略进入由政府引领的居家养老服务信息化的动机在于获得生存和发展的资源，这些资源包括政府资源、社会资源和市场资源。因为政府资源和社会资源是社会组织生存的物质条件，除了具备原始的企业资源外，社会组织的生存能力在很大程度上取决于与外部资源拥有者的互动和交流，这些资源构成了服务中心完成居家养老服务信息化物理性建设的重要保障。

Hall 在进行组织研究时指出，维系组织生存的各种资源往往来自于组织外部环境的资源拥有者，特别是掌握具体资源的组织[①]。从服务中心获取资源的过程可以发现，往往这些资源的类型和拥有者都是存在差异的。有学者根据资源的不同类型将组织需要的生存资源分为三类：一是经济资源，是维持组织生存的人财物来源；二是政治合法性资源，表现为合法的组织身份和政府的认可；三是社会合法性资源，表现为组织成员或组织服务对象的接受和支持程度[②]。结合上述服务中心嵌入式发展过程，基于组织资源来源的不同可以发现，服务中心的嵌入式策略与其铺展物理性建设所需的外部资源具有对应性（见表4－7），对这些资源的获取，服务中心与不同资源拥有者积极互动，形成较为显著的两种嵌入式发展的行动策略，这两种策略满足政府追求快速实现物理性建设的目标，使服务中心通过政府政策推动直接和间接获得完成物理性建设的必要资源。

表4－7　　　　　　　**资源所属及嵌入式发展机制**

组织所需资源	资源主要拥有者	嵌入机制
经济资源	政府	政策嵌入
	电信公司	关系网络嵌入

[①] Hall R., *Organizationgs: Structure, Process and Out-comes*, New York: Jersey Presey Hall, 1991, p. 278.

[②] 林雪霏：《社会治理下的政治空间与嵌入性互动——基于B市T区三个组织的案例研究》，《甘肃行政学院学报》2014年第1期。

第四章 互动开始：社会组织行动策略与物理性建设的铺展

续表

组织所需资源	资源主要拥有者	嵌入机制
政治合法性资源	政府	政策嵌入
社会合法性资源	服务加盟商	关系网络嵌入

资料来源：作者自绘。

　　服务中心在政府与 LT 公司互需的前提下促成，为了迅速实现居家养老服务信息化建设，严格来说是实现"12349"平台搭建，政府赋予其作为"12349"平台运营者的合法性身份，但是这种合法性并不是服务中心合法性的全部构成，并且合法性对应的资源也分散于不同的主体。正如有学者提出的，社会组织的合法性包括法律合法性、行政合法性、政治合法性和社会合法性四种。法律合法性指社会组织必须在民政部门登记注册，获得法律认可，成为合法组织。行政合法性属于形式合法性，获得形式比较多样，例如领导人同意、机构文书和符号等。政治合法性指社会组织的存在和发展得到政府认可或承认，必须满足政治规范要求。社会合法性是指组织的存在和发展得到社会公众的认可和支持[1]。从服务中心获得合法性的过程可以发现，政府赋予其"运营者"的合法性身份更类似于法律合法性和行政合法性。另外，政治合法性及其资源通过组织建设和管理中的政策嵌入得到政府认可和支持后进一步获得。社会合法性及其资源通过关系网络嵌入依托于中国电信公司与服务加盟商获得，其中，电信公司为服务中心提供面对老年人群体的优惠话费套餐，成为服务中心和服务平台获得老年人知晓和认可的第一步，也成为经济资源的重要供给者；而服务加盟商为后续居家养老服务落地能够为老年人提供养老服务奠定了基础，服务加盟商成为服务中心后续通过服务供给得到老年人认可的连接点，是社会合法性资源的储备。这些资源成为物理性建设的重要保障，政府需要服务中心不断增强有益于物理性建设的功能性资源，因此乐见其成，并采用行政手段提供支持与协助，更加有力地促成了 H 市

---

[1] 高丙中：《社会团体的合法性问题》，《中国社会科学》2000 年第 2 期。

"12349"平台建设的快速完成。

可以看出,政府与社会组织在这个阶段的互动是为了完成物理性建设目标而共同努力,在这种目标指引下,对互补性资源的需求推动组织间的合作①,使两者在利益契合和资源互补下为实现共同目标形成了以合作为基础的互动。另外,也可以发现,不仅是政府与社会组织之间需要资源互补从而形成合作,包括与外部市场主体之间也属于一种资源互补的合作关系。汪锦军曾总结,当组织意识到身处的环境中另一个组织拥有的资源和能力有利于组织的发展,同时这种资源和能力又不为组织所拥有时,组织之间便会合作②。而这种为了聚集资源形成资源互补合作关系的过程,已经微观和集中地表现在本书所呈现的政府与社会组织的互动动态过程中。

二 物理性建设实践过程实现

政府与社会组织是物理性建设的主体,两者的互动内容、互动目标、互动方式形塑了物理性建设的内容和结果。也就是说,两者的互动涉及此阶段居家养老服务信息化的建设内容、建设方式以及完成建设的条件。

首先,H市"12349"平台建设项目以实现物理性建设为主要内容。物理性建设以信息技术为特征,具体以逻辑性的信息系统、综合性的信息平台和便捷性的连接终端等的物理性内容为最直观的存在方式。也就是说,在居家养老服务信息化以"信息技术+居家养老服务"为有机的组成要素中,H市选择以完成"信息技术"为基本目标。这一点,在服务中心采取行动策略铺展过程的各种实现机制中完全得到体现。在政策嵌入中,受前期预设的建设模式所形塑的政策框架影响,政府与社会组织基本以物理性建设实现为具体内容和基本目标。从指导和约束各层级职能部门以及服务中心铺展工作的政策内容看,以信

---

① Geoege B., Richardson, *Partners in Public Service: Government-Nonprofit Relations in the Modern Welfare State*, Baltimore: Johns Hopkins University Press, 1995.

② 汪锦军:《公共服务中的政府与非营利组织合作:三种模式分析》,《中国行政管理》2009年第10期。

息平台搭建、老年人入网、话费补贴、信息服务等为重点实现机制。整体政策框架实际是前期建设模式快速完成信息平台搭建的保障，而这一保障通过政府与服务中心的具体行动得到落实。

在关系网络嵌入中，服务中心的行动策略以建立与中国电信公司的利益共享关系，以及与服务加盟商的优势互补关系为重点。其中与中国电信公司的建立关系的目标在于获得"12349"平台的建设资金、老年人优惠的话费套餐以及用于平台运营的长效资金，这些内容都是完成物理性建设的具体实现机制。而与服务加盟商建立关系的目标在于为平台储备为老年人提供服务的服务资源，但是服务资源最终是否能够传导到服务对象，需要通过后续的居家养老服务落地才能得以检验。这种情况意味着，服务加盟商还仅仅作为服务平台的服务资源信息，储存于信息服务系统中，这仍然属于物理性建设的内容。因此此阶段政府与社会组织的策略式互动将"BD模式"所包含的物理性建设的实现机制付诸行动，清晰地表现为搭建信息平台，以及与信息平台捆绑的话费套餐、入网任务、手机终端和平台宣传等内容，包括信息网络系统中的养老服务资源储备等均属于物理性建设内容。

其次，H市"12349"平台建设项目中政府与社会组织以合作为前提进行互动。在"12349"平台建设项目中，政府与社会组织拥有快速搭建完成"12349"平台的共同目标，以及针对实现目标订立的包含双方权利与义务、具有法律效力的文书。正如前章内容所述，居家养老服务信息化建设潮流以及现实的政治经济社会背景，形塑了政府开展"12349"平台建设项目的意愿和动力，LT公司推介的建设模式满足政府的需求，两者借由社会组织运营的优势成立服务中心以承担建设运营。对于三者来说，快速实现平台搭建是政府的期望，是LT公司扩展的实现，是服务中心存在价值的体现，因此，三者在铺展物理性建设过程中的共同目标取向完全一致。基于基本目标的认同和实现，订立了对三方主体具有督促和约束功能的《协议书》，虽然服务中心的权利与义务没有直接得到呈现，但是其作为LT公司的"社会组织"形式化，有代替LT公司履行承诺的职责。政府与社会组织铺展和实现物理性建设的过程，实际上是实现三方共同目标、履行双方权利与义务的互动过程。这一点决定了服务中心在物理性建设阶段的嵌入式发展策略，只要不偏离基本目标，履行协议承诺，便可以获得政府政策支持和协助完成建设。在互动过程中，政府也是如此践行的。同时，在平台建设资源获得和整合上，服务中心的动力和能力优于政府。服务中心自身拥有企业的技术支持资源和资金资源，而且具有整合市场资金资源和服务资源的动力和能力，这些资源是建设信息平台的重要资源。政府在平台建设中不仅自身有效资源有限，而且整合的难度较大，整合能力也不及服务中心，因此认同服务中心的资源优势和资源整合能力，并在一定程度上通过行政手段推动下级职能部门支持和协助服务中心获取资源，为服务中心在获取外部资源的过程中助力。因此，政府与社会组织为了快速完成物理性建设，服务中心采取合规、合理、合意的行动策略得到政府的政策支持和协助，在这种履行权利与义务的方式和过程中，形成以合作为基础的互动，最终实现物理性建设（见图4-5）。

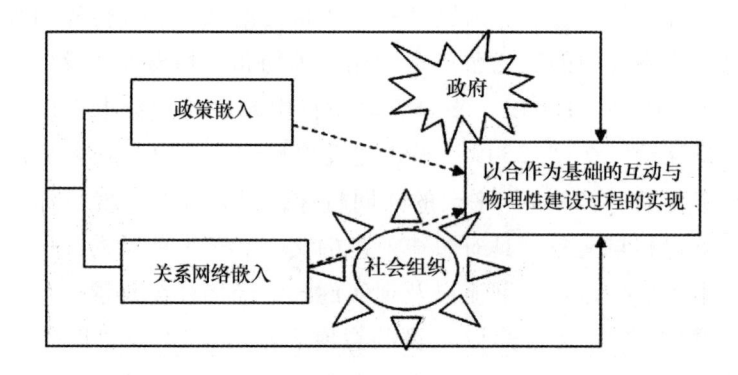

图4-5　以合作为基础的互动与物理性建设的实现

最后，纵观整个建设过程，H市"12349"平台搭建完成的条件是多方面的，并且这些完成建设的条件包含了上述总结的建设内容和互动方式。概括而言，第一，具有明确的建设目标和清晰的建设内容。H市"12349"平台项目无论是建设模式还是政策框架，其中大部分呈现的建设目标和建设内容，只要是具体、明确、可执行之处，不仅成为服务中心铺展工作的指南，而且成为政府职能部门必须完成的工作任务。明确的建设目标和清晰的建设内容是实现 H 市 "12349" 平台建设的前提。第二，具有主体之间一致的行动方式。在实践过程中，虽然以服务中心为积极能动者，但是如果其行动方式得不到政府职能部门的支持和协助，其行动便难以获得其他组织的认可，更难以顺利开展工作。所以，政府职能部门与服务中心拥有围绕基本目标采取的一致性行动是 H 市 "12349" 平台建设完成的基础。第三，具有可供整合的多方资源。一方面，政府与服务中心投入了用以完成物理性建设的资源，但是面对投资巨大的物理性建设，如果仅仅依赖政府有限的有效资源，以及组织自身有限的企业资源都难以支撑；另一方面，服务资源对后续变现 "12349" 平台的服务价值也是极为重要的，这种资源服务中心自身没有，政府部门更难以提供，其他资源的补充尤为关键，尤其是市场资源。因此，来自电信公司与服务加盟商的市场资源得以整合是 H 市 "12349" 平台建设完成的助推器。随着 "12349" 居家养老服务信息化建设项目的不断推进，该项目的政治效应明显，使 H 市满足了省级部门提出的 "2015 年居家养老服务和为老服务信息系统基本覆盖全省所有城市社区"[①] 的要求，并使 H 市在当时成为湖北省创新居家养老服务的典型城市。

第四节 缺失的居家养老服务落地初现 服务悬浮的端倪

服务中心通过采取政策嵌入、关系网络嵌入的行动策略，与政府围绕物理性建设开始互动获得成功的同时，也遗留下了一些问题，即 H 市 "12349" 平台建设项目没有涉及居家养老服务落地的实践。对于 H 市 "12349" 平台建设项目来说，由于政府与社会组织在此阶段的建设重点围绕物理性建设铺展，虽然 "12349" 平台搭建后已经可以实现为老年人提供信息类服务，但是首先按照严格意义上的养老服务内涵，信息类服务并不属于养老服务范畴。在政策嵌入中，所有的政策文本

---

① 湖北省人民政府：《省人民政府办公厅关于加快发展城乡社区居家养老服务的意见》（鄂政办发〔2012〕83 号），2012 年 12 月 29 日。

都围绕如何实现物理性建设而制定，没有真正提及对后续居家养老服务落地的政策安排。在关系网络嵌入中，政府协助服务中心以及服务中心的工作重点在于与电信公司的合作捆绑关系。虽然"12349"平台通过服务加盟商实现了部分养老服务，但是服务从数量上来说过于稀少，服务中心与服务加盟商的关系摇摇欲坠。

一 缺乏居家养老服务落地政策支持

在政策嵌入中，缺乏居家养老服务落地政策安排和支持。整体政策框架集中表现为话费补贴、办公场地、活动开展以及各县市区的入网任务分配等内容，尤其重视话费补贴政策及各县市区入网分解任务的执行，体现为快速完成"12349"平台搭建的基本目标。缺失的居家养老服务落地安排和支持，成为大部分县市区在"12349"平台建设工作汇报中所提及的问题，以及对"下部安排打算"中重点提出的内容（见表4-8）。

表4-8　部分县市区"12349"养老服务信息平台工作情况表

县市区	存在的主要问题	下步安排打算
TF	"12349"平台工作没有突破性发展，没能全面地运用到各项服务	开展"关爱老人，服务进社区"活动，加大力度为养老信息服务做宣传，最大程度地发挥居家养老信息服务平台公益性质的作用
QC	1. 社会认知度不够；2. 平台服务发展滞后，老年人担心后期服务跟不上，影响此项工作的开展	加大宣传力度，强化部门协作，提升服务水平
HM	1. 手机质量不高，影响老年人的思想情绪；2. 运作模式上，老年人有抵触情绪，认识有偏差，认为补助是电信部门推销手机	1. 进一步加大宣传力度；2. 迅速完成任务数；3. 加强城区社区的推进工作
XS	1. 老年人对"12349"平台服务持观望与怀疑态度；2. 平台服务发展滞后，未发挥服务功能；3. 没有服务补贴政策和资金支持，服务举步维艰，预测加盟单位为老服务成本加大，必然使服务收费高于社会收费	1. 创新宣传方式，提高平台知名度；2. 完善联动机制，积极督促服务中心提供社会化服务；3. 服务中心优化服务水平和能力

第四章　互动开始：社会组织行动策略与物理性建设的铺展

续表

县市区	存在的主要问题	下步安排打算
WX	1. 目前入网人群的消费习惯还未养成，政府购买服务的措施还不明确；2. 为规范居家养老服务加盟商的管理，依托好德家政公司成立了社区居民服务中心，对于该中心的运行管理，H市局是否可以予以补助；3. 因为一味地注重手机销售，完成分配的指标任务，导致忽略了一键通手机服务功能的宣传，致使居民对服务的认知度和使用率都不高；4. 普遍居民反映终端质量问题，居民对服务需求难以满足	1. 出台政府加大购买服务的具体措施，加大政府购买力度，扩大购买服务内容；2. 培育老年人新的消费方式；3. 加大服务功能、服务内容的宣传

资料来源：作者根据各县市区上交的《"12349"养老信息服务平台工作进展情况表》汇总。

政府与服务中心在前期建设中对物理性建设目标一致，但是均没有把握居家养老服务信息化建设以居家养老服务为本质的最终目标。从表中可以发现，随着物理性建设的快速完成，围绕话费补贴政策、入网分解任务采用行政推动获得的短期效应已经开始显露出问题，完成老年人入网后，通过手机终端、话费补贴吸引老年人通过"12349"平台寻求居家养老服务的迂回策略并不能实现。同时，服务中心的组织内部建设和管理都围绕入网、手机发放等工作铺展，这种仅仅围绕物理性建设铺展的政策框架，受到部分县市区和社区领导的质疑。

各级政府对老年人很关心，也在出台一些优惠政策，真正落地和服务到目标老人的效果到目前为止不明显。自上而下的机构有，制定的政策有，都非常热火，但是怎么落地？怎么对接？怎么让老人享受到服务？政府除了这个平台外最关键要落地的是信息平台是为服务项目来服务的，但是政府有哪些服务项目是为老年提供方便、优惠和便利的？提升生活质量的有哪些服务项目？目前为止这些都不明确。建立了这么长时间，到底有多少人用了这个平台？有多少人通过这个平台享受到了服务？目前很少很少，这个结果绝对是令人不满意的①。

老年人关心的是什么，仅仅搞入网、搞话费补贴，建一个空壳的东西在那里有什么用？有些东西我认为不接地气，要做就应该是实实在在的，而不是搞形式主义②。

养老服务信息化终端平台建设，那入网是不是应该与社区的服务加强互动？但实际上信息平台与老人的接触是有限的，互动很少，比较冰冷，需要有真正惠及老年人的服务，才能让老人有一个好的现实体验③。

下级政策执行部门在执行政策过程中认为，"12349"平台建设项目搭建的信息平台只是一种"形式主义""不接地气"，其实质在于没有从为老年人提供服务的本质目标出发，这些论断实际体现出，政府内部已经开始对"12349"平台项目仅注重物理性建设的实践偏好产生不满。那么，老年人对于已经全面开通的"12349"平台认识如何呢？当问及"是否知道'12349'平台"，以及"是否打过'12349'热线"时，老年人表示：

去年民政领导给了一部手机，240块钱，信号不好，之前停了，欠费了要自己去交，交了20元又开通了，现在没有停，平时会用这个手机打电话，我们两个人用一部手机，这个手机字大些，方便接听、看时间，但我用它打电话比较少。信号不好，接听电话有时候会断。（追问是否打过"12349"热线时）没有打过④。

去年社区搞"12349"平台宣传，儿女说话费便宜，还帮我们买了一键通手机，上面的字大一点，好按一些，不过信号不算好。"12349"热线没有打过，不知道怎么收费。需要维修的话，有巡逻做生意的维修人员，我有他们的电话，也有维修点，有东西坏

---

① H市JX社区Y副书记，2015年8月13日第一次座谈会上的发言。
② H市HZ区民政局Z局长，2015年8月13日第一次座谈会上的发言。
③ H市HZ区民政局C副局长，2015年8月13日第一次座谈会上的发言。
④ H市JX社区吴爹爹，67岁，1儿1女，空巢老人，2015年8月20日访谈。

了就直接给他讲。"12349"平台没用过,不太习惯,价格低些还是高些也不晓得①。

我们自己以前有手机,社区让我们买的时候我们就没有买了。没有打过"12349"热线,有的要介绍费,不知道他们要不要,有些家政的介绍费就要300元②。

从老年人的认识来看,"12349"平台对他们来说,就是"手机""话费",而对于服务内容、服务价格都不清楚,搭建完成的信息平台并没有成为老年人获得服务资源的选择。"12349"平台建设项目以入网、话费补贴为重点政策框架,它的初衷是利用这两项优惠政策,使老年人通过入网获得话费补贴和低偿、无偿的手机终端,从而将老年人与"12349"平台进行捆绑,优先选择"12349"平台满足服务需求。这种满足老年人养老服务需求的实现机制可以抽象为以下路径:

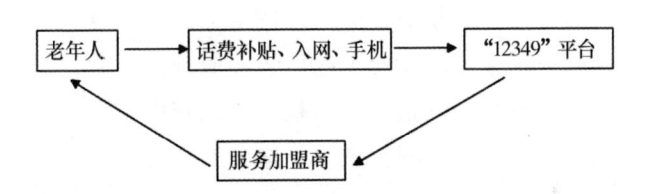

老年人 → 话费补贴、入网、手机 → "12349"平台 → 服务加盟商 → 老年人

图4-6　H市"12349"平台养老服务迂回的实现机制

H市居家养老服务实现机制的构想,比前文笔者总结的间接响应老年人服务需求的居家养老服务信息化方式更为间接和迂回。在此需要指出的是,仅仅依靠简单的物理性建设的实现机制并不会直接使居家养老服务落地得到实现,这一点已经从各县市区的质疑和老年人的态度中得以体现。

因此,这种政策实施结果与前期政府与社会组织互动催生阶段中,以物理性建设为偏好的建设模式一脉相承,并且直接产生于政府与服务中心在物理性建设的选择性行动和互动中。"BD模式"的建设思路

---

① H市HQ社区罗婆婆,65岁,1儿2女,与儿子同住,2015年8月19日第二次座谈会。
② H市HQ社区杨婆婆,64岁,2女,独居,2015年8月19日第二次座谈会。

中"入网""话费补贴"的意图在于获得通讯公司的经济资源搭建信息平台,但是政府和服务中心过于依赖这种资金来源,导致了在铺展物理性建设的过程中,政策供给方向集中于"话费补贴""入网任务""手机发放"等完成物理性建设的实现机制,导致社会对于"12349"平台在认知上的整体偏差。

二 失衡的关系网络

在关系网络嵌入中,服务中心虽然构建了利于搭建信息平台的关系网络,但是从后期的情况表明这种关系网络较为失衡,使服务中心陷入单一的工作方向和有限的服务供给中,表现为:第一,与电信公司通过入网实现的利益捆绑关系,使服务中心陷入单一的入网工作任务,沦为电信公司业务的跑腿。第二,"12349"平台服务供给量稀少,使服务中心与服务加盟商的优势互补关系摇摇欲坠。

首先,电信公司为服务中心提供维持生存的入网分成,再加上以话费补贴为主的政策资金实际投入了电信公司服务业务中,电信公司拥有对服务中心业务内容指向的最大话语权。在调查中,服务中心外联人员的工作内容以实现老年人入网为首要,这项工作已经关乎服务中心甚至信息平台的生存问题。当询问外联人员工作内容时,外联人员 XP 说道:

> 现在网格员走访的老人对平台的认识没有那么深刻,只是为了完成工作。最开始政府下发任务说要入网多少老人,要求他们宣传;现在只能是有老人问了,他们才会告诉老人,还是需要我们自己去办。电信的话费分成给我们,我们靠这个来维持运营,合同上规定 10 元里面分成 4 元钱。入网老人越多,我们就越能维系生存,我们自己不做,那要怎么生存呢①。

电信公司的分成收入是服务中心生存的基础,维持和增加入网是电信公司提供分成的前提。因此,服务中心与电信公司通过入网实现

---

① H 市 LT 社区养老服务中心外联人员 XP,2015 年 8 月 27 日访谈。

第四章　互动开始：社会组织行动策略与物理性建设的铺展

利益捆绑关系，使服务中心陷入单一的入网工作任务，沦为电信公司业务的跑腿，也成为政府协助服务中心的一项工作任务。2014年与2015年政府对各县市区分解入网任务作为工作考核指标，2014年合计为15000人入网工作量，截至12月12日，完成入网数量16068人；2015年为10000人入网工作量，到笔者调研的8月25日，"12349"平台入网量累计达到2万人。从入网数量来看，在政府的协助下，老年人入网任务如期完成，但是政府通过行政手段推动入网工作完成的同时，我们可以发现，从入网数量的完成看，2015年入网工作执行力度已经明显减弱。服务中心主任明确表示"老年人入网数量达到3万人后，服务中心才能保本"①，因此政府行政推动的入网量不能完全满足服务中心用以生存的基本入网量。

服务中心意识到入网数量的减缓，所以加大对外联人员的入网工作力度，希望保证入网量用以维持中心运营。2015年服务中心制定了专门针对入网工作的绩效机制，

> 今年开始实行绩效机制：去年有1.7万名老人（入网），到今年年底需要维持老人的流失率3%，不能超过3%，绩效工资才能得到基本工作的18%，基本为300多。每星期要入户走访老人，用欠费停机来考核流失率。每月通过电信，财务去提取数据，要保证老人不停机。我们现在基本都在社区跑，跟着社区专干去老年人家里做宣传，争取没有入网的老人可以入网，入了网的老人不要停机②。

服务中心的绩效机制表明，"12349"平台搭建完成以后，服务落地前期与电信公司达成利益捆绑关系，由于政府部门的逐渐淡出，使服务中心为了保障组织的生存，将工作的重点陷于增加和维持入网量的任务中。但是这种状态使服务中心人员感到困惑，他表示，"感觉现在我们都很迷茫，没有搞服务，每天都要搞老人入网，与我们做

---

① H市LT社区养老服务中心L主任，2015年8月14日访谈。
② H市LT社区养老服务中心财务管理员WC，2015年8月27日访谈。

养老服务的事情不符合，只是在帮电信公司跑腿，帮他们打工"[1]。而相关政府人员也表示了反感，一味注重卖手机、搞入网，让我们完成指标任务，但是真正的服务在哪里呢？现在老人都有抵触情绪，都认为是我们在给电信部门推销业务[2]。可以说，这种从内而外的否定让服务中心不得不依赖电信公司维系生存的同时，面临更大的组织危机，尤其是政府内部对服务中心的继续认同与接纳，这将成为影响服务中心后续铺展居家养老服务落地过程中的关键因素。

此外，前期与服务加盟商建立的"优势互补"关系难以增加。从"12349"平台的业务量情况来看，无论是依靠自身实现的紧急救助，还是依靠加盟商完成的服务订单量，都表现为服务业务范围狭窄、数量稀少（见表4-9）。

表4-9　　　　2014年与2015年服务中心服务订单情况表

服务类型		紧急救助	家政服务	水电维修	家电维修	管道疏通	合计
业务量（人次）	2014年	2	33	16	53	5	109
	2015年	2	35	30	78	8	153
合计		4	68	46	131	13	262

数据来源：H市LT社区服务中心整理提供。

如果按照信息平台77个服务加盟商的总量进行计算，77个加盟商2014年、2015年的平均业务量分别只有1.42单和1.99单，对于服务加盟商来说，信息平台所具有的服务信息提供优势意义并不大。在调研中，"12349"平台工作人员给笔者推荐了获得服务订单量最多的JJL家电维修店和HBS管道疏通公司：

我们是2014年年中加盟的，当初政府（区民政局工作人员）找我们谈的时候，说是给老年人帮忙，让我们价格便宜些，还让

---

[1] H市LT社区养老服务中心外联人员XP，2015年8月27日访谈。
[2] H市HZ区区民政局Z局长，2015年8月13日第一次座谈会上补充发言。

第四章 互动开始：社会组织行动策略与物理性建设的铺展

我们不收上门费，反正也不要我们交什么费用，帮老人嘛，便宜就便宜些，我们就同意了，也签了协议，觉得还好。加盟到现在基本上也没多少业务需要我们搞，打电话来，我们有时间的话就去，反正我们也不可能靠它吃饭。①

当时加入平台是想扩展业务，老人都很现实的，做得好，一传十，十传百，这个业务量就来了，既可以赚钱，还可以靠它帮我们推广。现在老人那边收得便宜，量也没有多少，就当是顺带的业务吧。②

服务中心与服务加盟商未形成有效的关系链接，直接使服务中心为建设"12349"平台而编织的关系网络陷入失衡状态。两个服务加盟商在当地具有较好口碑，但是从他们的态度就可以明显看出，"12349"平台提供的服务量对于他们来说并没有实质性意义，可以推之，其他没有得到平台服务业务机会的服务加盟商更加不会在乎与信息平台的加盟关系。这种情况表明，在 H 市"12349"平台建设的实践构想中，试图依靠服务加盟商实现为老年人提供居家养老服务的思路难以实现。因此，关系网络的建立虽然为服务中心获得了资金资源和服务资源，但是两种资源随着"12349"平台搭建完成后，资金资源控制服务中心偏离了服务重点，服务加盟商的服务资源难以启用，从而限制了服务中心发挥居家养老服务的供给职能。

综上所述，社会组织通过政策嵌入和关系网络嵌入的两种行动策略与政府互动，在这过程中践行了前述两者预设的居家养老服务信息化建设取向，注重物理性建设，而缺失对居家养老服务落地的规划和行动，已经使服务悬浮初现端倪。也就是说，H 市"12349"平台建设项目在物理性建设阶段已经将"信息技术"与"居家养老服务"进行分离建设，导致信息技术在实现过程中并未真正触及"居家养老服务"，H 市"12349"平台还暂时缺乏"服务"灵魂。H 市政府部门发布"为万民以上居家老人提供便民服务"的结果值得商榷。政府与社

---

① H 市 HZ 区 JJL 家电维修店 W 老板，2015 年 8 月 26 日第三次座谈会。
② H 市 HZ 区 HBS 管道疏通公司 Z 师傅，2015 年 8 月 26 日第三次座谈会。

会组织在物理性建设实践过程中，基于组织利益、组织目标、资源互补形成的以合作为基础的互动，继而两者共同将"利益—目标—资源"投入物理性建设，迅速使物理性建设完成的同时，缺失居家养老服务落地政策。但是居家养老服务落地关乎居家养老服务信息化建设最终目标的实现，亟须政府与社会组织重新探索实现路径，转变"12349"平台的建设目标和重塑老年人甚至社会的正面认知。

第五节　小结

物理性建设不仅是居家养老服务信息化重要组成部分，而且由于可以同时实现政府、LT公司、服务中心不同的组织利益和组织目标，因此物理性建设已经成为政府与社会组织互动的重点内容和方向。在这个阶段，服务中心为了将合法性身份转变为合法性资源，以获得组织的生存和发展空间，采取嵌入式发展的行动策略铺展物理性建设，我们将这个过程抽象为政策嵌入和关系网络嵌入两种机制：首先通过前期铺垫的建设模式预先进入政府政策框架内，并在实践中按照政策规定以及政策变化情况调适组织建设和管理，以获得政府部门进一步的认可和支持。其次通过建立组织外部关系网络，按照建设模式的实现机制完成政府期望并得到政府的协助，服务中心在LT公司之外获得了物理性建设的市场资源。这两种行动策略呈现了服务中心与政府的互动过程，以及两者铺展物理性建设的整体过程。

另外，资源互补是政府与社会组织以合作为基础互动的关键条件。对于政府来说，允许服务中心进入居家养老服务信息化领域，不仅基于面对居家养老服务信息化建设的宏观环境，产生建设的意愿和动力，而且政府在受制于有效资源有限以及专业能力不足的情况下，服务中心具有用于物理性建设的功能性资源，与政府形成资源互补关系。同时，在物理性建设过程中，服务中心能够获得市场性的补充性资源，这些资源是实现物理性建设的重要资源，因此政府通过政策支持和协助服务中心增加用于完成物理性建设的资源。

因此，物理性建设的铺展和实现是政府与社会组织利益、目标取

第四章 互动开始：社会组织行动策略与物理性建设的铺展

向、资源投向的过程和结果，三者是一种相互交织的关系，体现在政府与社会组织的行动选择和互动过程中。上述 H 市物理性建设的实践过程已经反映出，政府与社会组织以"利益—目标—资源"为基础形成合作互动过程，同时又将"利益—目标—资源"汇聚到物理性建设中，形成了如图 4-7 所示的物理性建设铺展和实现的"利益—目标—资源"的内在实现机理。

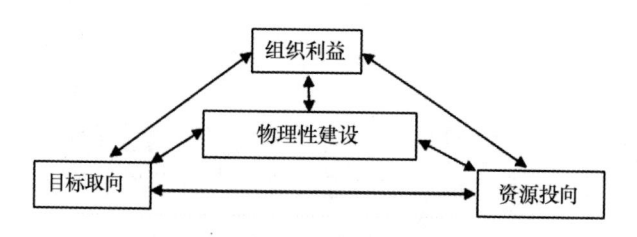

图 4-7　物理性建设铺展和实现的内在机理

物理性建设顺利实现的同时，需要指出，对于以物理性建设和居家养老服务落地有机结合的居家养老服务信息化实践场域，当前被政府与社会组织分离实践的情况已经开始出现居家养老服务信息化服务悬浮的状态。物理性建设的实现不能成为居家养老服务落地的直接条件，更不能代表居家养老服务信息化建设的成功，因此，政府与社会组织的互动并不能止步于此，居家养老服务落地的实践过程亟须继续推进。那么，当政府与社会组织进入居家养老服务落地实践阶段后，物理性建设通过政府与社会组织"利益—目标—资源"的实现机理是否可以得以延续呢？政府与社会组织是否仍将保持这种以合作为基础的互动，最终完成居家养老服务信息化的建设呢？而这正是下文需要呈现的内容。

第五章

互动发展：政府的限制与居家养老服务落地的困难

前文物理性建设的实现不是居家养老服务信息化的全部内容和目标，根据居家养老服务信息化的组成要素，居家养老服务落地是最终目标，也是解决服务悬浮的最直接方式，因此居家养老服务落地过程还有待于政府和社会组织进行持续良性的互动。简而言之，这个互动过程或者建设过程要将物理性建设所整合的资源按照老年人的需求，及时有效地传输给老年人。从应然角度看，居家养老服务落地的实现可以同时契合社会组织组织利益最大化与政府政绩最大化和公共利益最大化，而两者利益最大化的追求可以促进居家养老服务落地。但是在此过程中，居家养老服务落地面临着与物理性建设不同的现实情境及条件，居家养老服务落地受制于传统居家养老服务体系的发展现状，其实践内容和实现机制模糊，在没有政策或者制度的制约下，难以使作为行动者的政府与社会组织在这个场域内形成共同目标。同时，当政府与社会组织共同面临资源困境时，社会组织增强了对政府的依赖程度，而政府难以满足且出于对系统内核心资源的保留，会形成政府依靠权威性地位限制社会组织行动的过程，形成政府从支持和协助服务中心到约束服务中心居家养老服务落地探索的转变，从而使居家养老服务落地失败。在本章的写作路径上，笔者先分析居家养老服务落地的必要性，继而分析社会组织的三种居家养老服务落地尝试受到政府限制的过程，在此基础上探讨政府与社会组织这种互动转变的生成逻辑及其对居家养老服务落地的影响。

第五章　互动发展：政府的限制与居家养老服务落地的困难

第一节　居家养老服务落地的必要性

在政府与社会组织互动开始阶段，物理性建设实践过程缺失居家养老服务落地，这对于政府和服务中心来说都存在影响。一方面政府内部提出对政策制定和执行的质疑和反感，以物理性建设为偏好的政策框架面临难以为继的问题。另一方面，服务中心仅局限于物理性建设的生存和发展空间，随着物理性建设的完成，不仅难以依靠政府政策继续支持和协助获得更多的资源，而且信息平台难以发挥服务功能，得不到老年人的认同，成为其合法性身份的威胁。这些现实情况都亟须 H 市继续推进居家养老服务信息化建设向居家养老服务落地实践阶段发展。

另外，居家养老服务落地的必要性还源于其在居家养老服务信息化建设中的重要地位。居家养老服务落地以服务为基本特征，以满足老年人服务需求为基本目标，它是将满足服务需求的有效服务资源提供给老年人的过程。居家养老服务落地是居家养老服务信息化建设的本质和最终目标。学界对居家养老服务信息化概念的总结是十分一致的，即居家养老服务信息化的内涵包括"信息技术"与"居家养老服务"，信息技术是实现和完善居家养老服务的手段，是居家养老服务的技术保障和服务载体，居家养老服务的实现是信息技术价值的体现。信息技术应用于居家养老服务最终要变革升级的是服务模式，而非信息技术本身[①]，信息技术只是一种手段而不是目的，其目的在于通过信息技术手段满足老年人日益增长的养老服务需求。因此，居家养老服务落地是居家养老服务信息化建设的内在要求，没有居家养老服务落地的实现，就难以称其为居家养老服务信息化。

居家养老服务落地是信息技术价值的体现。信息技术拥有以下优势：规范服务流程、整合服务资源、快速响应服务需求、扩大服务参与主体、增强服务管理等。因此，对于居家养老服务的建设和发展来说，在信息技术的支持下，可以整合更多的服务供给主体，提供更多

---

① 郭骅、屈芳：《智慧养老平台的辨析与构建》，《贵州社会科学》2017 年第 12 期。

的服务资源；有便捷的服务信息渠道，可以提高服务效率；有先进的服务管理方式，可以保障服务供给质量。但是以上信息技术所包含的价值只能通过居家养老服务落地得以检验和变现。所以从另一个角度来看，如果有其他同样价值的方式存在，那么信息技术对于居家养老服务的建设和发展来说并不是唯一选择；相反，信息技术是否能够发挥作用，是否能够满足居家养老服务建设和发展的需求，却是决定信息技术是否被采用的必要条件。

居家养老服务落地是与居家养老服务信息化有关的主体的需要。首先，对于作为引领者和建设者的政府来说，在老龄化加深的情况下，为了解决养老服务供给难以满足养老服务需求，养老服务供给与养老服务需求结果失衡等问题，以及政府面临的日渐增大的养老服务供给压力，通过居家养老服务信息化解决养老服务供给问题和减轻养老服务供给压力成为其首要选择。这种出发点也是政府满足国家和上级政策要求，从而获得开启居家养老服务信息化建设合法性的基础，居家养老服务信息化通过服务落地的实现满足了政府的社会性目标和政治性目标。其次，对于作为建设者和运营者的社会组织来说，居家养老服务信息化是社会组织进入以政府为主流的居家养老服务体系的重要机会，信息技术的专业性优势是社会组织进入体系的敲门砖，但是实现居家养老服务的落地才是社会组织继续存在和发展的关键和基础，如果缺失提供居家养老服务的能力，社会组织连同信息技术就一并失去了存在的价值和意义。再次，对于其他居家养老服务信息化建设的参与者来说，其利益的实现和维持与社会组织和居家养老服务信息平台是否能够存续息息相关。最后，对于服务对象来说，居家养老服务信息化能够为其提供满意的服务是其关注的重点，只有居家养老服务落地才能使服务对象接收到现实意义上的服务，从而使自己的需求得到满足。

第二节　居家养老服务落地的三种探索遭遇政府约制

在物理性建设过程中，服务中心在政府的支持和协助下快速搭建完成"12349"平台,兑现了承诺,也使组织初步获得生存和发展的空间,那么接下来的工作重点便是如何实现居家养老服务落地。随着"12349"平台搭建完成,服务中心也意识到现有的服务内容和服务供给过于单薄,依靠老年人入网后电信公司的分成也不足以维持长期运转,因此开始将目光投向居家养老服务落地的探索中,通过服务政策、服务业务、服务项目三种途径试图探索从物理性建设向居家养老服务落地转型。对于政府部门来说,居家养老服务落地的探索过程满足于自身扩大社会性目标和政治性目标,继续采取支持和协助可以促进居家养老服务信息化建设朝着纵深方向发展。但是,居家养老服务落地探索却遭遇失败,政府并未通过政策供给帮助服务中心实现居家养老服务落地,对于服务中心提出增加服务业务和运营服务项目的要求也表示拒绝。H市居家养老服务信息化建设随着政府与社会组织的互动失效,被限制在物理性建设阶段。

一 居家养老服务落地政策的探索与失败

为了使"12349"平台建设项目向居家养老服务落地转型,服务中心与政府部门商议调整政策内容。H市"12349"平台建设项目在2014年5月全面开通运行,为H市政府实现率先开通"全省首家市级居家养老信息服务平台"[①]的政绩目标,但是开通以后的信息平台一直难以实现其服务价值,前期围绕物理性建设的政策逐渐显露其在居家养老服务落地上的局限性。服务中心的生存和发展与"12349"平台捆绑,平台搭建完成就意味着服务中心前期物理性建设工作的完成,其成立的价值和任务已经完成,后续只能依靠政府对"12349"平台建设项目针对居家养老服务落地的政策转向,谋求新的生存和发展空间。

2015年,市政府将"12349"平台建设项目继续写入2015年《政府工作报告》中,简要提出"继续推进'12349'居家养老服务平台建设"的工作任务,继续交给市民政局组织实施。同时,民政局作为责任单位,2015年4月发布《关于继续推进"12349"居家养老信息

---

① 《我市启动全省首家市级居家养老信息服务平台》,《鄂东晚报》,2014年5月7日。

服务平台工作的通知》（以下简称《通知》）明确要求：

1. 深化思想认识，加强组织领导。"12349"平台通过信息化手段，及时了解老人的服务需求，迅速调配资源为老人提供服务，是新形势下发展居家养老服务的重要载体，是应对老龄化社会各种调整的重要举措。

2. 采取有效措施，增加入网数量。一是继续加大宣传力度，积极配合服务中心做好"关爱老人、服务进社区"活动。采取网站、报纸、电视、电台、展板等多种形式全方位宣传，扩大影响，提高认知度。对本地机关企事业单位要主动上门宣传信息平台的服务功能，鼓励各单位在符合政策的条件下，作为福利待遇，为本单位离退休干部职工购买信息服务。二是落实好话费优惠政策，实现城区三类对象全覆盖，即散居"三无"老人；70岁以上低保对象、重点优抚对象、独居老人；80岁以上的高龄老人。三是建立入网老人养老服务补贴制度。通过政府购买服务的方式，对城区分散居住的"三无"老人、经济困难的60岁以上失能半失能老人和70岁以上独居老人每人每天提供不少于一个小时的养老服务。四是提升服务质量。各地要加强监督，督促平台工作站、电信部门改善服务态度、提升服务质量。通过周到细致的服务，提高老人的满意率和社会的认可度。2015年，力争在现有基础上全市新增入网老人10000名以上（分解任务见附表）。

3. 加强检查督办。市民政局将建立工作进展每月上报制度和情况通报制度，并将"12349"平台建设工作纳入市局年度考核的重要内容，作为评先奖优的重要依据。

附表：

单位	入网老人数（人）	单位	入网老人数（人）
HZ	1630	XS	1130
TF	530	QC	1130
HA	870	WX	1060

续表

单位	入网老人数（人）	单位	入网老人数（人）
MC	1200	HM	1130
LT	670	LGH	60
YS	530	KFQ	60
合计			10000

解读《通知》内容，包含如下政策信号：第一，"12349"平台建设项目前期出台的话费补贴政策、入网任务、平台宣传继续成为政府工作重点，使该项目前期的政策支持内容得以保证。第二，扩大平台覆盖对象。不仅要实现城区三类对象的全覆盖，而且要增加对机关企事业单位的覆盖。第三，提高服务认识，新增针对服务落地的政策内容，强调服务质量。在整体认识上，提出"及时了解老人服务需求，调配资源为老人提供服务"，这种认识不再局限于单纯的物理性建设中。第四，在居家养老服务落地的安排中，提出了以政府服务购买方式"建立入网老人养老服务补贴制度"，并提供了为部分老人"每人每天提供不少于一个小时的养老服务"的具体要求。可以说，《通知》对于继续保持原有政策支持、增加居家养老服务落地的政策内容上值得认可。如果按照《通知》的政策指引，再配备相应的政策补充文件，那么H市居家养老服务信息化建设将从物理性建设逐渐转向居家养老服务落地，居家养老服务落地将成为H市"12349"平台建设项目的又一工作重点。但是到2015年8月底，笔者调研期间了解到，在话费补贴政策、入网任务和平台宣传工作继续推进的同时，针对"12349"平台的居家养老服务落地政策难以落实。服务中心主任告诉我们：

> 这个政策（服务补贴）落实不了，政府还是没有从重机构建设、轻居家养老的资金使用的方式方法转变过来。现在"12349"的政策没有直接落实到老年人身上和居家养老身上。而且你看现在政府下发这个文件那个文件的，但你调研一下就知道了，养老

方面能落实多少文件要求？很多都是文件落实文件①。

回到《通知》的内容可以发现，关于居家养老服务落地的实现路径还需要具备两个条件：第一，提出了通过政府购买服务实现居家养老服务落地的路径，但是需要具备前提假设，即 H 市已经开展了居家养老服务购买方面的政策实践，那么居家养老服务信息化服务落地可以通过扩大政策购买范围得到实现。第二，《通知》内容在居家养老服务落地实现中还需要具体政策内容的补充解释，例如在服务购买内容、购买资金来源、购买对象的资格要求等关键内容上还有待补充说明。这两个条件是否具备呢？市民政局福慈科科长告诉我们：

> 具体的（服务补贴）政策内容还没有，只是这样想，都还是后话，不知道什么时候能够兑现。H 市是扶贫地区，财政收入发人员工资都很困难，要争取政府这块（政府购买服务资金）更是难上加难。服务中心的这部分补贴，包括办理许可享受哪些优惠政策、费用减免等，我们都跑了一年，出了文件后，我们都盯着市长跑。牵涉经费和财政出钱的都很难，基本上都是民政出的钱，要财政出钱，那难度不是一般的大。很多地方都是几十万的拿出来购买这个服务（话费补贴），我们到现在，所有县市只有 MC 对服务补贴发了文，其他地方到现在都发不了文。文件早就草拟好了，但是政策上不了常委会②。

查阅 2015 年 H 市政府针对"12349"平台建设项目出台的所有政策文件可以发现，仅以 2015 年 4 月市民政局发布的《关于继续推进"12349"居家养老信息服务平台工作的通知》为代表，之前要求的入网任务、话费补贴政策下发后，不仅找不到如同 2014 年配套的节点量化进度考核、工作督查情况汇报等政策文件，而且在养老服务补贴政策的具体内容上，也未能找到相关补充的政策文件。而 MC 关于服务

---

① H 市 LT 社区养老服务中心 L 主任，2015 年 8 月 14 日访谈。
② H 市民政局社会福利与慈善科 C 科长，2015 年 8 月 15 日访谈。

补贴的政策发文与 H 市民政局的发文异曲同工，在居家养老服务落地政策如何实现上也没有清晰的路径。其他地区政策发文内容对话费补贴、入网任务进行了安排，但是在"建立入网老人养老服务补贴制度"政策文本中也并未提及。

在政策执行中，第一项错误是决策者制定超越性或者笼统不具体的目标①。也就是说，要求具体职能部门执行政策，首先要政策目标明确、具体和可行。《通知》作为 2015 年"12349"平台建设项目的总体性文件，对比之前的文件内容，虽然政策有居家养老服务落地的转向，但是按照政策执行逻辑，《通知》中话费补贴和入网任务两项内容不仅有明确的量化标准，而且执行方式较为清晰，自然继续成为职能部门政策执行的首选。而对于养老服务补贴制度，首先购买对象、购买资金来源、购买内容等关键内容没有提及，之后也没有具体可行的政策内容予以补充，因此"12349"平台项目的居家养老服务落地政策首先表现为难以执行。同时，科长的话还阐述了另一种原因：政策无力执行。这一点也得到了 HZ 区民政局局长的认同：

> 这种政策设计都是民政局在推广，不是在市政府层面去设计，很多事情做不好，下面认为它只是一个附加的工作。虽然民政局下了任务，但是我没有办法完成，补贴话费、买手机、搞入网，我们已经尽力从其他项目中调配资金和人员了，但是为特殊经济困难老人提供每天一小时政府购买的居家养老服务，还让我们区财政拿钱，你要老人付费他不肯，让我免费我没钱贴，因为我们下面的民政没有钱贴②。

由此看来，因政策无法提供具体可行的执行方案而导致政策难以落实，实际来源于居家养老服务信息化建设整体政策供给的不足，尤其是两位民政领导提及的财政资金。从 H 市围绕"12349"平台建设项目的整体政策发文来看，以民政作为发文主体，上级政府仅作为督

---

① 林水波、张世贤：《公共政策》，台北五南图书出版公司1982年版。
② H 市 HZ 区区民政局 Z 局长，2015 年 8 月 13 日第一次座谈会上发言。

促角色监督项目完成进度，整体政策设计层级较低，并且缺乏从物理性建设到居家养老服务落地的整体规划和长效机制。同时，在政策配套支持上，没有提供专项资金支持。在这种政策环境下，市民政局为了达成市政府快速完成"12349"平台全面开通的愿望，采取考核和督查等行政手段要求下级职能部门从资金资源和人力资源安排上支持和协助服务中心完成平台建设，"12349"平台的全面开通实际上已经挤占了下级职能部门的利益空间。

首先，在资金资源上，H市"12349"平台建设项目的话费补贴资金来源于各县市区已有的项目资金。笔者通过各县市区2014年提交的《"12349"养老信息服务平台工作进展情况表》将话费补贴资源来源情况进行了汇总（见表5-1）。

表5-1　　　　部分县市区话费补贴资金来源情况汇总表

县市区	话费补贴资金来源	县市区	话费补贴资金来源
TF	补贴费分别从低保、优抚对象定补中落实1.58万元。	MC	民政局从福彩公益金中对每个终端补贴120元话费。
YS	低保资金补贴	QC	从福彩公益金中列入
WQ	1. 从低保、优抚结余资金中，对城区60岁以上的低保、优抚入网老人每月每个终端补贴5元呼叫话费；2. 从低保资金中对城区"三无"入网老人每月每个终端补贴10元呼叫话费；3. 从彩票公益金中对城区80岁以上入网老人，每月每个终端补贴5元呼叫话费。	XS	80周岁以上的城区老人呼叫话费补助从福彩公益金中列入，部分社区由社区集中为60周岁以上老人免费购买。

资料来源：作者根据2014年部分县市区上交的《"12349"养老信息服务平台工作进展情况表》汇总。

H市完成"12349"平台建设项目任务的方式实质来源于民政系统内的自行努力和内部调整，极易造成项目的难以维持。如表所示，部分县市区完成话费补贴任务的资源来源基本上集中于"低保""优抚"结余资金，还有存在不确定性的"福彩公益金"，这些资金资源一方面属于民政自身系统内原有项目的资金；另一方面缺乏长期稳定性。也就是说，前期对于话费补贴政策的重视和考核，在没有相关资金配套

第五章 互动发展：政府的限制与居家养老服务落地的困难

的情况下，各县市区只能从其他项目中让渡资金为老年人购买话费补贴和手机终端。市政府安排的"12349"平台建设项目未提供相应的资金支持，市民政局作为责任单位，落实工作任务的方式通过将责任分解到各县市区民政局，通过民政系统内部的支持和协助最终完成全面开通"12349"平台的目标。

另外，政策文件虽然提出在社区设置专职公益岗位的安排，但是基于没有专项资金支持，人员安排难以落实。在人力资源安排上，除了资金资源需要各县市区自行筹措外，在老年人信息登记、入网宣传、手机发放等任务的人力资源供给上，也交由社区自行解决。YZM 社区主任告诉我们：

> 首先要让我们把各项事情安排好的话，必须要有足够的人手。一个社区承担的东西太多，什么都往我们这边塞。但是有些事情现在很好笑，比如入网，每次都需要老年人去社区盖个章，但是社区又没有办理的权利，最后还不是需要电信公司和服务中心自己审核，这个章实际没有什么意义，但是给我们的工作任务增加了。虽然说要提供专门的公益岗位，但是没有岗位补贴，社区自己也出不了这个钱，总之，没有人，很多事情是不可能做得下来的①。

社区公益岗位无法落实，社区只能将政策进行简单处理，将工作任务交由网格员完成，YZM 社区网格员 W 表达了作为网格员的辛苦：

> "12349"平台需要我们社区为老年人办理信息登记审核，集中来办理的还好些，政府对社区入网人数有要求，每个社区最少要多少老年人入网、要让多少老年人买手机，很多需要我们网格员上门，没有固定的人，但是我们网格员基本一个人要负责 200 多户人员，很多老人还需要我们帮忙买菜、取钱、上医院等，长

---

① H 市 HZ 区 YZM 社区 W 主任，2015 年 8 月 20 日访谈。

期下去，我们网格员肯定兼顾不到方方面面①。

可以看出，"12349"平台建设项目由各县市区民政分摊了资金资源供给，社区分摊了入网等工作任务上的人力资源供给。在没有专项政策资源投入的情况下，通过层层让渡资源完成"12349"平台建设项目的情况，就意味着下级职能部门的利益受损，H市"12349"平台建设项目前期政策支持也将面临难以为继的危险，继续采用考核、督查等行政手段推动居家养老服务落地政策完成，意味着强制下级职能部门继续让渡原有项目的资源。这种依赖民政系统让渡资源的政策安排方式，造成了下级职能部门对于政策的选择性执行，甚至对整体项目提出反对。以H市市中心的HZ区为代表，HZ区民政局局长在座谈会上直接提出反对，"搞居家养老服务信息化，你就不能下任务让我卖手机"②，事后笔者还搜集到了HZ区提交给市民政局关于该区35个社区对"12349"平台建设的态度（见表5-2）。

表5-2 HZ区35个社区对"12349"居家养老信息平台建设的支持态度

社区态度	比较支持	一般	不支持	合计
社区数量（个）	11	18	6	35

数据来源：H市民政局内部调查资料整理获得。

这份统计结果表明，HZ区"比较支持""12349"平台建设项目的只有11个，未占到三分之一的比例，另有社区已经明确表示了"不支持"的态度，更多的社区选择了观望态度。这种情况使服务中心外联部人员在后续的工作开展中明显感到困难：

现在我们下社区，很多社区都没有在帮我们宣传了，很多都是老年人问了才会帮忙宣传一下，我们需要自己上门宣传，但是

---

① H市HZ区YZM社区网格员DCZ，2015年8月20日访谈。
② H市HZ区区民政局Z局长，2015年8月13日第一次座谈会上补充发言。

第五章　互动发展：政府的限制与居家养老服务落地的困难

老年人对我们不信任；如果让社区（人员）带我们去，合作得好的社区还好说，很多社区不温不火的，有些社区还不怎么配合，对于我们下去宣传的影响最大①。

对于"12349"平台建设项目难以从物理性建设转向居家养老服务落地的现状，作为 H 市民政系统最高层级的 H 市民政局也很无奈。以作为"12349"平台建设的积极地区 MC 市为例，2014 年 MC 市为部分社区符合条件的老人提高了话费补贴标准，2014 年 5 月，MC 市民政局向市政府报送了《关于"12349"信息平台话费补贴的请示》，请示市政府为其列支该项经费 43.2 万元，市长批复"由 H 市民政局落实"。对此，H 市民政局 L 副局长表示无奈：

2014 年市政府将这个项目纳入政府"十件实事"，但是没有给钱，我理解的是民政提出的问题提交给政府做，政府又交给民政做，民政本身属于弱势部门，没有权力协调其他部门，民政为了完成这个考核，没有办法就只能用其他方法做，要求各地方自己拿钱出来交话费、买手机。县市区要政策，服务中心也要政策，但是我们市局无法全都满足，全部让我们兜着，我们也兜不了，我们自己也没有资金来源。（省民政厅）赵局长对于这个事情持保守态度，不鼓励各个地方搞，也不说你这个地方不行，还在观察，武汉市的"一键通"有很多问题，所以民政厅对这块也很谨慎②。

L 副局长表达上级部门没有资金安排导致民政局难以满足系统内资金诉求的同时，向我们透露了居家养老服务信息化建设政策环境的变化。正如前文所述，H 市与省内其他地区的居家养老服务信息化建设的动力来源于政策环境的激励，但是经过两年多的建设实践，省内并没有城市获得成功。以湖北省武汉市为例，2013 年武汉市

---

① H 市 LT 社区养老服务中心外联人员 XP，2015 年 8 月 27 日访谈。
② H 市民政局 C 副局长，2015 年 8 月 15 日访谈。

"一键通"项目实现了在1117个社区全覆盖的目标,但是这项居家养老服务惠民工程从"一键通"沦为"一键痛",并且在武汉市电视问政中被老人打了零分。从笔者对湖北省其他城市的调研来看,居家养老服务信息化建设状况乏善可陈,均面临很多问题,没有得到成功。

这种实践状况使省民政厅已经开始出现保守态度,不再将居家养老服务信息化建设作为重点倡导政策推进。民政厅政策法规处处长告诉我们,信息平台基本上17个市州都在不同程度地建设,省政府文件出台后,2013年、2014年推行的力度较大,2015年推行的力度小一些。政府作为自己的实事在做,出发点是好的,但效果不一定好,花了钱反而受到负面影响,每一种模式都不一样,哪种好哪种坏,我们还没有弄清楚。以前有一个社区建立信息平台,一年亏损几百万,最后政府背不起,以失败告终。武汉市搞一键通,老年人都觉得政府不应该收他们10块钱话费,认为是政府办来赚他们钱的。现在的负面效应太多,所以我们慢慢发现这个东西不能一厢情愿地靠政府强力去推①。

上级政府部门的态度表明,前期大力倡导居家养老服务信息化建设的政策在现实中遭遇失败,这种失败已经危及政府部门的公信力,居家养老服务信息化建设的政策风向由此发生转变,同时影响了H市政府推进居家养老服务信息化建设的动力。

H市居家养老服务信息化建设面临两种困境,首先是上述难以获得的居家养老服务落地政策及其支持,其次是在物理性建设中就已经存在的政策供给困境。追溯H市居家养老服务信息化建设的资金来源和政策规划情况可以发现,省级政府的政策激励作为H市政府开展此建设项目的动力来源,一直缺乏资金支持和整体性的政策规划。在调研过程中,省民政部两位处长向我们解释了省内整体居家养老服务信息化的建设情况和政策支持情况:

---

① 湖北省民政厅政策法规处F处长,2015年8月7日访谈。

第五章 互动发展：政府的限制与居家养老服务落地的困难

现在省内的居家养老服务信息化发展不平衡，每个地区都在探索，省里面没有统一的政策，我们只是鼓励建立信息平台，开展居家养老服务，过去我们安排项目资金时，适当给一点信息平台方面的资金安排，支持地方政府免费提供设备、机房、办公场所等，对于平台的建设，政府投入一些建立了，后期是自负盈亏的方式，平台后期的运营没有补充政策，对参与提供居家养老服务的企业没有确切方面的扶持政策①。

（居家养老服务）重视不够、投入也不够，考核的导向决定了发展重点，所以十一五期间都在建机构、建设施，国家对居家养老服务的规划也没有出台，整体上对居家养老没有明确成型的规划。我们现在只能先把架子搭起来，先建立设施，现在互联网、信息技术这块技术层面没有问题，下面的问题是怎么把平台用起来，目前我们还没有看到成功的模式，可能还是需要等上面把居家养老服务补贴制度真正建立起来。让我们自己来，财力方面还比较困难。很多地方也在探索，我们倡导财政能力好的地方自己探索政府购买，但是效果还是不明显②。

H市"12349"平台建设项目从开始就存在政策供给不足，再加上整体政策的收缩，导致了政府部门间缺乏利益平衡机制，服务中心依赖政府继续铺展居家养老服务落地遭遇反对。从表述中即可发现，省级部门虽然出台了很多关于居家养老服务信息化建设的政策文件，在信息平台建设建设方面给予随机性的资金支持，但是一直没有为地方政府提供专项资金支持，在居家养老服务落地方面的指导空白，甚至对于整体居家养老服务信息化建设缺乏长远规划，寄希望于地方政府自行探索以获得政策效果，并且在H市居家养老服务落地时期已经表现出了保守态度。服务中心试图继续依赖政府通过政策供给开展居家养老服务落地的想法实际上意味着，寄希望于政府通过政策供给增加项目的资源来源空间，在保守的宏观政策背景下，这种期望难以

---

① 湖北省民政厅社会福利与慈善处L处长，2015年8月7日访谈。
② 湖北省民政厅社会福利与慈善处L副处长，2015年8月7日访谈。

实现。那么服务中心只能通过第二种方式实现，即期望下级职能部门继续让渡资源空间。但是这种情况对于具体实施部门的民政系统来说，物理性建设的实现已经使下级职能部门为了完成考核任务，让渡甚至可以说损失了原有的利益空间，居家养老服务落地继续铺展只能进一步损害下级职能部门的利益空间，对此，下级部门已然表示了反对。因此在整体政策供给不足的情况下，服务中心试图继续依赖政策供给实现居家养老服务落地的探索难以得到实现。

但是对于2015年这种难以通过政策实现居家养老服务落地的现状，服务中心L主任在座谈会上仍然提出："明年我还是要提要求的。老人话费还要补贴，我们还要落地。在政府购买服务以后，我们再进行业务拓展。"[①] 同时，市民政局C副局长也当下进行了回应："通过行政手段推动最多是今年，明年我不可能下任务了，再也不能下任务了，明年你'12349'要想办法进行市场化运作，按照市场优胜劣汰原则自己去搞，自生自灭，不能继续依赖民政，做不下去也是我们不愿意看到的，但是养老服务这块政府兜不了底。"[②]

可以说，服务中心依赖政府继续通过政策支持和协助完成居家养老服务落地的愿望，在以民政为代表的政府部门自身缺乏政策资源的情况下难以实现。随着"12349"平台项目的推进，通过民政系统内自行努力和内部调整的方式已经使各级部门怨声载道，并且从2015年开始，省内提倡开展居家养老服务信息化建设的热潮明显消退，地方政府对居家养老服务信息化建设的动力也不断减退。2016年开始，H市"12349"平台建设项目话费补贴以及入网任务安排等物理性建设阶段的政策支持已经终止。因此，H市居家养老服务信息化建设不仅难以依靠政策继续推进居家养老服务落地，而且原有物理性建设的政策支持也难以为继，搭建完成的"12349"平台继续保持着没有服务灵魂的"冰冷"平台。

二 居家养老服务落地业务扩展申请与拒绝

在居家养老服务落地政策难以落实以后，服务中心开始从自己现

---

① H市LT社区养老服务中心L主任，2015年8月13日第一次座谈会。
② H市民政局C副局长，2015年8月13日第一次座谈会。

有的条件探寻其他业务的扩展。以"12349"平台搭建完成已实现政府要求的"免费为入网老人提供终端""设立服务热线'12349'"为由，向市民政局提交了业务扩展申请，希望在原有业务范围内容中增加"可以开展一系列增值服务，如心理咨询、陪聊、交友、订票、就医预定、娱乐互动等为老服务和便民服务工作"。服务中心主任认为：

> 这些业务范围是充分利用了"12349"平台的信息整合功能，在当前老年人不能提供有效需求的时候，增加这些既可以为老年人提供服务，又可以为所有人提供的业务，这些业务也是"12349"平台的功能。平台的呼入量现在累计达到两万人次，有的是咨询、聊天等，要服务的不到10%，能服务的在10%以内。现在的服务加盟商，像家政服务类的都是以中介为导向，我们相当于中介在找中介。这种服务业务第一不能由我们控制，第二很多老年人只能消费得起300元以下的服务，其他价格高的老年人也消费不起。例如老年人找保姆，他只能给800，但是市场要1600，可没有政府补贴，市场不可能按照这个价钱提供这个服务。政府补贴暂时也不可能了，如果不尽快拓展新的业务，"12349"跟我们都没有价值了。我们的要求也是考虑了信息平台的优势，以及我们自己的实力①。

这种增加业务内容的行动，实际上基于两个原因：其一，在等待居家养老服务购买政策落实的过程中，服务中心意识到没有服务业务已经危及组织合法性，即自身存在的价值。其二，与服务加盟商建立的关系名存实亡，市场服务资源难以被整合利用，以及老年人也难以接受市场服务价格，在这种情况下，服务中心发展自己可提供、成本与收费都不高的信息类服务可以弥补服务空白。但是对此，作为分管"12349"平台的市民政局副局长认为，服务中心申请的业务内容还是

---

① H 市 LT 社区养老服务中心 L 主任，2015 年 8 月 14 日访谈。

停留在信息服务，对于老年人来说"意义不大"：

> 你给老人提供服务，他不一定买账和需要，这个平台仅仅是提供信息服务，具有媒介和中介的功能，包括之前的家电维修、水电维修，现在是信息社区，老人是那里常年的居民，他有自己的信息渠道，平台是去年才有的，他的这些需要都愿意找熟人，很多家政公司都贴了小广告，一个电话很容易解决，根本不依赖你这个平台，对他来说这个平台没有什么意义，他不一定非要找你[①]。

同时，社会福利与慈善科科长认为，服务中心要求增加的业务内容与服务中心作为民办非营利组织的性质不符，社会组织要"不以营利为目的"为宗旨，这在文件中已经写明了，服务中心应该是公益性质的，"这个增值服务带有营利性，老年人会认为政府搞的这个'12349'是要赚他们的钱。现在老人对'12349'都持有怀疑态度，总认为主要是卖手机、搞电信推销，这种观念到现在都还没有纠正过来"[②]。

翻阅对服务中心业务范围和性质界定的《H市民政局关于同意成立H市LT社区服务中心的批复》（以下简称《批复》），规定服务中心的业务范围和性质为：

> 业务范围：1. 为全市居民提供便民信息咨询服务（家庭服务、维修服务、养老服务、医疗服务、物业管理、社区导购、房屋租赁、人才招聘、法律服务、生活百事）。2. 为全市老年人提供为老服务，包括紧急救助、生活帮助、主动关怀。
>
> 遵守国家法律法规，依照章程并在规定的业务范围内开展活动……不以营利为目的，履行职责义务……[③]

---

① H市社会福利与慈善科W副科长，2015年8月14日访谈。
② H市社会福利与慈善科C科长，2015年8月17日访谈。
③ 《H市民政局关于同意成立H市LT社区养老服务中心的批复》（H民函〔2013〕54号），2013年9月16日。

首先，领导态度表明，服务中心申请增加的"增值服务"有违"不以营利为目的"的法律规定，与服务中心性质不符，从而扩大老年人对"12349"平台质疑。另外，对比服务中心所要求的"心理咨询、陪聊、交友、订票、就医预定、娱乐互动等为老服务和便民服务"等增值业务，似乎跟批复所规定的"便民信息资源服务"内容相似，但是政府与服务中心对服务内容的认识不同，政府部门认为服务增值业务属于"营利性"，而《批复》中所规定的便民咨询业务应该属于公益性服务，这一点体现在市民政局 C 局长对服务中心开展服务内容的建议中：

> 我觉得这个平台，更多的是要服务于老年人，不是有偿的，应该是低偿甚至可以先提供一些无偿服务，平台的三个功能，生活帮助这块应该放到其次，在精神慰藉、紧急救助上做点文章，包括 GPS 定位都有这个需求，定位的功能是别人代替不了的，可以开发一下，把它融到话费套餐里面，老人不会反感，平台做起来也很容易，还有老人感到空巢寂寞，逢年过节、老人生日可以打电话慰问一下，老人也会感觉不一样①。

由此看出，政府作为"12349"平台建设的引领者，它与服务中心在解读和认识居家养老服务信息化的服务内容上不同，更倾向于维护"12349"平台在老年人心中的公益形象，因此约束服务中心按照规定为老年人提供更具有公益性的居家养老服务。对此，服务中心 L 主任心有怨言，"非营利机构不能赚钱，这个说法是错的，你不赚钱怎么发展"②。

通过后续补充调查，从服务中心外联人员处了解到：

> 现在做的免费服务是自己找社区谈的，比如免费给老人理疗，都是自己投入的增添服务，都是为了增加老年人入网，现在为了

---

① H 市民政局 C 副局长，2015 年 8 月 13 日第一次座谈会。
② H 市 LT 社区养老服务中心 L 主任，2015 年 8 月 14 日访谈。

维系生存，没什么好的办法。我们之前也想学习新乡模式，和银行、保险、旅游这些合作，但是没有政府帮忙，别人不理我们这样的单位。我们现在还是继续探索赚钱的模式，但是不知道要怎么实现，很是迷茫①。

事实上，服务中心有追求自身市场价值的欲望，只是这种市场价值在当前与政府的认识具有冲突性。至今为止，服务中心没有利用"12349"平台提供政府部门提及的公益性信息服务以及自己所申请的信息类增值服务，也没有通过"12349"平台实现其他居家养老服务供给；相反，由于政府支持政策的戛然而止，服务中心为了继续获得电信公司话费分成维持生存，转而通过为老年人提供免费服务的方式增加入网量，维持组织和"12349"平台的存在。H市"12349"平台仍是一种物理性存在方式，服务中心当前的服务重点没有朝着居家养老服务信息化纵深方向发展，事实上还表现出 H 市"12349"平台建设项目的倒退。

三 居家养老服务落地项目的争取与拒绝

服务中心试图通过社区居家养老服务中心项目的争取获得居家养老服务落地的机会。2014 年，H 市《政府工作报告》提出的"加快推进养老服务体系建设"工作任务中，除了"全面开通'12349'居家养老信息服务平台，为万名以上居家老人提供便民服务"外，还有另一项工作部署，即"新建社区居家养老服务中心 50 个、农村老年人互助照料中心 100 个"，两项工作任务同时作为 H 市加快推进养老服务体系建设的实现方式。因此，"12349"平台实现全面开通时，H 市已经完成新建社区居家养老服务中心 53 个、农村老年人互助照料中心 235 个，两个项目都超额完成了年度任务②。但是在《关于对市政府"为民办实事"有关项目迅速整改的通知》中指出："12349"平台存在呼

---

① H 市 LT 社区养老服务中心外联部人员 XP，2017 年 6 月 4 日访谈。
② H 市人民政府政务督查室：《关于 2014 年市政府"为民办实事"等工作进度情况的通报》，2014 年 11 月 12 日。

叫量不足、服务质量不高等问题。城（乡）社区居家养老服务中心存在设施简陋、标准不高、人气不旺等问题①。对于两个项目各自存在的问题，服务中心主任认为：

> "12349"平台存在的问题与社区居家养老服务中心之间的问题可以互补，完全依靠社会的服务力量去满足老年人的需求是有矛盾的，政府可以把现在的社区服务中心免费给我们用。我们可以为城区内的日间照料中心（社区居家养老服务中心）投入包括人员工资、基础设施、设备等，而日间照料中心可以作为我们服务的终端，信息化落地的服务②。

如果追溯居家养老服务信息化建设与社区居家养老服务中心建设有关的政策指导文件，服务中心将"12349"平台建设与社区居家养老服务中心结合的构想，符合政策整体所传达的思想和实施路径。2013年国务院发布《关于政府向社会力量购买服务的指导意见》，要求各级政府在公共服务领域"更多利用社会力量，加大政府购买服务力度"，"初步形成政府主导、社会参与、公办民办并举的公共服务供给模式"。2013年省民政厅在《省民政厅关于做好2013年城乡社区居家养老服务工作的通知》中不仅鼓励各地采用信息技术创新居家养老服务模式，同时提出"依托社会力量建设养老服务设施"，"建立依托社会组织和市场主体参与居家养老服务的市场运行机制，积极引进专业化的社会组织或企业参与和托管社区居家养老服务，着力培育一批政府购买居家养老服务的定点单位，支持其连片辐射、连锁经营、统一管理，打造特色品牌"。同时，在社区居家养老服务中心的建设和发展目标中，提出"到2020年，力争生活照料、医疗护理、精神慰藉、紧急救援等

---

① H市民政局：《关于对市政府"为民办实事"有关项目迅速整改的通知》，2014年11月15日。
② H市LT社区养老服务中心L主任，2015年8月14日访谈。

养老服务覆盖所有居家老年人"①,对比政府对服务中心通过"12349"平台为居家老人提供的服务内容可以发现,两个项目希望实现的为老服务内容十分契合,并且在省级政府陆续下达的针对社区居家养老服务运营方式的实施方式中,不断明确"社会化运营"的指导思想,要求"充分发挥政府的主导作用、社会力量的主体作用和基层组织的主推作用,通过购买服务、项目委托、以奖代补等多种措施,积极培育社区居家养老服务企业、机构和社会组织,探索城乡社区居家养老服务社会化运营的多种模式,更好地为老年人提供日间托养、生活照料、康复护理、助餐应急、精神慰藉等服务"②。因此,可以说服务中心将"12349"平台服务落地的方式与城市社区居家养老服务中心建设项目结合的构思,不仅符合 H 市"加快推进养老服务体系建设"的现实需求,而且符合居家养老服务体系建设和发展的整体政策内涵。

通过对政策的研读和观察,2015 年年中服务中心向政府部门提交运营社区居家养老服务中心项目的申请,申请内容提出"免费承接社区居家养老服务中心运营项目,以此作为'12349'平台的服务终端,实现居家养老服务信息平台服务落地"③,但是遭到政府的拒绝。对于这项申请,分管 H 市居家养老服务工作的 C 局长表示:

> 提出要我把日照中心(社区居家养老服务中心)给他,他来免费给你做,我让他先给一个规划,但是社区不一定愿意。他让我出政策,还希望一起搞"12349 便利小超市",可以给老人优惠和代办事项、代购。我们出不了政策。其实服务中心可以不用免费用房,就依托我们的养老服务中心,划一个角落或者区域都可以建体验区。我们可以免费提供信息平台,也不用每个社区都布

---

① 湖北省民政厅:《省民政厅关于着力培育发展示范性城乡社区居家养老服务中心的指导意见》(鄂民政函〔2014〕118 号),2014 年 3 月 20 日。
② 《省民政厅 省财政厅关于开展城乡社区居家养老服务社会化运营的指导意见(试行)》(鄂民政发〔2015〕10 号),2015 年 4 月 27 日。
③ 《关于社区居家养老服务中心运营项目申请书》,2015 年 6 月,LT 社区养老服务中心。

点,在比较集中的重点社区搞两三个社区的平台体验馆。①

作为"12349"平台建设项目以及社区居家养老服务中心建设项目的责任单位,上述态度表明,虽然认同当前"12349"平台需要服务落地的想法,但是只能提供部分免费场地支持服务中心建设"12349"平台体验区,这种做法实际上意味着政府对服务中心申请运营社区居家养老中心项目的拒绝。对于拒绝的原因,在市民政局福慈科副科长对"12349"平台发展情况的讲述中有所体现:

> 刚开始跟保定的公司签订的协议,是B局长和LT公司老总签的,换领导是一个原因,因为每个人对这个的认知是不一样的,信息平台就是在前任(B局长)手上搞起来的。他们(服务中心)成效不大是另一个原因,LT自身问题很大,不愿投入,与开始有违背,签合同的时候他(LT公司老总)本来还有很多构思,说要在我们这里成立多少个服务中心,后来才知道LT公司只是一个挂头,真正的出资人是小L(服务中心主任),LT公司没有进行后期支援,承诺了很多东西,但后来就成了服务中心自己在单打独斗。单靠小L,他没有那个实力。

从讲述来看,服务中心前期依附于LT公司塑造的资金优势、技术优势、人员优势等背景,随着LT公司的淡出不复存在,甚至已经影响到政府对服务中心能力的认可。同时,H市民政局一把手的轮换,使"12349"平台建设项目的重视和认知前后不一。

另外,服务中心争取新项目的努力也因项目门槛过高而遭遇失败。2016年5月,H市将SQ社区老年人活动中心作为市"PPP项目"重点进行招标,希望通过该项目引入社会资本和社会力量投入建设并开展运营。这让服务中心看到了居家养老服务落地的曙光,服务中心L主任认为:

---

① H市民政局C副局长,2015年8月15日访谈。

面对这种机会，我不可能不上。虽然之前申请项目没有成功，但我们作为 H 市的第一家服务中心，这个项目交给我们来运营应该是有很大机会的，所以这个项目还没有对外公布的时候我就已经向民政局的领导汇报过了，希望他们能够交给我们来做①。

服务中心作为 H 市第一家养老服务类社会组织，拥有参与居家养老服务供给的意愿和动力。但是 H 市民政局发布招标文件后，服务中心因为项目投资过高以及缺乏长期收益的实现机制并没有参与投标。服务中心 L 主任告诉我们：

招标文件的资金要求对于我们服务中心来说望尘莫及，文件我参与制定了，当时接下来我算了一下最少投资 100 万元，后期还不能有收益，还要给他们缴纳租金，这个条件我接受不了，不要说是我们，就算是对其他人来说，谁都不敢一次性投入那么多资金进来，而且还看不到收益空间。这个项目没有造血功能，项目资金花完了估计就撤那了。"12349"现在都是这种情况，不是我不想接，但是接了要看得到希望才行②。

调查中了解到，H 市此次"PPP 项目"招标遇冷，招标文件对外发布以后没有单位报名参与投标。市民政局针对这种无人投标的尴尬，赴武汉市几个运营较好的中心进行推介和邀请，但是均没有成功。笔者通过阅读 H 市《SQ 社区老年人活动中心建设运营 PPP 项目招标文件》，印证了服务中心 L 主任的担忧。招标文件中指出，该项目的采购内容和需求为"SQ 社区老年活动中心建设"，项目对社会资本要求的招标基准价约 51 万元，对于参与招标单位的综合评审标准以设施建设为主要指标（见表 5-3）。

---

① H 市 LT 社区养老服务中心 L 主任，2017 年 6 月 3 日访谈。
② H 市 LT 社区养老服务中心 L 主任，2017 年 6 月 3 日访谈。

表 5-3　　　　　H 市 "PPP 项目" 招标综合评审标准表

序号	评分因素及权重	分值	评分标准	备注
1	投标报价	30 分	满足招标文件要求且最后报价最低的投标单位的价格为招标基准价，其价格分为满分。其他投标单位的价格分统一按照下列公式计算：招标报价得分 =（招标基准价/最后招标报价）×30%×100。若投标报价超出预算控制价，此项得分则为 0。不得去掉最后报价中的最高报价和最低报价。	(0—30 分)
2	技术文件	65 分	对投标单位项目管理总体目标及项目投融资管理方案（结合本项目的实际情况，对本次采购项目投融资方案的合理性、可行性进行综合优劣势分析）进行综合评比打分：第一档 20—25 分，第二档 15—20 分，第三档 10—15 分	(10—25 分)
			对投标单位投资计划书（包括对项目关键节点工作投资时间计划安排、实施投资保证计划的措施及各种风险的防范措施等）进行综合评比打分：第一档 17—20 分，第二档 15—17 分，第三档 13—15 分	(13—20 分)
			根据投标单位投资资金结构安排（包括投资结构比例、资金筹措成本、对资金到位和使用的保障措施等方面）进行综合评比打分：第一档 12—15 分，第二档 10—12 分，第三档 8—10 分	(8—15 分)
			根据投标单位关于项目建设重点和难点处理及合理化建议、服务承诺等进行综合评比，在 1—5 分范围内打分	(1—5 分)
3	项目合同偏差	5 分	投标单位对投标招标文件合同条款的投标积极性程度，进行综合评比，在 1—5 分范围内打分。	(1—5 分)

注：以上评审内容如有缺项则该项按零分计取。

资料来源：H 市《SQ 社区老年人活动中心建设运营 PPP 项目招标文件》，2016 年 5 月。

评审标准表中对招标单位的项目建设承诺做出了更高权重的要求，而对于服务承诺方面的评分极低（严格来看不到 5 分）。这代表了此次政府招标的最终目的在于引入社会资本完成老年人活动中心的落成，对于服务运营效果并不重视。

分析中标单位的收益空间和服务空间，政府部门承诺建设完成以后中标单位拥有 5 年的特许经营期，但是对于中标单位运营和服务的资源内容以及享有的其他资源内容并没有明确规定。特许经营期内的服务内容设定为"按照国家法定服务内容开展",同时在政府项目资金提供上设定为"政府批准的可用于本项目的政策资金",并且规定特许经营期满后中标单位要将此活动中心无偿移交给政府部门。政府关注设施落成的出发点,经由这些内容更加表露出来。对于服务中心来说,不仅建设资金的要求高于服务中心的能力,而且这个项目将变成第二个没有服务灵魂的"12349"平台建设项目,新项目的重点明显在于物理性设施的建设,这与服务中心希望通过该项目实现"12349"平台居家养老服务落地的构想不符合。对于这种投资大收益小的情况,连服务中心财务处人员都认为:"完全是给老年人免费玩的,就是在做公益,哪个企业承受得起,但是企业去做,政府就不会给了。"①

在招标工作遇冷后,服务中心以自身作为 H 市第一个养老服务类社会组织的身份,向政府部门提出相应让步的要求:首先希望在活动中心的建设上由政府部门提供部分支持,其次将原有"12349"平台规定的服务内容通过活动中心在场地设置、人员配置等方面的支持付诸实践。但是政府部门并未采纳,在招标行动遇冷后,放弃该建设项目原有的"PPP 项目"的定位,最后交由具有公办性质的某街道办和社区联合建设运营。事后,服务中心 L 主任诉苦:"我一直觉得我们是后娘养的孩子,政府政策和资金都尽力扶持些公办的或者社区、街道办自建的。有补贴也不会先给我们,也是先给社区了。"② 没有成功获得新项目,所以服务中心通过申请居家养老服务项目探索"12349"平台服务落地遭到政府部门的拒绝,"12349"平台又失去一次居家养老服务落地的机会。

当前,H 市"12349"平台仍然存在,但是平台的价值无法实现,甚至随着信息技术的更新换代,平台原有的信息系统、呼叫方式、信息资源等已经陈旧,服务中心已经将信息平台搁置,放弃通过信息平台为老年人提供服务。服务中心 L 主任后来告诉笔者,"信息平台的设施都还在,我们尝试为一些社区做服务工作,和老人接触看是否能够

---

① H 市 LT 社区养老服务中心外联部人员 XP,2017 年 6 月 4 日微信交谈。
② H 市 LT 社区养老服务中心 L 主任,2017 年 6 月 3 日访谈。

建立信任感，不过没有政府的帮助现在还比较难，如果熬不住我就撤了"①。可以说，服务中心处于进退两难的境地，H市"12349"平台已经成为信息孤岛，后续是否能够启用该信息平台为老年人提供居家养老服务还不得而知。

第三节 以限制为表现的互动逻辑与服务悬浮

居家养老服务落地的三种探索过程既体现了政府和服务中心限制与被限制的互动过程，又呈现了居家养老服务落地的失败过程，最终形成了居家养老服务信息化建设服务悬浮的状况。居家养老服务落地作为居家养老服务信息化建设实践的最终目的，服务中心有限的探索方式无法通过继续依赖政府的支持和协助实现，政府将服务中心的依赖行动限制在居家养老服务体系之外，致使居家养老服务落地的失败。政府为何限制？在两者互动的过程中已经有所提及，但是还需要进行概括和深入性的探讨，从而揭示这种以限制为表现的互动逻辑以及影响居家养老服务落地的机理。

一 以限制为表现的互动逻辑

限制有不让超过界限或者局限在某个范围内的意涵。通过前文可知，居家养老服务落地的三种探索方式遭遇政府限制和约束。具体来说，在物理性建设完成以后，以政府为代表的政治目标和老年人养老服务需求的社会性目标，以及以服务中心为代表的组织生存和发展目标，在物理性建设中得到短期实现，但是这些目标还需要通过居家养老服务落地进一步维系和实现。由此产生了服务中心通过寻求政府支持和协助继续推进居家养老服务落地的行动，但是均遭到政府部门的限制，从而形成了政府与社会组织在居家养老服务落地实践过程中，以限制为表现的互动形态。政府为什么限制服务中心落地居家养老服务？服务中心为什么会被限制？这实际涉及政府与服务中心的角色、

---

① H市LT社区服务中心L主任，2018年6月28日笔者通过与其电话交谈了解。

政府与服务中心的目标分化以及政府与服务中心能力等问题,下面分而论之。

(一)地位不对等:限制与被限制的先决条件

政府与服务中心在地位上存在天然不对等性,在居家养老服务信息化建设中,政府是整个建设模式和建设目标的引领者和主导者,政府拥有对物理性建设和居家养老服务落地实现方式的最大话语权。而服务中心是政府完成居家养老服务信息化建设的功能性资源,在居家养老服务信息化建设过程中表现为政府对服务中心的工具性利用。

当政府与服务中心出现目标分化时,由于政府具有限制服务中心行动的绝对权威,通过限制的态度和方式维护系统内部居家养老服务的资源安排和分配。纵观居家养老服务信息化建设的整体实践过程,LT公司迎合政府需要,在政府的认可下确定居家养老服务信息化的基本建设模式和建设目标,服务中心作为实现基本建设模式中的一种机制,同时又是政府与LT公司完成建设目标的载体。在物理性建设阶段,服务中心使用嵌入式发展的行动策略迎合政府需要,得到政府的支持和协助顺利完成平台建设。但是政府对服务中心的工具性利用并没有因为建设目标的实现,从而重新赋予服务中心独立的组织权利与义务。也就是说,政府在赋予服务中心合法性身份的同时,并未给予其与LT公司同等的组织身份,更难以谈及与政府相平等的组织主体身份。进入居家养老服务落地实践阶段,政府洞察到LT公司的撤离,这一情况使服务中心拥有对政府有利的功能性资源消失,服务中心为获得维系组织生存和发展的资源,进行居家养老服务落地的探索行动触及政府系统内部的核心资源,尤其是居家养老服务资源。由于政府掌握居家养老服务的所有核心资源和绝对的分配权力,为服务中心提供支持和协助只能通过让渡核心资源得到实现,政府为了维护系统内部的既有利益,从而形成了对核心资源的保留。对社区居家养老服务中心的项目安排中即体现了这种思维,政府不愿意共享和出让相应的核心资源,从而将项目在系统内进行分配。

另外,政府之于服务中心地位的优势,当政府目标和利益在居家养老服务落地阶段与服务中心的目标出现分化时,具有权威性的政府对缺乏主体性的服务中心自然就会限制与约束。随着居家养老服务信息化建设的推进,政府与服务中心逐渐出现目标分化。政府建设居家养老服务信息化的目标体现为政绩目标和社会性目标。政府建设居家养老服务信息化直接的初始动力来源于省级部门的政策指导,以及同级政府践行居家养老服务信息化建设政策的叠加效应,这种动力使LT公司推介的"BD模式"得到政府在"政府节省投资、信号覆盖率高、后续服务可靠、建设可以提速"的认可。这些优势的认定其实也是政府开展居家养老服务信息化建设的意图,即在自身财力有限和能力不足的情况下,为LT公司和服务中心敞开大门,寄希望于通过整合两者的资源和能力快速实现居家养老服务模式创新。随着物理性建设的快速完成,H市政府获得"居家养老服务创新典型城市"的荣誉,实现了政府的政绩目标。而服务中心的目标更多的是寄希望于通过依赖政府和市场来谋求组织的生存和发展,因此为政府实现政绩目标可以获得自身目标的实现。当政府政绩目标与服务中心的发展目标相融合时,双方均以快速实现物理性建设为共同追求的基本目标。

但随着信息平台的全面开通使两者短期目标得到实现后,进入更深入的居家养老服务落地阶段,两者目标出现异化。对于政府来说,信息技术手段的实现不仅可以迎合上级政府的政策倡导,得到上级政府的重视,而且与原有居家养老服务的核心空间分离,不会触及自身原有的核心空间。当政府在可控的范围内一定程度上实现政绩目标后,再加上服务中心探索居家养老服务落地的方式触及了政府的核心空间时,政府最大化政绩目标的追求随着领导的更换和居家养老服务信息化建设热潮的消退,已经成为历史,新的政绩目标与社会性目标一起可以付诸新的方式获得。对于社会组织来说,在物理性建设过程中,其生存和发展的目标得益于通过政府的支持和协助获得政府资源和市场资源,当政府难以在居家养老服务落地阶段继续提供支持和协助时,社会组织为了维持生存,愈加依赖市场提供的资金支持,导致其行动目标逐渐变为市场主体追求利益的目标。而这种利益目标的追求在现实中遭到政府系统内部的反感和排斥,再加上政府具有绝对的选择和安排权力,重新规划新方式实现组织目标,而服务中心不具备与政府平等的博弈能力和优势,因此导致政府首先选择满足自身系统内的利益诉求,而没有满足服务中心的诉求,为其提供更多的参与空间。

(二)政府集体行动困境:限制与被限制的现实依据

政府对服务中心的约束还来源于整体政策供给不足导致的政府集体行动困境。从前文汇总国家层面和省级层面关于居家养老服务信息化建设的政策文件已经显示,虽然居家养老服务信息化相关的政策文件和内容日渐增加,在具体建设内容和方式的政策指导上也越来越明晰,但是相对来说,政策内容对信息技术的物理性建设方面具有更为清晰的实现路径,而对于居家养老服务落地的实现路径没有具体明确的指导方式,后续不仅没有政策进行具体补充和指导,而且政策激励已经逐渐消退。这种情况来源于以下方面:第一,物理性建设具有有形性,可以为政策提供明确的量化考核标准,并且物理性建设的政策投入较为简单,尤其是资金资源投入一般以政府的一次性投入为主。例如"呼叫系统""信息网络和服务平台""一键通""'12349'呼叫号码"等物理性建设内容清晰可见,如何实现、如何验收等无须政策过多指导和投入便可轻松落实。另外,信息技术的发展水平已经成熟地应用于多种领域,而且各地也存在较多可以借鉴的建设模式。这种情况使政策制定和执行不存在难度,并且在前期得到上级政府的政策激励。第二,居家养老服务落地的实现路径牵涉范围较大,不仅关乎对传统居家养老服务体系的梳理和重塑,而且政策涉及范围广,资源投入大。居家养老服务落地作为居家养老服务信息化建设的最终目标,以满足居家老人养老服务需求为本质,也就是说,其本质与传统居家养老服务没有区别,所以它是在传统居家养老服务体系前提下运作,依附于整体的居家养老服务体系。但是我国当前居家养老服务体系的政策供给缺乏针对性及完整性的政策框架,例如国家层面和地方政府层面为推进居家养老服务体系建设,出台了许多关于政府购买居家养老服务的指导性和规范性文件,但是许多政策并没有具体的指导内容和细则,并且很多政策支持分散在多个部门的发文中,缺乏明确的责任主体。因此,依靠原有政策供给完成服务落地需要先将原有政策进行梳理甚至重塑,这一梳理和重塑过程对于某一个部门来说不仅历时性较长，难度较大，而且政策供给和资源供给的成本高，居家养老服务落地难以通过原有政策的指导和资源供给得到落实。

原有居家养老服务体系政策框架存在的问题，已经直接影响到居家养老服务信息化中服务落地的实现，要使居家养老服务落地就需要牵动原有居家养老服务体系的安排，"摊子太大"，使省级政府政策供给成本预算过高，并且前期的居家养老服务信息化实践已经出现大量失败现象，从而使省级部门收缩居家养老服务信息化建设的政策供给。省级政府在居家养老服务信息化的政策支持方向偏重于信息平台建设，这种认识和整体政策安排使居家养老服务信息化建设缺乏整体性政策框架，直接导致居家养老服务信息化以"信息技术＋居家养老服务"为有机组成要素的割裂状态。上级政府缺乏政策安排和资源供给的状况传导至地方政府，导致地方政府政策供给和政策执行出现"定向选择"，形成了地方政府在物理性建设的短期投入和一次性投入，而居家养老服务落地存在"无政策""无资源"状态。从 H 市"12349"平台建设项目的政策框架来看，作为政策安排以及执行的主体，不仅依循上级部门的指导方向，而且更为微观地考量自身利益的平衡机制。

H 市政府的行动取向和行动方式表明，政府自上而下存在的政策供给不足，使政府职能部门在居家养老服务落地的政策执行上陷入集体行动困境。H 市政府追求以物理性建设为基本目标的同时，以政府资源投入最小化为现实利益，因此将政策供给需要的资金资源和人力资源交由民政系统自行努力和内部调整。民政部门让渡资源完成物理性建设后，继续实施居家养老服务落地意味着更多资源的投入，在没有上级政府相应政策支持甚至政策收缩的情况下，不仅难以依靠自身重塑居家养老服务体系，而且难以继续要求下级职能部门让渡资源实现。因此，政策供给不足形成的政府集体行动困境，实际上意味着在政府自身资源有限的情况下，政策供给完成一定目标并超过一定能力范围后，政府只能按照某些约定条件或者制造某些特定限制服务中心继续依赖政府获得支持和协助。

（三）依赖惯性：限制与被限制的助推器

服务中心的依赖惯性成为政府约束服务中心的助推器。从目前我国整体居家养老服务体系发展情况看，其发展滞后、社会化程度低，当社会组织进入居家养老服务的开始阶段，政府必然也应该提供较多的政策支持，但是这种传统的思维却容易使社会组织产生依赖惯性，使社会组织参与居家养老服务的发展理念发生偏离，导致社会组织继续依靠政府支持，而忽视自我内部的优化。这种情况与本案例中政府与服务中心的情况十分一致，从时间上来看，服务中心依赖政府的思维开始于它的成立路径，依赖行动在居家养老服务信息化物理性建设阶段得以实现，并且延续到居家养老服务落地阶段形成依赖惯性。服务中心进入H市居家养老服务信息化建设项目得益于政府与LT公司"合谋"，催生了政府与服务中心的互动，作为项目完成的载体，政府直接赋予了服务中心合法性身份。进入物理性建设阶段，政府给予了较多的政策支持，服务中心采取嵌入式发展策略完成信息平台建设，其中也有赖于政府采取行政推动对服务中心进行支持和协助。服务中心这种生长和发展路径决定了，第一，推进"12349"平台通过居家养老服务落地变现价值，关乎其存在的价值和发展空间的拓展；第二，继续依赖政府支持才能顺利完成居家养老服务落地。

但是，服务中心对居家养老服务信息化的物理性建设过程为何得以依赖的认识不清。在物理性建设得以依赖，其实质来源于当时政府拥有居家养老服务信息化建设的强大意愿，尤其表现为追求快速完成物理性建设的倾向，但由于政府能力不足和资源有限，因此政府在前期对能够满足物理性建设的服务中心实际具有较强的功能性依赖，其目的在于通过政策推动服务中心发展来减轻政府负担，缓解政府压力，实现建设目标。正如有学者指出，从政府对社会组织的需求强度来说，社会组织控制的资源越多，提供公共服务的能力越强，就越容易造成政府对社会组织的依赖，而政府对社会组织的依赖程度越高，就越容易促进二者的合作伙伴关系。① 因此，在物理性建设阶段，服务中心具有企业背景，被政府视为具有较强资源优势的组织，从而为了实现目标而采取行政手段支持和协助服务中心快速完成信息平台搭建，但是

---

① 田凯：《发展与控制之间：中国政府部门管理社会组织的策略变革》，《河北学刊》2016年第2期。

服务中心对此并没有清楚的认识；相反，政府给予的支持路径还形成了服务中心对政府的依赖惯性。服务中心继续将自己的行动付诸依赖政府支持，使得自己偏离了为老年人提供居家养老服务的本质价值，连所提供或想提供的服务内容都不属于真正意义上的养老服务，只是专注于如何获得更多的政府资源，不主动面向老年人的养老服务需求进行组织内部调整与管理的优化。

因此，随着物理性建设目标的完成，服务中心在资源拥有、控制资源数量、提供养老服务的能力上逐渐减弱，失去了政府认可的功能性资源。这些资源的减弱使服务中心被动地失去发展动力，导致更需要依赖政府支持和协助才能继续铺展居家养老服务落地。然而在政府自身资源有限的情况下，本身寄希望于服务中心发挥作用实现居家养老服务信息化建设，服务中心依赖惯性使政府在有限的资源空间内难以满足，政府只能通过约束和限制服务中心的行动，从而避免服务中心继续依赖自己。因此，服务中心延续甚至增强了对政府的依赖，成为政府约束服务中心行动的助推器。

我们把"地位不对等""政府集体行动困境"以及社会组织"依赖惯性"，解释为政府与社会组织在居家养老服务落地阶段以限制为表现的互动逻辑。通过上述可以发现，这三种逻辑是相互交织的：政府能够约束服务中心首先取决于自己拥有地位优势，同时在政府处于集体行动困境的现实情况下，政府不得不通过自己的权威性地位约束服务中心的依赖思想和依赖惯性。可以看出，政府与社会组织在居家养老服务落地实践过程的互动，与物理性建设实践过程中的互动，所面临的现实情境和条件不同。在居家养老服务落地实践过程中，政府与社会组织形成以限制为表现的互动，其状态更多地表现为一种控制。但是这种控制与学者提出的"控制"有所不同，它不是避免社会组织力量超越政府权威性控制范围，从而政府为了防止社会组织挑战政府权威而形成的控制，或者是政府避免出现独立于政府的社会组织而出现的控制[1]，这种控制更多地表现为政府在自身资源有限的情况下，社

---

[1] 康晓光、韩恒：《分类控制：当前中国大陆国家与社会关系研究》，《开放时代》2008年第2期。

会组织超越一定范围后，政府基于对自我利益的考量，只能按照某些约定条件或者制造某些特定条件限制社会组织的行动。

因此，宏观制度环境形塑了政府作为居家养老服务信息化主导者的整体建设偏好，引领服务中心以物理性建设为实践偏好，使居家养老服务落地实践过程缺乏清晰的目标和相应的资源投入。对服务中心具体而言，其作为一种组织形式，从生成开始就有自己的运行逻辑，即在维持生存的基础上不断寻找发展空间。在政府垄断核心资源和服务提供的居家养老服务领域，社会组织无法自给自足，必须与政府交换和共享彼此的资源以维持自身的生存和发展。但是尴尬的是，服务中心在居家养老服务落地中出现了资源缩减问题，不仅难以维系原有被政府部门认可的功能性资源，而且在居家养老服务落地实践过程中难以获取其他资源。这一点决定了它只能更加依赖政府资源完成组织目标，但是服务中心不从老年人的养老服务需求出发，寻找政府以外的居家养老服务落地资源的方式，反而过度依赖政府而忽略了自主发展动力，并且这种过度依赖实际扩大了与政府的地位不平等性。服务中心面对政府无力支持的现状以及对核心空间的维护，在居家养老服务落地探索中只能将自己深深置于被政府约束的境遇。

二 服务悬浮状态的最终形成

居家养老服务落地的失败就是服务悬浮最直接的表现。居家养老服务信息化是"信息技术+居家养老服务"两个关键要素的有机结合，但是从前文总结的现实情况看，政府为了追求政绩目标，借鉴和复制他地建设模式的方式已然缺少对本土居家养老服务发展情况的现实梳理。政府与社会组织的实践过程一直没有涉及服务对象，忽略了老年人的主体性。复制他地建设模式的内容中，物理性建设具有更清晰的实现路径，其"话费补贴""入网""手机发放"等机制较容易通过简单的行动得以实现。居家养老服务落地需要更多先决条件，例如市场资源是否能够发挥服务功能、老年人是否具备有效需求、政府购买服务和志愿者资源是否存在等，这些是居家养老服务落地的实现机制，也是居家养老服务落地的条件，需要更为复杂的行动才能使这些机制运转起来。在居家养老服务落地实践过程中，从政府与服务中心的互动情况来看，两者并没有围绕这些居家养老服务落地的机制开展行动和互动，而是由于上述三种互动逻辑形成了以约束为表现的互动形态，使居家养老服务落地难以实现。这种情况不仅难以弥补物理性建设缺失居家养老服务落地安排的事实，而且信息平台搭建完成后，预期可以整合的服务资源、可以提供的服务内容已经暂时不能实现。因此，居家养老服务落地失败最终使居家养老服务信息化建设沦为一种服务悬浮的状态（如图 5-1）。

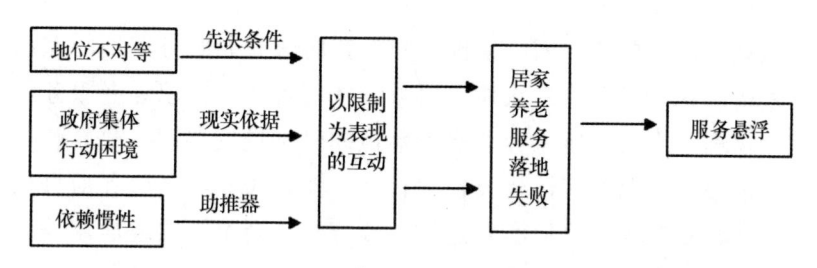

图 5-1 以限制为表现的互动与居家养老服务落地的失败

服务悬浮就是指在居家养老服务信息化建设中，信息技术形式已经实现，但是居家养老服务难以通过信息技术的应用传输给老年人的情况，简单表述为有"信息技术"而无"居家养老服务"的状况。纵观 H 市居家养老服务信息化建设实践过程可以发现，整体过程一直存在一种针对其本质的缺失，即没有针对如何落地居家养老服务，从而为老年人提供养老服务给予正面回应，政府与服务中心将行动过度付诸物理性建设的实践过程中。进入真正可以弥补服务悬浮问题的居家养老服务落地阶段，可以看出，政府仍然拥有部分可以实现居家养老服务落地的资源，例如三种探索方式中的社区居家养老服务中心，社会组织前期整合的市场服务资源仍然存在，虽然这种实现机制包含的服务落地资源极为有限，但是在实践过程中，并没有看到两者对此采取的行动。再加上受到宏观政策环境变化的影响，政策供给和政策激励已经表现为收缩状态，政府职能部门未能得到对应的资源输送，选择将其有限的资源保留在系统内部，社会组织试图通过依赖政府获得进一步的生存和发展空间，同时追寻着并非为居家养老服务落地而来的市场经济资源。在居家养老服务信息化建设的关键节点上，宏观政策环境变化，两者利益和目标的分化，居家养老服务落地已经缺失了实现的有利条件。居家养老服务落地难以推进和实现，理论上通过信息技术可以整合的各种服务资源仍然处于一种服务悬浮状态。

第四节 小结

本章将政府与社会组织以限制为表现的互动作为解读居家养老服务信息化建设失败的一面，呈现了两者在居家养老服务落地的互动最终导致居家养老服务信息化建设服务悬浮的现状。居家养老服务信息化应是物理性建设与居家养老服务落地同时推进的过程，政府和社会组织将铺展和实现物理性建设作为首选，随着居家养老服务信息化的推进到居家养老服务落地实践过程，政府与社会组织围绕居家养老服务落地的互动存在问题，两者互动没有围绕居家养老服务落地形成共同的目标，同时相互资源的有限性，使社会组织依赖缺乏资源平衡机制的政府一方提供支持资源，呈现了政府对社会组织居家养老服务落地三种探索和尝试的限制和阻拒，形塑了一种以政府为限制主体，服务中心为被限制主体的互动过程，导致居家养老服务落地失败，以及H市居家养老服务信息化建设项目最终面临服务悬浮。

从本章的陈述来看，宏观政策环境与组织自身的条件在居家养老服务落地阶段的变化，使政府与社会组织难以延续物理性建设实践阶段中以合作为基础的互动形态。宏观政策环境表现出从大力倡导到政策收缩的现状，但是社会组织依然延续物理性建设中的依赖思维，当组织亟须通过居家养老服务落地维系生存和发展时，加上组织面临资源危机，因此将目光聚焦于政府的支持和协助，增大了对政府的依赖强度，而非面向真正的服务对象，探索新的实现机制，并且其居家养老服务落地探索触及了政府核心空间和核心资源。政府通过物理性建设实现政治性目标后，社会性目标的实现可以付诸其他的形式，再加上宏观政策激励式微，在政策供给不足导致集体行动陷入资源困境的情况下，已经难以通过资源的提供和让渡继续让社会组织依赖，在具备居家养老服务供给的先天权威地位的情况下，选择将社会组织限制在特定的范围内，对社会组织的诉求没有给予支持性回应。

居家养老服务落地在居家养老服务信息化中所具有的重要意义，使其内涵和外延不同于物理性建设，政府与社会组织在其中的行动选择更为受制于宏观环境和组织条件，相对于物理性建设，两者维持良性互动涉及对原有居家养老服务体系的触动和重塑。因此，对于政府与社会组织来说，利益分歧、目标分化、资源难以投入，使居家养老服务落地难以保持物理性建设中"利益——目标——资源"的实现机理，依靠政府与社会组织继续通过这种方式来完成整体居家养老服务信息化建设，目前来说举步维艰。当然也要看到，政府与社会组织作为居家养老服务信息化实践场域的行动者，两者的互动从以合作为基础的互动转变为以限制为表现的互动，来源于宏观政策环境和组织所具备的条件，当宏观政策环境甚至其他的宏观环境以及组织条件继续发生变化，又将形塑不同的互动过程和互动形态，从而为居家养老服务信息化建设带来其他的可能性，这种继续转变的可能性包含了居家养老服务信息化建设实践可以整体实现的可能性。

第六章

居家养老服务信息化建设
实践的优化路径

信息技术手段的日新月异，为居家养老服务增加了更多完善和发展的空间及方向，将不同的信息技术手段与居家养老服务进行有机结合，以信息技术的应用带动居家养老服务体系升级和优化，增加满足老年人居家养老服务需求的服务资源来源，为老年人提供更高效、优质的居家养老服务，最终提升老年人的生活质量。居家养老服务信息化建设实践已经成为城市居家养老服务体系进一步发展的新机遇，以政府作为主导者，引领社会组织共同实践，两者形成的互动过程、互动方式和互动结构等都是对居家养老服务信息化建设的历史和现实的一种书写。那么如何指导政府与社会组织在居家养老服务信息化建设的实践，促进居家养老服务信息化建设实践的顺利铺展和实现。本章试图结合前文政府与社会组织在居家养老服务信息化建设实践过程中忽视的问题，提出以下三个主要的优化路径：首先，需要对信息技术与居家养老服务的关系进行整体性认知；其次，坚持以服务老年人为核心理念；最后，构建政府与社会组织以合作为基础的互动条件。

第一节 信息技术与居家养老服务有机
结合的整体性认知

前述 H 市政府与社会组织围绕居家养老服务信息化建设实践的互动过程中，两者对居家养老服务信息化建设没有整体性认知，形成了将"信息技术"与"居家养老服务"分离实践的过程。居家养老服

第六章　居家养老服务信息化建设实践的优化路径

信息化是信息技术与居家养老服务的有机结合，在实践过程中需要考量三个问题："为何在居家养老服务中选择使用信息技术"，"如何具体形塑信息技术"，"信息技术与居家养老服务如何相互影响"。因为居家养老服务信息化建设的实践过程在一定程度上也是信息技术和居家养老服务相互伴生和演化的过程，涉及信息技术与居家养老服务的关系问题，需要政府与社会组织对此有整体性的认知，用以规划和指导居家养老服务信息化建设的实践。

那么如何解析上述三个需要考量的问题，技术社会学为我们提供了一种可行的分析视角，可以指导我们对信息技术与居家养老服务关系进行整体性的重新认识。在技术社会学领域，对技术与社会结构之间的关系研究由来已久，20世纪70年代以来产生了技术决定论和技术的社会形成论（亦称"技术的社会建构论"）。技术决定论将技术视为社会发展的决定性因素，以技术系统的自成一体、自我发展、不受外部因素制约为核心思想，认为技术是社会变迁的动力，技术支配着社会的状况①。基于对技术决定论的批判，学者提出了技术的社会形成论，这种理论认为，技术与社会之间是相互结合、相互形成的，即技术不外在于社会，而是社会无法分离的一部分②。社会对技术来说不是外部的，技术的内容渗透着社会的因素，不对形成技术的不同因素和行动者世界进行描述，就不能很好地解释技术本身③。这两种研究理论实际上是"技术对社会的影响"和"社会对技术的影响"两种不同的研究视角，前者关注技术"能做什么""如何去做""社会后果"等；后者关注对技术进行社会建构研究，考察社会、体制、经济、文化等因素对技术形成作用的方式和发展的轨迹和状况④。信息技术与居家养

---

① G. Rophol, "Critique of Technological Determinism", Paul T. Drubin and Friderich Rapp (eds.), *Philosophy and Technology*, Dordrent: Reidel Publishing, 1983, pp. 83-96.

② Donald Mackenzie, Judy Wajcman, *The Social Shaping of Technology*, Milton Keynes and Philadelphia: Open University Press, 1985, p. 8.

③ Mechel Callon, "The Sociology of an Actor-Network: The Case of The Electric Vehicle", In Mechel Callon, John Law and Arie Rip, *Mapping The Dynamics of Science and Technology*, London: The Macmilian Press LTD., 1986, p. 23.

④ 王汉林：《"技术的社会形成论"与"技术决定论"之比较》，《自然辩证法研究》2010年第6期。

老服务的关系，实则在技术（信息技术）与社会因素（居家养老服务相关因素）的关系研究范畴内。

技术的社会形成论有助于我们形成居家养老服务信息化建设的整体性认识，因为信息技术的形成及变化受到居家养老服务相关因素的影响，同时信息技术的使用可以反作用于居家养老服务的完善和发展，两者之间的关系不是一次性建构而成，而是一个有阶段、长期的相互作用过程。具体而言，真正意义上成功的居家养老服务信息化是"信息技术"与"居家养老服务"的有机结合，既包含了信息技术面对老年人居家养老服务需求因需而生、因需而变的形成与演化过程，又包含了居家养老服务通过信息技术支撑得以完善和发展的过程。两者有机结合、相互作用才能推进居家养老服务信息化建设，两者的持续发展可以实现更高层次的"信息化居家养老服务"。

一　信息技术的形成与演化：因需而生、因需而变

首先需要认知：为何在居家养老服务中选择使用信息技术？因为纵观各行各业使用信息技术的初衷可以发现，信息技术作为一种手段，行业"痛点"[①] 使其"有机可乘"。例如，电子政府要解决信息沟通不畅、行政效率低、监督难等问题；社会保险"金保工程"要解决业务效率低、纸质档案保管难、信息共享不足等问题；打车软件的出现要解决车难叫、车拒载、实时打车等问题。居家养老服务也存在许多"痛点"，主要包括如下：需求得不到满足和服务得不到利用并存[②]；服务质量、专业化服务成为居家养老服务发展瓶颈[③]；服务信息整合与传递、社会协同建设困难[④]；管理层面缺乏规范性、法制性和统筹

---

① 在营销学中，痛点"pain point"是指机构、个人想解决而无法解决的问题，多数时候是指尚未被满足而又广泛渴望的需求，痛点来源于需求，并与需求相辅相成。
② 王莉莉：《基于"服务链"理论的居家养老服务需求、供给与利用研究》，《人口学刊》2013年第2期。
③ 廖楚晖等：《中国一线城市社区居家养老服务质量评价》，《中南财经政法大学学报》2014年第2期。
④ 杨继瑞、薛晓：《社区居家养老的社会协同机制探讨》，《经济理论与经济管理》2015年第6期。

性①；等等。对"痛点"的把握就是要明确居家养老服务需要信息技术解决居家养老服务具体的什么问题，信息技术是否是最佳的解决方法，如果是，那么痛点的内容以及解决痛点的流程，至少将成为信息技术中服务信息系统的重要组成要素。信息技术是因居家养老服务体系完善和发展的需要而生，从而获得参与居家养老服务建设和发展的真正资格，这一点是居家养老服务优化升级选择信息技术作为手段的前提。信息技术的这种能够解决居家养老服务"痛点"的作用已经得到政府和学界的一致肯定，在现实中也已经得到了验证，那么在城市进行居家养老服务信息化建设实践的过程中，就需要梳理和明确使用信息技术要解决自身居家养老服务体系的哪些具体的"痛点"。因为不同的城市出现的居家养老服务"痛点"是不同的，需要结合本土的现实情况进行总结和梳理。

在总结和梳理本土居家养老服务体系"痛点"的过程中，其实已经涉及了如何具体形塑信息技术的问题。在实践过程中，信息技术的形塑受到地区的社会、政治体制、经济、文化等现实因素的建构。不同城市居家养老服务的信息技术是具有相对定制性的，针对老年人服务需求、政府工作需要、运营组织需求等定制才能便于应用。同时，信息技术发展瞬息万变，技术的发展来源于特定的社会环境，社会不同群体利益、文化选择、价值取向和权力格局等都决定着技术的轨迹和状况②。其中，面向老年人养服务需求尤为重要。信息技术形式及其包含的信息系统的相关概念从产生到演化，开发者需要依据区域内老年人的信息技术应用能力，以及不同时期的居家养老服务需求进行建构和调适，以回应养老服务需求及其变化。因此，信息技术的"出生"其实除了带有本身的物理性结构外，社会环境也赋予了它相应的社会性结构。养老服务需求具有多样性、异质性、动态性，使用者顺利应用信息技术的前提是信息技术与居家养老服务之间无论从服务内容、服务流程、服务质量监管等都需要清晰匹配。这种匹配必须

---

① 梁誉：《我国养老服务的现状、理念与发展路径》，《老龄科学研究》2014 年第 5 期。
② 王建设：《技术决定论与社会建构论：对立抑或分立？》，《河南师范大学学报》（哲学社会科学版）2007 年第 2 期。

对老年人的服务需求做出前瞻性的回应，因为服务怎么提供，提供什么样的服务应取决于老年人的意愿和要求，而非政府或者社会组织的单方意志。信息技术应该面对老年人养老服务需求变化作出及时回应，而非盲目采用信息技术，因为它不能直接促进居家养老服务的优化升级。

在H市呈现政府与社会组织通过策略式互动铺展的物理性建设，政府一方的建设可行性分析过度关注于复制他地建设模式可以带来的好处，而与自身社会、经济、文化、老年人适用性等方面是否耦合的分析在笔者的调研和搜集的整体资料中未有提及，因此对于老年人来说，出现了将"12349"居家养老服务平台等同于"优惠话费"和"免费手机"的尴尬认识。同时，社会组织一方作为非本土化组织，按照原有模式可以为社会组织和政府快速取得社会效益和政治效应，从而维护组织合法性，但是具体的信息技术形式是否适用于老年人并不是其前期优先考虑的问题。这种原初的认识已经为信息技术与居家养老服务的割裂埋下了隐患。不仅在H市，国内某些虚有其表、不得其质的服务信息平台搭建完成，实际表露出似乎完成平台搭建、为老年人配备通信设备以后就可以实现居家养老服务的升级，俨然技术决定论的表征。在没有充分了解老年人养老服务需求，甚至是整个居家养老服务体系的现实需求，就如火如荼推进项目开展，实际上最终实现的是完成项目的效率，而非切实解决居家养老服务的"痛点"，从而切实提升信息技术应用于居家养老服务的有效性。因此，政府与社会组织对居家养老服务信息化建设进行整体性认知，才能形成清晰的互动目标，避免居家养老服务信息化脱离实际情况、脱离服务对象而流于表面的后果。

二 居家养老服务的发展和完善：信息技术手段成为有利的指导框架

居家养老服务信息化中以"居家养老服务"为本质的重要性毋庸置疑，也要看到信息技术的作用，信息技术与居家养老服务相互影响。信息技术是居家养老服务发展和完善的效率工具，信息技术包含了许多系统逻辑结构，系统逻辑结构能够保证服务生产者和供给者在为老年人提供服务的过程中，规划和梳理居家养老服务业务流程，其规范性强于服务生产和供给主体在现实中开展的服务业务流程。这种规范的服务业务流程可以直接作用于服务生产者和供给者的服务效率和服务质量，是整体居家养老服务生产和供给的指导框架。因此，信息技术本身具备的规范性系统逻辑结构为服务生产者和提供者提供了一个调整服务业务流程的建议框架，在满足老年人服务需求的过程中拥有清晰和规范的运作逻辑。

任何一种居家养老服务信息化建设模式都是具有条件的，无论是复制他地的建设模式，还是自行探索新的建设模式，作为主导者的政府都应当考虑信息技术与本土居家养老服务体系现有政策、组织、服务资源等之间的适用性问题，因为本土居家养老服务的实践情况实质上就是信息技术应用的关键条件和环境。如果类似于H市通过借鉴和照搬他地建设模式，不认真分析信息技术的逻辑结构与本土情况的适用性，往往会出现水土不服。当然，从当前的现实情况来看，大多数城市往往由于本身居家养老服务体系存在很多痛点，希望通过采用信息技术解决这些痛点，这就需要政府具备重塑本土居家养老服务的勇气，按照信息技术的系统逻辑要求重新规划原有居家养老服务体系，或者按照自身情况重塑信息技术。相对来说，原有居家养老服务供给流程较为清晰的内容实际上更容易得到信息技术的优化升级，因此需要梳理本土居家养老服务体系中已经较为完善的服务业务流程，这类服务业务流程可以率先融入信息系统中，通过信息系统的规范性可以直接得到优化升级。而对于开展不佳或者未开展的服务内容，不仅可以在能力范围内按照信息技术的逻辑系统重塑，而且为未开展的服务内容留下接口，以便日后付诸实施。

整体来看，居家养老服务信息化包含了信息技术的物理形态、居家养老服务现实因素与应用形态的有机结合，在实践过程中，居家养老服务现实因素是基础、信息技术是支撑、实际应用是目的。并且信息技术与居家养老服务都具有动态性，需要根据居家养老服务体系的整体性需求，尤其是老年人的养老服务需求进行同步性的动态调整。

任何主体主导或者参与居家养老服务信息化建设都应该对此有清晰的认知和整体性的把握，才能使信息技术与居家养老服务相互融合，以保障城市居家养老服务信息化建设的顺利开展和运行。

第二节　坚持以服务老年人为本的核心理念

有学者指出，居家养老服务信息化的出现，基于甄别和满足老年人服务需求，识别和化解老年人风险，满足老年人养老服务需求的现实目标而出现①。居家养老服务信息化生成和不断调整的过程，很大程度上取决于老年人的养老服务需求及其变化。从前文论述中可以发现，在 H 市服务中心扩展养老服务内容的探索过程中与政府部门认识不一致的来源，最大原因还是对当前老年人养老服务需求的认识不足，两者均从自身利益进行考虑，而未能从服务老年人的理念出发。老年人的养老服务需求是多层次、多元化、个性化等复杂组合，并且随着时间推移而产生变化，居家养老服务信息化的服务供给是否能够与老年人养老服务需求匹配，是否能够有效服务于老年人，是影响居家养老服务信息化发展和功能实现的关键性问题，以及源头性问题。

一　老年人需要什么？

以服务老年人为本要了解老年人"需要什么"，也就是说，居家养老服务信息化要以满足老年人的养老服务需求为基础。学界对原有的居家养老服务针对老年人的需求进行了大量研究和归纳。有学者将老年人的居家养老服务需求概括为如下三类：一是医疗卫生需求，如康复、理疗、护理等；二是生活照料需求，如家庭卫生打扫、洗衣买菜等服务；三是精神文化需求，如文化娱乐、情感和心理慰藉、心灵沟通等②。而从各地基于老年人服务需求提供服务供给的实践来看，

---

①　席恒等：《智慧养老：以信息化技术创新养老服务》，《老龄科学研究》2014 年第 7 期。

②　陈友华：《居家养老及其相关的几个问题》，《人口学刊》2012 年第 4 期。

上海市以"助餐、助洁、助急、助浴、助行、助医"的"六助"为重点服务内容，南京以生活保障服务、医疗卫生服务、法律援助服务、精神陪护服务、安全保障服务、特殊求助服务等为居家养老服务内容。也有学者对各地实践进行了总结指出，实践中所涉及的居家养老服务主要包括家政服务、代办事项服务、医疗护理服务、教育培训服务、休闲娱乐服务、心理疏导服务等，其中以基本生活照料为主，精神慰藉和休闲娱乐等服务内容有待拓展[①]。根据《社会养老服务体系建设规划（2011—2015）》，居家养老服务涵盖生活照料、家政服务、康复护理、医疗保健、精神慰藉、法律服务等。这些都是比较宏观的归纳，因此有学者通过实际调查，也为我们提供了更为细致具体的养老服务需求图景。2010 年中国老龄科学研究中心开展的"中国城市老年人口状况追踪调查"，更为细致地呈现了老年人社区居家养老服务的 11 项需求状况，包括上门看病、陪同看病、上门护理、康复治疗、聊天解闷、老年人服务热线、法律援助、帮助日常购物、上门做家务、老年饭桌或送饭、日托站或托老所等。其中后 3 项缺失值较多，因此有学者经过数据分析呈现了前八项具体的需求频率[②]（见表 6-1）。

表 6-1　　　　　　　　各项居家养老服务需求情况表

服务需求	上门看病	陪同看病	上门护理	康复治疗
需求频率（%）	30.92	17.51	22.67	24.11
服务需求	聊天解闷	服务热线	法律援助	日常购物
需求频率（%）	17.86	25.44	26.75	14.76

数据来源：王琼：《城市社区居家养老服务需求及其影响因素——基于全国性的城市老年人口调查数据》，《人口研究》2016 年第 1 期。

[①] 张孝廷、张旭升：《居家养老服务的结构困境及破解之道》，《浙江社会科学》2012 年第 8 期。

[②] 王琼：《城市社区居家养老服务需求及其影响因素——基于全国性的城市老年人口调查数据》，《人口研究》2016 年第 1 期。

可以说,居家养老服务需求的研究不胜枚举。总体来看,老年人的生活照料、医疗康复和护理、法律援助、精神慰藉等是较为集中的需求。但是正如学者所说,老年人的所有需求都应成为居家养老服务的内容①。在居家养老服务信息化中,现有的研究不但在原有的基础上给予了认同,而且增加和丰富了老年人的养老服务需求。李晓文通过对宁波市老年人进行问卷调查,统计出了老年人的 5 大类共 26 项养老服务需求(见表 6-2)。

表 6-2　　居家养老服务信息化条件下的服务需求情况表

需求类别	需求项目	需求强度	需要(%)	一般(%)	不需要(%)
生活照料类	便民维修	★★★★★	57.1	11.2	31.7
	家政服务	★★★	30.3	12.6	57.1
	老年食堂服务	★★	23.0	8.8	68.2
	个人卫生照料	★	12.7	11.2	76.1
	物品代购/事务代办	★	17.6	18.5	63.9
	日托中心服务	★	14.6	4.9	80.5
医疗保健类	建立医疗健康档案	★★★★	44.4	12.2	40.4
	生活保健咨询/讲座	★★	26.8	19.1	54.1
	看病陪护	★★★	31.3	18.5	50.2
	上门医疗	★★★	36.6	7.8	55.6
	康复护理服务	★★	25.9	15.1	59.0
	健身培训/活动	★★★	32.7	19.0	48.3
学习娱乐类	老年大学学习培训	★★★	38.5	12.2	49.3
	专题讲座活动	★★	27.8	15.1	57.1
	远程教育	★	12.2	14.6	63.2
	公益活动	★★★	38.1	21.0	40.9
人文关怀类	陪聊服务	★★★	34.1	21.9	44.0
	心理咨询	★★	21.9	21.0	57.1
	老人交友	★★★★	43.4	21.4	32.2

---

① 陈友华:《居家养老及其相关的几个问题》,《人口学刊》2012 年第 4 期。

续表

需求类别	需求项目	需求强度	需要（%）	一般（%）	不需要（%）
人文关怀类	节日关怀	★★★	34.2	19.5	46.3
	法律咨询/援助服务	★★	20.0	16.1	63.9
应急救助类	突发事件一键呼救	★★★★	49.3	15.6	35.1
	健康信息告知子女	★★★★	42.5	11.7	45.8
	异常状况职能监控	★★★	30.3	19.5	50.2
	远程心跳监控	★★★	31.2	13.7	55.1
	血液跟踪测量	★★★★	44.4	16.6	39.0

资料来源：李晓文：《需求视角下智慧养老服务体系构建策略探究》，《宁波经济》（三江论坛）2015 年第 8 期。

另外还有学者通过梳理中外 65 篇关于老年人服务需求的文献，汇总了如下老年人需求统计表（见表 6-3）。

表 6-3　　　　　　　　　老年人需求统计表

	该层次累计频数	出现频率较高的关键词	归纳出的需求
生理	54	长寿、物质生活、饮食、保健品、交通便利、老年公寓、老年社区、老有所养老年失能或残障、护理服务、长期护理、日常生活照料、陪护中心、丧偶独居、减轻儿女负担、异地养老、应急响应等	衣、食、住、行、受护理
安全	47	身心健康、看病、治疗、医疗条件、医疗保健产品、医学保健知识、医药费、医疗保障、可支配收入、经济保障能力、贫困风险、保健品消费质量、法律权益服务、子女虐待父母、养老机构、安全防护设施、政府救助、集体救助、社会保障、福利政策等	生命安全、养老安全、社会安全
情感	40	家庭温暖、爱情、温情、心理情感危机、孤独感、精神慰藉、精神赡养、心理健康、社会活动、宗教信仰、老年俱乐部、养老休闲、上网聊天、老年电视节目、社区文化、老年玩具、老年人旅游团、娱乐活动、精神消费等	亲情、友情、爱情、团体、信仰
受尊重	7	爱面子、自尊心、他人态度、体型、服饰、知识、修养、家庭地位、健康自评、"健康老人"评选、社会歧视老年人、尊老敬老等	自我肯定、家庭/团体/社会地位
自我实现	18	完善自我、找工作、取得成就、老年大学、特长、与时俱进、知识竞赛、老年人事业、社会贡献、发挥余热、再就业等	掌握新知、创造价值

资料来源：左美云等：《老年人信息需求模型的构建与应用》，《管理评论》2009 年第 10 期。

从表中可以看出，学者从马斯洛的经典需求理论对老年人生理需求、安全需求、情感需求、受尊重需求、自我实现需求进行了汇总，就汇总情况而言，生理需求的类别和内容是最多的，依次递减到自我实现需求，也就是说，当前生理、安全等需求还仍是基础性需求，而自我实现等需求已经逐渐发展起来，成为更高层次的服务需求。通过学界的研究，对比原有的养老服务需求可以发现，在信息技术融入居家养老服务的过程中，不仅以原有居家养老服务需求为基础，而且居家养老服务需求已经大大增多，从以前的生理、安全等基本需求已经向精神、自我实现等更高层次的需求发展。信息技术手段的运用可以细分和识别老年人不同层次的养老服务需求，这些需求都可以通过信息技术的各类形式得以梳理和流程化，并成为信息系统的基本要素。

以上是学者们针对某个城市或者针对整体性的养老服务需求统计结果，对于不同城市老年人的养老服务需求还需要通过实际调查走访的形式，进而搜集和汇总老年人的具体居家养老服务需求[①]、服务消费能力、服务消费习惯等信息，经由信息技术的数据分析功能，有效识别不同老年群体的基础性需求以及高层次需求。有学者曾从老年人的养老服务需求的强度提供了可以识别的路径，他认为根据需求强度的大小，可以分为"可舍弃""强弹性""弱弹性"和"无弹性"四种，弹性越弱说明对应的服务需求强度越大[②]。也就是说，老年人无弹性或者弱弹性的服务需求更加需要通过外部资源的供给进行满足，这些服务需求正是居家养老服务信息化可以优先满足的养老服务的有效需求，而其他需求强度较弱的服务需求也不容丢弃，可以置于服务信息系统中为后续留下服务接口，一旦老年人的养老服务需求发生变化，就能够实现需求与信息系统的对接和调整。

相对来说，由于老年人群体面临身体老化、能力减退、身体机能下降等带来的普遍威胁，因此在衣食住行等方面属于基本需求，这种需求会随着身体能力的不断下降而逐渐成为无弹性的需求，因此不仅

[①] 这种服务需求不能是抽象而宏观的大类，而是细分性的养老服务需求。
[②] 郭竞成：《农村居家养老服务的需求强度与需求弹性——基于浙江农村老年人问卷调查的研究》，《社会保障研究》2012年第1期。

需要甄别出这类老年群体，而且需要识别他们的具体需求。另外，随着生活水平提高，老年人在物质生活上的生理需求、安全需求已经逐渐弱化，精神生活逐渐成为老年人服务需求的重要组成部分，对提升老年人生活质量占比较高，服务的提供成本较低，但服务效用性价比较高。因此在居家养老服务信息化以服务老年人为本上，对于老年人精神生活的满足收效最快，可以从这一点多作文章，获得老年人的认可。

二　尊重老年人的主体性地位

以服务老年人为本要尊重老年人的主体性地位。一直以来，我国公共服务的供给往往存在供给与需求失衡的状况，即供给内容和供给资源与老年人的养老服务需求不匹配，从而导致服务利用率不高。这一点不仅由于对老年人养老服务需求认识不足，同时来源于没有正视老年人的主体性地位。老年人常常被定位为"弱势群体"和"需求方"，忽略了老年人对自我养老服务生活的能动性和主动性，事实上，老年人能够通过自我努力来寻求养老资源，甚至对社会作出一定的支持和贡献。翟振武等通过分析我国人口老龄化的趋势和特点后认为，老年人教育水平持续提升，为老年人获取新兴事物、掌握现代技术提供可能，使老年人接受新事物和运用信息技术的能力增强，可以预见，新一代的老年人能够更加充分地接纳新兴事物，更加积极地运用现代技术，以实现自我新的代际互动模式、参与社会方式等[①]。在居家养老服务信息化中，老年人不仅是服务的被动接受者，同时也是主动的参与者。老年人希望通过信息技术的使用获得及时有效的养老服务资源、质量保障的养老服务供给、科学安全的健康资讯、温暖贴心的人文关怀、回应及时的紧急救助等，使自己的老年生活质量更高。这些希望获得的内容就是老年人作为主体性角色主动适应社会发展变化的表现。

老年人的主体性地位需要社会增能。有学者认为，老年人由于生

---

① 翟振武等：《中国人口老龄化的大趋势、新特点及相应养老政策》，《山东大学学报》（哲学社会科学版）2016年第3期。

理和心理特点，在居家养老服务信息化中存在能力弱势、信息弱势、信任惯性等不利因素[①]。从优势视角分析，老年人具有主体能动性，当老年人存在使用信息技术能力不足时，政府、企业、社会组织等可以为老年人提供上门讲解，社区可以依据老年人的认知特点为老年人举办专门的科技讲座和兴趣学习小组等，不仅可以为老年人增能，在学习和使用过程中增强老年人利用信息技术的能力，而且可以通过这些活动增强老年人的接受度和信任感。但是也要关注到，在现实中，信息技术融合居家养老服务带来一系列的信息安全问题制约了老年人的主体性选择。信息技术能够便利的获取和储存老年人信息的同时，由于相关法律制度不健全，很多信息安全问题层出不穷，老年人缺乏维护自身权益的意识和渠道，让老年人对这些纷繁复杂的形式充满好奇心的同时也存在畏惧心理，他们更倾向于选择自己熟悉、习惯和能够掌握的方式，以此寻求安全感。因此，以服务老年人为本不仅要尊重老年人的主体性，而且要为老年人增能，甚至要通过法律法规为老年人主体性选择保驾护航。

第三节　构建以合作为基础的互动条件

信息技术与居家养老服务是居家养老服务信息化的重要组成部分，围绕这两个内容形成的物理性建设和居家养老服务落地两个实践过程，都受到政府与社会组织互动的影响。在 H 市居家养老服务信息化建设实践过程中，政府与社会组织的互动已经作用于居家养老服务信息化建设中。对比来说，以合作为基础的互动方式对居家养老服务信息化建设的实现具有正向作用。因此，在以信息技术与居家养老服务为整体性认识，以坚持服务老年人为核心理念的基础上，本书试图提出构建政府与社会组织以合作为基础的互动条件，从而进一步促进居家养老服务信息化建设的铺展和实现。

---

① 蔡小慎、田宇晶：《基于行为人模型的智慧养老模式合作机制分析》，《理论导刊》2017 年第 5 期。

一 构建政府与社会组织互动的宏观制度环境

加强政府顶层设计,构建长期的居家养老服务信息化建设制度体系。目前我国缺乏针对居家养老服务信息化建设的整体制度框架,在居家养老服务落地方面缺乏普遍有效的刚性约束,导致政府与社会组织互动中以物理性建设为目标的选择性行为。政府具有引领和主导作用,在建设战略、建设目标、建设任务上需要顶层设计、统筹规划、分层指导,并制定和颁布促进居家养老服务信息化建设的支持性和保障性政策措施。因此,有必要将居家养老服务体系的相关内容进行制度性补充。

首先,对于政府财政投入方向进行改革和调整,明确和制定以居家养老服务为主的公共财政制度,在公共财政支持方面需要把居家养老服务具体内容纳入财政预算的法定范围,并规定相应的财政支出和管理制度。习近平总书记在十九大报告中指出:"加快建立现代财政制度,建立权责清晰、财力协调、区域均衡的中央和地方财政关系。"这一点对于居家养老服务信息化建设来说极为重要,从实践情况来看,政府层级之间缺乏均衡的财政分配制度,极易导致职能部门的行动困境。因此,需要改革财政制度,加大政府长期性和引导性财政投入,改变财政投入方式,鼓励社会投资,引导社会组织和市场发挥作用,营造有利于居家养老服务信息化建设的环境和条件。其次,建立居家养老服务信息化建设的监督和评价体系。在物理性建设方面,制定基础设施建设的指导性意见,避免重复建设和大量资源过度投入。在居家养老服务落地中,要注重养老服务标准化建设,提供用于服务质量评估可量化和可操作的标准,为政府向社会组织购买服务提供服务质量的评估依据。再次,提高老年人支付能力,增强养老服务购买能力。进一步完善养老保障制度,不断提高城乡居民的基本养老金,完善低保、高龄津贴、政府购买等各种养老福利补贴制度,探索建立长期护理保险制度。最后,出台有利于企业、社会组织进入的政策扶持和政策优惠制度,从而引导和鼓励更多的资源进入居家养老服务信息化建设中,让主体间发挥不同的资源优势,促进居家养老服务信息化事业与产业的同步发展。对于地方政府来说，在这种制度指引下，通过实地调研总结和反思本地居家养老服务信息化建设情况，从最高政府层级制定符合地区实际的具体可执行的政策法规。政府要有勇气和决心整体性推进居家养老服务信息化建设，明确指导职能部门和社会组织开展建设的优先次序、重点任务和本质目标。

二 促进不同政府部门和不同层级政府的协同机制

从调查来看，目前政府发起居家养老服务信息化建设基本上是某一个部门或者某一个层级政府的单打独斗，尤其集中为民政部门，这对于牵涉面较广的居家养老服务信息化建设来说举步维艰，尤其是民政作为基层部门难以获得财政资源以及其他部门的协助与配合。信息技术的使用能够快速地整合资源，但是我国政府部门之间甚至是同一部门不同业务科室之间的信息资源都缺乏整合，协同机制就是应当打破这种资源不共享的状况。政府部门之间的协同不仅意味着横向合作，而且意味着不同层级之间的纵向合作。上级政府应该制定和实施缩小区域发展的有关政策，为下级部门提供深化的预算政策，形成长期统一的规范透明的财政转移制度。对于居家养老服务信息化建设涉及的其他横向部门，例如各地建立的网络安全与信息化办公室、人力资源与社会保障局等与居家养老服务信息化建设息息相关的部门，应该探索合理的分工方式，从而形成联动机制。对于为特殊人群（残疾人、失独老人、退休干部等）提供服务的政府部门（残联、计生委、老干局等），可以将这部分服务对象整合进入信息平台。通过政府服务购买形式，优先转移这类部门的服务生产和提供职能，提升信息平台的功能和作用。

三 建立政府与社会组织在契约关系下的责任关系

建立政府与社会组织的责任关系，使居家养老服务信息化建设立足于合同契约关系。居家养老服务信息化建设的成功取决于很多因素，其中包括地区经济发展水平、社会组织发育程度、政府的政策支持力度、财政投入水平、服务对象需求能力等等。尽管如此，笔者在调研中发现，居家养老服务信息化建设还关涉相关主体间是否在契约基础上建立了清晰明确的权责关系。很多城市的这种权责关系往往比较随意，没有通过法律性的约束工具进行界定，这种状况应该改变。构建多元主体的社会化养老服务供给机制是居家养老服务信息化建设的议题之一，但是这种社会化容易导致政府推责、社会组织懈怠等问题，导致居家养老服务供给实际沦为无责任主体，最后将满足老年人养老服务需求的目标留给了家庭和老年人自己。因此，应该通过契约方式规范政府与社会组织之间的责任关系。

由于政府天然的权威性地位，往往凌驾于社会组织之上，因此需要从法律层面赋予社会组织与政府部门以平等的地位，在此基础上，通过订立合同方式形成契约关系，规范政府与社会组织的关系。这种合同契约关系需要具有约束力和强制力，并通过文字形式体现，其中明确两者的权责范围，例如，政府是居家养老服务信息化政策的制定者，要确定明确的建设内容、服务项目、服务标准，并提供明确的长期财政投入计划和方向，承担服务质量评估和监督角色。社会组织是居家养老服务信息化的建设者和服务生产者，负责搜集养老服务需求信息、服务资源信息、服务质量信息等，将信息反馈给政府部门。同时，因为社会组织可以直接为老年人提供养老服务，所以在服务过程中应当与老年人订立服务协议，明确与老年人的服务关系。另外，社会组织通过利用整合服务生产者（包括政府职能部门、其他服务类社会组织、市场服务机构）间接为老年人提供养老服务，对于服务供给过程中出现的问题，社会组织要承担相应的责任。在这个间接提供服务的过程中，社会组织也应该与其他服务供给者签订协议，明确各自的责任与义务。相对来说，社会组织作为枢纽性组织，需要政府、其他服务生产者、老年人形成平等的契约关系（见图6-1），从而使主体间在信息技术手段的支撑下明确各自的责任关系，形成明晰的分工和协作，实现居家养老服务信息化满足老年人养老服务需求的本质目标。

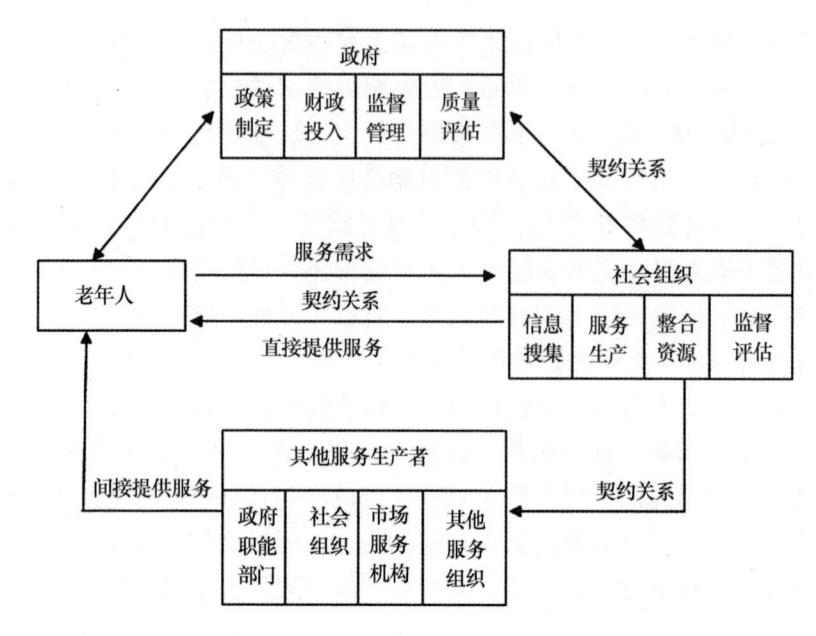

图6-1　居家养老服务信息化建设中主体的契约关系

四　创新社会组织管理体制，促进社会组织自身能力建设

当前社会组织作为居家养老服务信息化建设的重要主体，发育不成熟，在很大程度上影响了枢纽性作用和服务生产功能的发挥。因此，政府要培育和支持社会组织发展，需要创新当前社会组织的管理体制。将居家养老服务的内容进行分类，对特殊老年群体的基础性服务，政府要进行托底保障，将这部分服务通过政府购买服务方式向社会组织让渡空间，给予社会组织适度的生产空间。对于可用于市场营利性的个性化服务，不能打压社会组织提供的积极性，可以让社会组织在市场机制作用下为老年人提供服务，约制社会组织将利润进行分配，指导其用于服务再生产，促进社会组织自身的造血功能。同时，政府要为社会组织提供支持和促进人才队伍建设的相关政策。一方面，开设针对养老服务类人员的职业资格认定，并制定认定标准，按照职业等级为从事养老服务的人员给予一定的补贴。另一方面，依托高校开设养老服务相关专业，例如设置护理、康复类等专业，以及加强信息技术类专业人才对养老服务信息系统、信息技术等开发和应用，为居家

养老服务信息化的发展培养和储备专业性人才，通过政策指引和支持毕业生进入居家养老服务信息化领域就业。

另外，社会组织必须加强自身能力建设。专业的养老服务是社会组织在居家养老服务信息化场域生存和发展的基础，是社会组织存在的根本，是获得社会地位的重要前提。但是从调查来看，社会组织资源有限，需要依赖外部资源支持，在资源输入背景下，社会组织往往为了维系组织生存和发展，缺失自身的主体性和独立性，忽视面向老年人服务需求，优化组织内部建设和能力提升，导致社会组织缺失根本的专业服务能力，进而导致了外部资源的缺失。因此，在外部资源的输入下，社会组织能够维系外部资源长期支持的重要条件是自身的能力建设。

如何加强能力建设呢？首先，不断促进组织内部管理制度的健全。在社会组织自身能力建设中，不完善的规章制度、不规范的管理，往往影响内部效率和组织运行成本，制约社会组织发展，也将损失组织的外部形象和公信力[1]。因此，内部管理制度包括组织规章制度、人事管理制度、财务管理制度、服务项目管理制度、监督评估制度等，都需要建立和完善。另外，注重人才队伍建设，尤其是组织内高素质人才的培养和管理。在居家养老服务信息化建设中，社会组织往往缺乏自身队伍建设，工作人员的工作内容大多属于临时性的任务指派，不利于组织朝更为专业性的纵深方向发展。有学者指出，养老服务领域的社会组织目前在管理人员和工作人员都较为缺乏，难以满足养老服务需求的高度责任心和相应专业知识技能的人才[2]。因此，社会组织需要注重人才队伍建设，通过人事管理制度明确员工职责与义务，通过员工晋升机制为员工提供激励，通过福利政策吸引和留住人才，例如为正式员工缴纳五险一金等。社会组织自身能力建设实际就是"你若盛开，蝴蝶自来"的形象写真。社会组织不断增强组织能力，不仅能

---

[1] 敬乂嘉：《从购买服务到合作治理——政社合作的形态与发展》，《中国行政管理》2014年第7期。

[2] 朱冬梅：《养老服务需求多元化视角下的社会组织建设》，《山东社会科学》2013年第4期。

够获得政府的信赖，顺利承接政府转移的服务职能，而且能够得到老年人的认可，奠定组织在居家养老服务信息化的社会地位，吸引更多有利于组织生存和发展的资源。

整体来看，政府与社会组织之间以合作为基础的互动条件包括树立解决问题的系统性思维，以整体性制度框架作为基础，在观念转变、制度创新和完善、责任机制重塑、素质提升等方面进行推进，才能解决政府与社会组织在居家养老服务信息化建设中的问题。构建政府部门与社会组织以合作为基础的互动，可以更好地作用于居家养老服务信息化建设的实践过程。

第七章

结论与讨论

第一节 结论

本书以"政府与社会组织互动"为视角,通过对具有典型性和代表性的 H 市居家养老服务信息化建设实践进行深入探讨,从政府与社会组织动态的互动角度而非静态的关系角度,呈现了居家养老服务信息化建设的实践过程,解析了居家养老服务信息化建设有"信息技术"而无"居家养老服务"的服务悬浮现状。结合案例分析得出以下结论:

第一,政府与社会组织的互动过程呈现了居家养老服务信息化建设的实践过程,其实践现状表现为一种服务悬浮状态,这种服务悬浮是不断被形塑和凸显的过程。从案例城市的实践过程来看,在居家养老服务信息化建设还未开始之前,已经确立了引入他地模式开展建设的基本思路,形成包含以信息技术为特征的物理性建设,以及以居家养老服务为特征的居家养老服务落地两个实践过程的基本建设模式。但是从基本建设模式的预设来看,一方面,政府与社会组织的利益追求彰显了以物理性建设为实践偏好的建设方向;另一方面,以信息技术为特征的物理性建设的实现机制,比以居家养老服务为特征的居家养老服务落地更加明确清晰。这种基本建设模式成为后续居家养老服务信息化建设的指引,服务悬浮在此埋藏。居家养老服务信息化建设初始,政府与社会组织作为行动者,按照预设的基本建设模式,以物理性建设的快速铺展和实现为重点,在实践过程中尚未涉及居家养老服务落地。因此,物理性建设成功实现的同时,也就缺失了对居家养老服务落地的安排和实践,服务悬浮初现端倪。而作为居家养老服务信息化建设最终目标的居家养老服务落地，在实践过程中还未有明确的指向和具体的实施路径，政府与社会组织出现目标分化、资源难以投入的问题，居家养老服务落地遭遇失败，服务悬浮由此凸显并生成。总体来看，伴随着政府与社会组织的居家养老服务信息化实践过程，服务悬浮不是一蹴而就的，随着实践过程的推演，从居家养老服务落地缺失到亟须弥补再到最终失败，服务悬浮逐渐浮出水面，经由最后的居家养老服务落地失败而最终形成。但是我们也指出，这种服务悬浮的状态并不是居家养老服务信息化建设的最终实践结果，在后续的居家养老服务信息化建设中也具有转变的可能性。

第二，政府与社会组织在不同实践过程的行动选择和互动形态，动态地解释了居家养老服务信息化建设的服务悬浮状态。居家养老服务信息化作为一种实践场域，包括了物理性建设与居家养老服务落地两个实践场域，政府与社会组织作为场域内的行动者，两者的行动选择和互动形态及其逻辑，在不同场域表现不同。从前文的分析来看，可以简要归纳如下政府与社会组织互动情况，与居家养老服务信息化两个实践场域之间的关系：

表7-1 政府与社会组织互动情况与居家养老服务信息化建设的关系

互动情况 \ 互动场域	物理性建设	居家养老服务落地
互动阶段	互动开始	互动发展
互动形态	以合作为基础的互动	以限制为表现的互动
互动宏观环境	政策大力倡导推行	政策倡导式微
互动目标	共同目标：合作快速完成建设	目标分化，没有共同目标
互动表现	社会组织采取嵌入式发展的行动策略，符合社会组织与政府利益，政府在既定目标下通过行政手段给予支持与协助	社会组织试图继续依赖政府，政府职能部门陷入集体行动困境，并且面临核心空间的让渡，政府限制社会组织依赖
互动基础	利益契合、目标一致、资源互补	政府权威、社会组织依赖、资源缺失
主导力量	政府主导，社会组织能动	政府
互动结果	实现物理性建设，缺失服务落地	服务难以落地，形成服务悬浮

资料来源：作者自绘。

第七章 结论与讨论

从应然层面说，居家养老服务信息化本身是物理性建设与居家养老服务落地的有机结合，当政府与社会组织共同在场进行互动时，应该是两个场域一同推进。但是现实情况呈现的是，政府与社会组织的选择性行动以及互动将两个实践场域进行分离实践，两者选择以物理性建设为实践偏好，将利益、目标、资源重点汇聚于物理性建设，但是在居家养老服务落地阶段出现利益分歧、目标分化、资源受限等情况，难以实现居家养老服务落地，形成了服务悬浮状态。无论在物理性建设的实践过程，还是在居家养老服务落地实践过程都可以发现，政府与社会组织选择性行动和互动形态可以归纳为：政府与社会组织在实践过程中表现出对居家养老服务信息化建设宏观环境，以及组织利益、组织目标和资源现状的微观条件的遵从。这种遵从形成了两者"何以可为"与"何以可能"的选择性行动和互动形态，进而动态地影响了居家养老服务信息化的建设。

首先，政府与社会组织"何以可为"的选择性行动及其互动形态，决定了以物理性建设为实践偏好。居家养老服务信息化不会自动实现，由居家养老服务信息化建设的行动者形塑。居家养老服务信息化建设由物理性建设和居家养老服务落地两个场域组成，在宏观政策的鼓励和推行下，政府与社会组织作为行动者进入居家养老服务信息化场域，政府与社会组织如何选择，决定了居家养老服务信息化建设的方向。从当前我国居家养老服务信息化发展情况、各地的建设模式以及学者的概念总结来看，以信息技术为特征的物理性建设是物理性、有形性的，可以通过一次性投入完成，并且相关实现机制已经成熟，这些为政府与社会组织铺展居家养老服务信息化建设提供了清晰的物理性建设实现路径。而居家养老服务体系本身还有待完善，其作为服务的一种是无形性的，涉及服务的内容、服务质量标准、服务对象的分类、服务生产者的能力等等，需要长期投入，实现机制也比较复杂，居家养老服务落地实现路径没有具体的政策指导和可直接操作的实践机制。对于政府与社会组织来说，在具有选择性的政策框架内，选择容易实现的以信息技术为主要内容的物理性建设，就是对宏观政策环境的回应。同时，信息技术的可复制性特点也减轻了实现的难度，并且大大缩短了建设主体的实现周期,选择"投入少、周期短、见效快"的物理性建设成为实现政府政绩目标和社会组织生存目标最直接、最快速的方式,服务是否落地或者是否会产生服务悬浮不是两者首先考虑的。

接着,政府与社会组织"何以可能"的选择性行动及其互动形态,决定了居家养老服务落地难以实现的状态。"何以可能"主要体现主体的资源能够实现目标的情况,因为整体资源的可投入性使政府与社会组织需要考量选择哪一种目标能够获得组织利益最大化。对于政府和社会组织来说,投入于居家养老服务信息化建设的整体资源有限,设定目标时往往需要考虑组织拥有的资源是否能够实现目标。一般来说,组织资源状况制约了建设目标的设定,资源越多,目标设定的约束性就越弱;资源越少,目标就越容易受限,实现起来阻碍也较多。无论是"信息技术"还是"居家养老服务"都需要相应的资源投入才能够实现,这些资源包括资金资源、人力资源、信息资源等。这些资源主要来自政府与社会组织,资源的投入方向由两者形成的共同目标决定。其中,从实践过程来看,社会组织目标的设定和资源的投入处于一种跟随和依赖政府的状况。

对比物理性建设与居家养老服务落地来说,物理性建设属于短期投入,居家养老服务落地属于长期投入,政府与社会组织既根据组织利益,又根据自身的资源能力挑选建设目标。在宏观政策环境的激励下,政府和社会组织可以通过各自有限的资源以及努力整合外部资源实现物理性建设,因此将资源投入物理性建设,可以使组织目标得到快速实现。而居家养老服务落地属于长期投入,对于社会组织来说,本身资源有限,需要依赖外部资源,当社会组织面临资源危机,整合外部市场资源受限,需要依赖政府提供资源时已经超过政府资源供给能力。因为对于政府来说,居家养老服务落地的资源需要财政资金投入才能使政府层级部门之间拥有资源平衡机制,但是,面对一直缺失的财政资源供给,政府职能部门面临系统内部核心资源和利益的进一步让渡和损失,只能通过权威地位约束社会组织的依赖行动。如此来看,政府职能部门与社会组织完成居家养老服务落地所需的资源投入难以通过自身直接实现。当政府与社会组织都处于资源有限的状况下，在有限的资源范围内选择能够实现的物理性建设都是对现实资源情况和组织利益的考量，而社会组织试图通过依赖政府提供资源完成居家养老服务落地，当政府自身资源也难以投入时，两者在居家养老服务落地都面临"不能"的状态，致使服务悬浮形成。

综上所述，在宏观政策环境的背景下，政府与社会组织"何以可为"与"何以可能"的选择性行动及其互动形态来源于"利益—目标—资源"的考量，同时"利益—目标—资源"又成为居家养老服务信息化建设的实现机制。案例城市的实践过程已经表明，在物理性建设过程中，政府与社会组织将"利益—目标—资源"汇聚其中实现了物理性建设，而在居家养老服务落地过程中，"利益—目标—资源"难以汇聚，居家养老服务落地面临失败，形成服务悬浮状态。

总结而言，宏观政策环境激励了政府发起居家养老服务信息化建设的动力，也使社会组织获得进入的机会，政府与社会组织进入居家养老服务实践场域都带有各自的组织利益，形成了居家养老服务信息化的建设目标。这种目标取向作为政府与社会组织利益契合下的产物，决定了资源的投入方向，资源是政府与社会组织将目标付诸行动的保障，资源同时也是目标取向的重要影响因素，政府与社会组织的共同目标取向和资源投向，形塑了居家养老服务信息化"信息技术"与"居家养老服务"的实践状况。因此，政府与社会组织的组织利益、目标取向、资源投向直接影响居家养老服务信息化建设实践（见图7–1）。

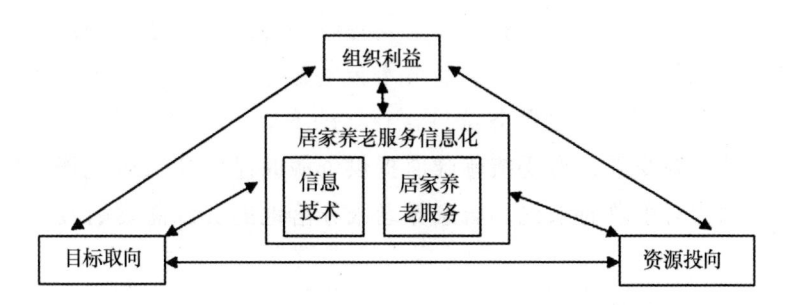

图7–1 政府与社会组织对居家养老服务信息化的形塑

政府与社会组织在宏观政策环境影响下,基于"利益—目标—资源"的选择性行动和互动形态,还可以一定程度上反思我国当前各地"技术热""平台热"的尴尬现状。2015年学者通过统计调查,72个地级市已经完成养老服务信息平台搭建①,同时,笔者调研的7个地区,虽然使用的信息技术方式不一样,但是"信息技术"都已经实现,地方政府均获得了短期的政绩收益。在宏观政策大力推行居家养老服务信息化建设的背景下,给予了"信息技术"较为清晰的实现机制,使主体可以通过短期行动、一次性资源投入等迅速满足其参与其中的利益追求,促进了信息技术的成功实现。而随着政策倡导的式微,居家养老服务作为一种长期目标和长期资源投入,这个过程需要政府具有决心和勇气,但是从现实情况来看,居家养老服务信息化建设实际落到某一个职能部门的工作任务中,尤其是民政部门一家②,梳理和重塑原有居家养老服务体系的行动难以通过单个部门得到实现,甚至会触动原有核心空间以及核心资源的让渡。加上居家养老服务落地的其他实现机制难以发挥作用,因此当行动者难以形成共同目标以及投入相应资源时,"居家养老服务"难以因为"信息技术"的实现直接得到实现,服务悬浮在所难免。

第三,如何约制政府与社会组织的选择性行动,构建以合作为基础的互动,本书还提出了三点优化路径。由于政府与社会组织对居家养老服务信息化建设存在片面性认知,在居家养老服务信息化建设中缺乏以老年人为本的理念,并且两者在互动过程中受到宏观环境影响,缺乏明确的责任关系。因此,研究最后提出,政府与社会组织在共建居家养老服务信息化过程中,首先需要对居家养老服务信息化有整体性认识,明确居家养老服务信息化建设的本质目标,明晰信息技术的功能和作用。其次,以服务老年人为核心,注重老年人养老服务需求和老年人主体性作用。最后,构建政府部门与社会组织以合作为基础

---

① 张丽雅、宋晓阳:《信息技术在养老服务业中的应用与对策研究》,《科技管理研究》2015年第5期。
② 常敏、孙刚锋:《整体性治理视角下智慧居家养老服务体系建设研究——以杭州创新实践为样本》,《中共福建省委党校学报》2017年第3期。

的互动，改善宏观制度环境，建立政府与社会组织的契约关系，促进社会组织自身能力建设，从而使居家养老服务信息化建设得以完善和发展。

总体来说，本书侧重于从政府与社会组织互动的视角呈现和解析居家养老服务信息化建设的实践过程和实践现状，这种解释角度不仅只是众多解释方式中的一种，而且选取的参与主体也是当前居家养老服务信息化实践中的一类。以上虽然呈现了现实情况下政府与社会组织互动情况与居家养老服务信息化建设之间所表现的关系特征，但是还属于一种比较简约和抽象的归纳，这种归纳源于现实，又难以完全囊括现实的所有表征。对于当前城市居家养老服务信息化发展环境复杂、发展形式各异、发展阶段不同等情况，其实践过程和实践现状并非千篇一律，任何一种解释方式都能够找到相应的经验材料，但是都难以覆盖所有的经验材料。正如社会学家一直强调的，社会从相互作用到形式，意味着一种多重因果关系的复杂情境，这种复杂情境难以用一种方式进行整体掌握，毕竟人类的观察视角是有限的。因此，本书也仅仅只能作为一种观察视角的尝试，无法论及之处还需要继续摸索和深化。

第二节 讨论

以居家养老服务信息化建设为趋势的居家养老服务体系完善和发展的诉求，意味着通过居家养老服务信息化的建设实践还可以对居家养老服务创新过程中其他议题进行探讨，从而进一步实现这一诉求，同时，这些议题可以成为继续审视居家养老服务信息化建设的不同视角。这些议题包括宏观层次的整体实践环境、中观层次的主体合作与冲突探讨、微观层次的老年人养老服务有效需求促进。下面将进行简要呈现。

一 宏观层次的整体实践环境

正如本书前文指出的，H市居家养老服务信息化建设中物理性建设的成功是政府与社会组织对宏观政策环境的把握，促成了政府与社会组织的行动动力。但是又受制于宏观环境，由于宏观环境缺失针对居家养老服务落地的实现机制，成为服务悬浮的影响因素之一。但是可以预见，随着整体宏观环境的不断变化，主体的行动以及由此产生的实践过程也会继续发生变化。因此，宏观上的整体实践环境对于主体的行动具有重要影响，有必要进行整体把握和总结。居家养老服务信息化建设的整体实践环境，不只是本书中所提及的部分政策环境，还包括随着实践发展的其他政策环境、相关市场环境、信息技术应用和发展的环境等，这些都将成为影响居家养老服务信息化建设实践过程和实践结果的重要因素。

在政策环境上，随着居家养老服务信息化建设的实践推进，政策环境已经越来越明晰，笔者通过关键词搜索国家的政策文件，汇总了2016年以后的部分国家层面关于居家养老服务信息化建设的主要政策文件（见表7-2）。

表7-2 2016年后居家养老服务信息化建设的主要政策文件汇总

时间	文件名称	发文单位	相关内容
2016年7月	《关于中央财政支持开展居家和社区养老服务改革试点工作的通知》	民政部、财政部	支持探索多种模式的"互联网+"居家养老服务模式和智能养老技术应用，促进供需双方对接，为老年人提供质优价廉、形式多样的服务。通过中央资金引导，鼓励地方加大政策创新和资金投入力度，统筹各类资源，优化发展环境，形成比较完备的居家养老服务发展环境和推动机制。
2017年2月	《智慧健康养老产业发展行动计划（2017—2010年）》	工业和信息化部、民政部、国家卫计委	"按照企业主体、政府扶持、市场化运作的方式开展应用试点，积极推进政府购买智慧养老服务"，"重点发展健康体检、居家环境监测、远程看护、亲情关怀、健康干预、健康评估反馈等居家健康养老"，建立"基于互联网平台，为老年人提供家政配餐代买等智慧便民服务和关怀照料等养老互助服务"。
2017年2月	《国务院关于印发"十三五"国家老龄事业发展和养老体系建设规划的通知》	国务院	保障数据安全，推动信息分类分级互联共享，消除信息孤岛，搭建全国互联、上下贯通的老龄工作信息化平台、加强涉老数据、信息的汇集整合和发掘运用，建立基于大数据的可信统计分析决策机制。支持各地积极推进为老服务综合信息平台在城市社区全覆盖、在农村地区扩大覆盖，推进信息惠民服务向老年人服务、数据资源向社会开放，更好地服务与保障改善老年人民生和大众创业、万众创新。

续表

时间	文件名称	发文单位	相关内容
2018年5月	《"互联网+民政服务"行动计划》	民政部	推动互联网与养老服务深度融合,构建线上线下相结合、多主体参与、资源共享、公平普惠的互联网养老服务供给体系。创新居家社区养老服务模式,推进智慧养老社区建设,提供高效、便捷的居家社区养老服务。积极引导、扶持和发展智慧养老,推动互联网、物联网、人工智能等新兴科技在养老服务中的应用,逐步形成包括政府、社会、市场、企业和养老服务消费者等多方参与、可持续发展的生态圈、产业链、服务网。

资料来源:作者通过文献检索整理。

从当前的政策环境看,政策意涵和内容越来越深入和丰富。既强调居家养老服务信息化参与主体的多元化,又强调地方政府的建设责任,为政府吸引和获得不同主体参与逐渐提出了明晰的指导性措施,其中资金引导、财政投入、政府购买等方式不仅为居家养老服务的落地提供了政策保障,而且是居家养老服务落地的实现机制。另外,从重视信息技术开发和使用,转变为不仅重视具体信息技术的建设方式,而且强调信息技术与居家养老服务的深度融合,提高居家养老服务信息化的服务能力。这一点表明,国家逐步提高了对信息技术与居家养老服务有机结合的整体性认知。政策文件表现出政府对居家养老服务信息化建设的支持和认可,并为地方政府、企业、社会组织等主体提供了方向指引和政策保障。

但是政策作为一种来源于实践又高于实践的存在方式,其中包含的实现机制还需要进一步的政策支撑。因为对于具体执行政策的政府部门说,政策执行首先要求政策目标明确、具体、可行,越明确的政策目标越可能得到有效执行。正如有学者强调的,政策执行的第一项严重错误是决策者制定超越性或者笼统不具体的目标[①]。因此,居家养老服务信息化建设的政策环境,更应该是一个关乎政策执行的支撑系统,每个目标不仅应该明确,而且其实现机制也应该配备相应的政策支撑,如此才能使政策制定走向政策执行,最终真正作用于居家养老

---

① 林水波、张世贤:《公共政策》,台北五南图书出版公司1982年版。

服务信息化建设之上，提升信息技术运用于居家养老服务的有效性。

在市场环境中，市场是具备众多服务资源的场域，同时也是信息技术不同形式的生产场域和应用场域。市场环境通过服务资源和信息技术资源影响居家养老服务信息化建设。从服务方面的市场环境来看，由于市场服务供给受制于供给结构与需求结构的不匹配、老年人养老服务购买能力差、养老服务成本难降等因素，致使养老服务市场虽然具备为老年人提供居家养老服务的服务资源，但是有效供给不足。从信息技术方面的市场环境来看，投身于信息技术开发和应用的企业越来越多，不同形式的信息技术产品越来越多，这为居家养老服务领域的信息技术开发和应用奠定了基础。但是，市场本身带有成本—收益的市场机制，因此相对来说，这些企业对信息技术的研发和对信息技术预期应用的领域比较注重收益较高的高端领域，往往造成相关产品的价格超出大部分老年人的支付能力。当然还有类似于本书案例中的简单和低端的信息技术方式，这种方式可以减轻投入，但是其功能的有限性，以及直接面向老年人和面向居家养老服务供给的关键问题制约了最终目标的实现。因此，市场环境无论是服务方面还是信息技术方面，都需要营造供求匹配、服务和产品适切、评价机制完善、品牌意识强烈、健康有序的环境。

在信息技术环境上，既涉及前述市场环境的构建，重点强调信息技术手段的细分与老年人不同层次的接受程度相互匹配，例如需要信息技术进行高、中、低的不同产品类型的分层以对应老年人的使用能力和购买能力。同时涉及信息技术的应用和发展环境，这一点包括信息技术自身效用的被感知、对老年人应用信息技术能力的培养，以及信息技术与居家养老服务融合的程度。其中与信息技术相关的应用环境直接影响不同居家养老服务信息化建设模式的实践过程和实践结果。虽然老年人还持有依靠家庭提供养老服务的传统观念，但当老年人感知到信息技术的功能能够为自身生活质量带来改变时，对于具有主体性的老年人来说，简单清晰的信息技术方面的资讯、方法、推广课程等应用能力的培养，就是信息技术应用和发展的土壤。正如本书所提出的，信息技术绝不是独立于现实应用环境的手段，信息技术是因需而生、因需而变，不是一蹴而就的，信息技术环境与其他现实环境需要深度融合。

二 中观层次的主体合作与冲突探讨

信息技术与居家养老服务是居家养老服务信息化的重要组成部分，围绕这两个内容形成的物理性建设和居家养老服务落地两个实践过程，都受到主体互动的影响。在本书的案例中，政府与社会组织，两者相互之间形成的互动形态已经作用于居家养老服务信息化建设中。对比而言，形成的互动形态对居家养老服务信息化建设的实现具有正向作用。但是主体间是否合作互动，需要洞悉主体不同的利益、目标和资源拥有情况，因为相对来说，组织利益追求形塑了组织目标取向和资源投入方向，组织资源状况又是组织的利益和目标实现的前提。所以，关注居家养老服务信息化的建设实践，还需要关注不同参与主体的利益、目标和资源情况，这有助于理解主体间进入居家养老服务信息化建设场域时冲突和合作产生的原因，以及居家养老服务信息化建设两个实践场域何以被选择的深层原因。

在笔者调研的多个地区，不同地区有不同的居家养老服务信息化建设模式，例如宁波市海曙区采取"政府搭台、市场运作、社会参与"的"81890"模式；上海开创了"互联网+"民生服务模式；苏州市采用"政府推动、市场化运作、信息化管理、专业化服务"①虚拟养老院模式；武汉市借鉴他地经验开展政府自办自营的"一键通"模式；宜昌市伍家岗区采取"政府主导、社会化服务"的"12349"信息服务平台模式等。这些建设模式来源于不同主体发挥的相应作用。相对来说，居家养老服务信息化作为一种试图纳入多元主体参与的模式，基本以"政府—市场—社会"作为三元主体，因此在居家养老服务信息化建设场域，主要表现为政府、企业、社会组织的主体形式。当三者进入居家养老服务信息化建设的实践场域时，它们之间的组织利益、目标、资源禀赋情况存在差异。前文对政府与社会组织在这三个方面

---

① 张国平：《居家养老社会化服务的新模式——以苏州沧浪区"虚拟养老院"为例》，《宁夏社会科学》2011年第3期。

的情况都有所论及，在此进行简单的归纳总结。

首先，在政府层面。政府是居家养老服务信息化建设的发起者，也是老年人利益的代表者，承担居家养老服务体系建设和发展的职能。在目标上，政府希望通过信息技术手段优化居家养老服务供需结构，更好地满足老年人养老服务需求，使政府职能得以履行和扩大。但是在实践中，政府由不同的层级组成，意味着政府内部存在复杂的利益结构，因此不同层级之间有不同的行动目标，都希望在与其他主体的互动中占据优势地位，维护自身利益。政府在居家养老服务信息化建设中兼具了政治性目标和社会性目标。居家养老服务信息化建设的实现可以同时满足这两种目标。不过居家养老服务信息化存在长期目标和短期目标，政府作为一种经济人，往往具有短视的缺点，从而选择短期目标以快速实现政府的政治性目标。在资源上，政府作为整体公共服务资源的最大拥有者，掌握居家养老服务的核心资源，包括政策资源、资金资源、服务资源、信息资源等，因此政府能够以项目的形式发起居家养老服务信息化建设，在居家养老服务中起主导和重要的支持作用，并且对于其他参与主体的进入具有权威性的控制权和选择权。但是，在实践中政府存在资源不足的一面，对于居家养老服务信息化建设，虽然物理性建设的实现是一次性投入，但是居家养老服务信息化属于较为复杂的产品和服务，这种一次性的投入相对较大。同时，政府在回应老年人需求、信息技术应用等方面也存在不足，各级政府投入居家养老服务信息化建设中的有效资金资源也相对有限。因此，政府所具备的资源优势需要与其他主体互动，既通过有效资源供给吸引其他主体承接政府的服务和管理职能，又通过利用其他主体的资源弥补自身资源的不足。

其次，在企业层面。企业的组织利益在于追求利润最大化，以营利为目的。随着社会发展，企业越来越注重社会价值对自身实现组织目标和发展的战略性作用。因此，企业逐渐增强了对居家养老服务领域的关注度，希望通过社会价值的实现带动企业的经济利益追求。信息技术与居家养老服务的融合，为企业提供了进入居家养老服务体系的机会，企业具备资金资源、技术资源等优势，能够快速获得进入的合法性身份，在进入场域拓展利润空间的同时，能够成为居家养老服务信息化建设的重要推动力。在笔者调研的地区，不仅许多科技公司、信息系统开发公司等已经洞察到了这一赢利点，为信息平台建设、信息系统开发和升级、智能终端研发等提供了技术支持，而且企业在服务供给中具有较好的市场灵敏度，能够快速洞察和回应老年人服务需求变化，为老年人提供高质量、高层次和定制化的养老服务。但是同时也应该看到，企业能够为老年人提供的服务内容取决于老年人养老服务中的有效需求，老年人往往受制于消费能力和消费习惯，其养老服务有效需求有限，可以承受的服务价格较低，往往与市场价格存在差距。而企业作为追求利润的主体，在这种情况下针对信息技术的研发和资金投入较大，后期服务的回报周期长，具有相对的市场风险。因此，企业既需要政府给予政策引导和政策优惠，形成具有长期性的制度化合作框架，又需要社会组织作为企业服务提供载体，甚至是企业的社会组织形式化，获得政府针对社会组织的优惠政策和老年人对社会组织形象的认同感。

最后，在社会组织层面。社会组织具有的公益性、灵活性、志愿性、服务性等特性，扮演着政府、市场和家庭所不能替代的角色[①]，在居家养老服务供给中可以提供成本较低、效率较高的养老服务，较能灵活地整合社会养老服务资源，增加养老服务的丰富性。社会组织具备的公益性形象，可以与社区和老年人更为贴近，在提供人文关怀、娱乐服务上缩短与老年人的距离感，社会组织在居家养老服务信息化中的这些优势超越了政府和企业。从各地实践和相关研究发现，社会组织参与居家养老服务建设的最大动力来源于政府，主要作为项目的运营者和生产者参与居家养老服务信息化建设。对于社会组织来说，组织利益在于获得生存和发展空间，居家养老服务信息化的参与资格，不仅符合社会组织的组织追求，而且通过政府资源注入和企业资源注入可以获得更大的发展空间。但是，也可以说，社会组织本身具备的资源较为有限，只能依赖外部资源维持生存和发展，资源输入主体的目标容易牵引社会组织目标。

---

① 李长远：《社会组织参与居家养老服务的困境及政策支持——基于资源依赖的视角》，《内蒙古社会科学》（汉文版）2015年第4期。

例如在 H 市居家养老服务信息化建设中，政府资源的供给使社会组织成为政府追求政绩目标的工具，而电信公司资金资源的供给使社会组织成为电信公司的业务部门。最终导致的是，主体不以为满足老年人养老服务需求为目标，而以忽视老年人利益为代价实现各自组织的利益。另外，社会组织获得外部资源本身也要具备相应的条件，其取决于社会组织参与居家养老服务信息化的能力，包括资源整合能力、服务供给能力、服务创新能力、组织管理能力等。因此，社会组织需要不断增强组织能力，才能与其他主体通过资源交换形成合作互动，维系在居家养老服务信息化中的生存和发展。

由此看来，政府、企业、社会组织在居家养老服务信息化建设中具有不同的组织利益和目标，但是经由各自不同的组织资源优势与外部组织产生资源互补（见表 7-3），从而能够形成主体间以合作为基础的互动空间。

表 7-3　　居家养老服务信息化建设中主体合作条件

特征 主体	目标	资源优势	资源需求	合作条件
政府	政治性目标和社会性目标并存，政治性目标优先	项目发起者、政策制定者、核心资源拥有者	养老服务需求信息资源、信息技术资源、建设资金资源、服务资源	信息技术及其资源投入、社会力量承接服务和管理职能
企业	以营利为目的，追求利润最大化	资金拥有者、技术专业者、市场灵敏性	市场准入、投资优惠政策、老年人的认可和接受	政策引导和政策优惠
社会组织	组织的生存和发展	良好的公益形象、服务亲民、服务成本低于市场	资金资源、组织能力建设	政策支持、企业资金支持

资料来源：作者自绘。

信息技术使居家养老服务得到延展和优化的同时，为各主体提供了互动合作空间，当主体意识到组织需要的资源为外部组织所拥有时便会合作，从而为互动提供条件。这一点是作为引领者的政府需要把握的，但是在论述主体以合作为基础的互动条件时，也发现主体间存在矛盾与冲突。结合现实来看，在政府与企业之间，政府作为老年人利益的代表者，居家养老服务信息化的产生是为了回应老年人日益增长的养老服务需求与服务资源之间的失衡状况，虽然政府有组织的政治性目标，但是必须维护服务公平性和服务的整体性社会效益。而企业是私人利益的代表者，进入居家养老服务信息化场域是逐利而来，希望通过投资开拓新的赢利点获得更多的利润，往往成本投入于能够获得收益的内容成为企业的重点，极易将部分老年人排除在服务范围之外，使这些老年人无法共享到居家养老服务信息化带来的成果。另外，由于养老服务投入成本高、营利空间小、投资回报周期长，因此容易导致企业偏离为老年人提供养老服务的目标，而是借由政府的政策支持和优惠打养老服务的"擦边球"，例如时下出现以养老服务项目为由，获得政府土地低价出售建设的大型养老社区，实际与养老服务无关。在政府、企业、社会组织之间，社会组织作为资源最为弱势的主体，政府对社会组织追求利润的行为有法律限制（即不以营利为目的、不分配利润），社会组织为了维持生存和发展，只能依赖外部组织的资源供给，在资源输入背景下，难以具有组织的自主性和独立性，沦为实现政府和企业目标的实现工具。

因此，如何减少主体间互动时存在的冲突和矛盾，约制主体的自利性行为选择，尽可能地利用合作的基础和条件，是居家养老服务信息化建设中需要关注的问题。这个问题可以通过本书前述的三点优化路径得到部分解决，但是还需要更深入的研究和探讨，不仅需要提出更为具体可操作、涉及面更广的优化方式，而且三者的互动将如何影响居家养老服务信息化建设也值得深入研究，这些都是本书后续需要再进行弥补的地方。

三　微观层次的老年人养老服务有效需求促进

居家养老服务信息化的建设实践犹如一个大型的生态系统，宏观层次的实践环境、中观层次的主体关系都是这个系统的重要组成，并且每一个环境又是这个大系统中的小系统，各种组成系统能够健康运作是构建大系统的基础。与此同时，还有一个微观的系统也十分需要关注，即老年人养老服务需求这个更为复杂、多样、多变的小系统。宏观层次的实践环境、宏观层次的主体关系等系统功能的发挥，如果没有得到老年人养老服务需求这个微观层次的系统回应，居家养老服务信息化也难以实现其最终的价值和意义。

其中，老年人居家养老服务需求转变为有效需求是激活居家养老服务信息化系统的关键因素。前文论述以服务老年人为核心理念中，总结了老年人的各种养老服务需求，但是结合现实情况看，这些养老服务需求不能与养老服务有效需求等同。养老服务有效需求主要强调的是老年人能够将服务需求通过寻找外部服务资源进行满足；而从我国老年人的养老服务方式选择来看，自我满足和家庭供给仍占据首位，将养老服务需求通过外部服务资源进行满足还受制于这种传统的养老服务供给方式。同时大量研究已经显示，老年人的服务消费能力、消费习惯直接影响老年人有效需求的形成。对于居家养老服务信息化建设来说，老年人可以付诸外部资源实现的养老服务有效需求才是其运行的动力。如何促进老年人将养老服务需求转变为养老服务有效需求，有助于居家养老服务信息化实现自身的价值。

老年人养老服务需求是否可以转变为有效需求，是否可以通过居家养老服务信息化进行实现，不仅取决于外部因素，而且还来源于老年人自身的内部需求因素。相对来说，内部因素对养老服务有效需求的形成具有更直接的影响。老年人的居家养老服务需求多种多样，项目不同类别不同，并且类别下还可以再进行细分，但是哪些养老服务需求可能使老年人付诸外部服务资源得到满足？这主要由内外部因素促成。在内部因素上，首先是老年人对自我需求的衡量，即老年人是否需求。主要受到如下三个方面影响：第一，老年人是否需求某项养老服务来源于老年人对这些服务需求的自我感知。我国当前的老年人基本从较为艰苦的生存环境中走来，一直保留通过自我努力克服困难的习惯，对于某些照料、精神慰藉、安全等方面的需求没有感知，因此相对来说，这些无法被感知的需求难以成为有效需求。第二，能力感知，是指老年人作为经济人将衡量自身的购买能力，当在能力范围内时，老年人更有可能选择通过外部资源的供给来满足自身服务需求；但是当能力受限，老年人不得不约束自己减少服务有效需求。第三，效用感知，即老年人对将养老服务需求通过外部资源实现是否值得的考量，强调老年人对外部养老服务资源供给者的认同和态度等。

在外部因素上，外部因素面对这些养老服务需求如果能够发挥作用，那么将强化和推进老年人将服务需求通过外部资源满足的可能性。外部因素可以抽象为强化因素和推进因素两种，其中强化因素源于如下四个方面：第一是家庭支持。家庭是满足老年人养老服务需求的主要力量，家庭可以直接为老年人提供养老服务，也可以通过经济支持、购买市场服务等方式满足老年人的养老服务需求。家庭支持可以直接影响老年人的养老服务需求，尤其在老年人对养老服务需求的能力感知上起着直接作用。第二是政府支持。政府在养老服务体系建设中的责任主要是政策制定、监督管理、引导扶持，以及承担对困难、失能等弱势老年群体最基本的养老服务"兜底"职能①，从发达国家的经验来看，政府扮演着满足老年人居家养老服务需求的重要角色，是不可缺失的核心元素②。从当前居家养老服务体系的发展来看，政府正在不断增强满足老年人养老服务需求的作用，例如政府购买居家养老服务，特许品牌类服务企业开展连锁经营，为老年人发放养老服务补贴（券）等，这些方式表现出政府支持对促进老年人养老服务有效需求的作用。第三是市场支持。相对来说，市场是满足老年人养老服务需求的崭新角色③，市场资源的介入给居家养老服务带来很大的供给空间，大大增加了居家养老服务的效率④。市场能够更为敏感地回应老年人个性化和定制化的养老服务需求，在营利性之外，如果市场能够兼顾公益性，那么将作用于老年人内部因素中能力感知和效用感知的提升，从而能够更加吸引老年人产生有效需求。第四是社会支持。在社会支持中，社区、社会组织、志愿者、老年人之间的相互影响，对老年人有效需求的形成是不容忽视的，这些主体的服务资源大多具有公益性

---

① 吴玉韶：《中国老龄事业发展报告（2013）新闻发布稿》，http：//www. cncaprc. gov. cn/jianghua/22341. jhtml.
② 徐翠蓉等：《中国居家养老服务体系构建与相关主体责任定位研究》，《青岛大学学报》（自然科学版）2014年第4期。
③ 张恺悌：《对老龄产业发展的冷思考》，《中国老年报》2015年8月24日第4版。
④ 丁建定、李薇：《论中国居家养老服务体系建设中的核心问题》，《探索》2014年第5期。

特征，老年人的认可度和信任度较高。家庭支持、政府支持、市场支持和社会支持共同构成了促进老年人养老服务有效需求的强化因素，对老年人养老服务需求具有支撑性作用。在推动老年人有效需求形成的因素中，很多因素来源于服务供给过程中包含的服务匹配度、服务可及度、服务适用度和服务安全度等因素。这四个因素主要保证了养老服务的供给质量，它们的实现意味着老年人养老服务需求的满足感将得到提高，对老年人养老服务需求内在因素中的效用感知起到直接作用。

结合上述分析，促进老年人养老服务有效需求形成的内外部因素，基于老年人居家养老服务需求，本书将老年人居家养老服务需求主要归纳为：生活照料、医疗保健、学习娱乐、人文关怀、应急救助等，没有包括到的服务项目使用"其他服务"进行抽象，构建了一个可以促进老年人居家养老服务有效需求的假设图（见图7-2）。

这个促进老年人居家养老服务有效需求的假设图原理为：在促进老年人养老服务需求转变为有效需求过程中，应该以老年人养老服务需求为基础，根据老年人养老服务需求的内在制约因素，通过强化因素和推动因素促进老年人养老服务的有效需求。但是，在现实中，往往各种因素之间是相互影响和相互作用的，因此在选择强化因素和促进因素中，应该联合采取各个组成部分中直接作用或者作用程度较大的影响因素，有针对性地促进老年人养老服务有效需求的形成。

从微观层次探讨如何促进老年人养老服务的有效需求，不仅可以为现实中开展居家养老服务供给提供参考的机制，而且为铺展居家养老服务信息化建设提供了指导养老服务落地的参考。因为对于居家养老服务信息化建设来说，其作用在于利用信息技术手段，首先，可以对老年人的养老服务需求进行梳理、识别以及细分。其次，可以保障推动因素中服务匹配度、服务可及性、服务使用度以及服务安全度的实现。最后，可以整合强化因素中不同主体的养老服务支持，并将这种支持与老年人养老服务需求进行匹配。这些就是居家养老服务信息化实现自身价值的直接体现，这种价值的实现在激活老年人养老服务需求的同时，也成为居家养老服务信息化自身系统的动力。

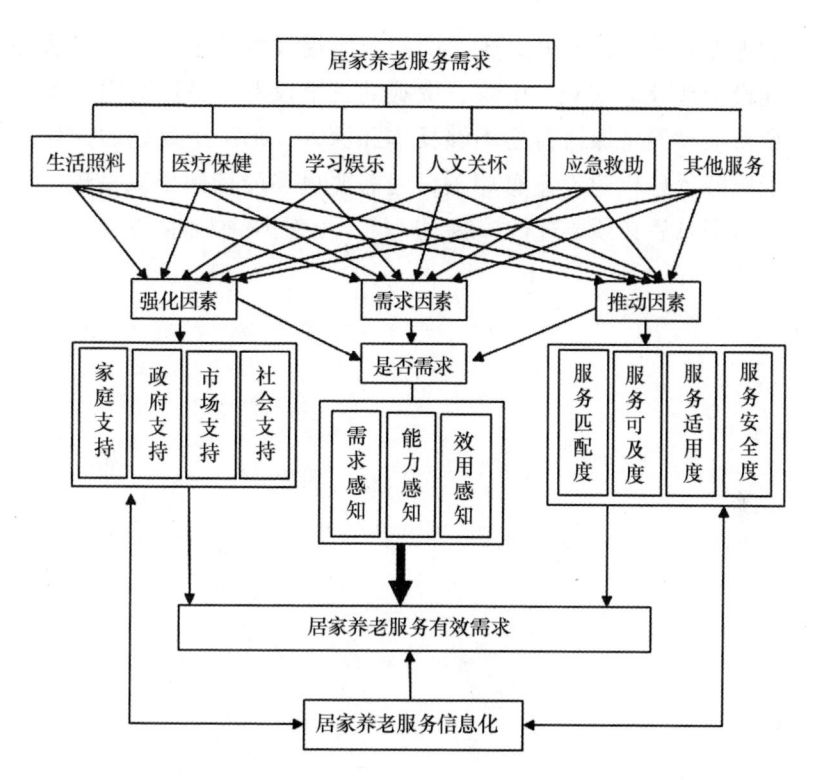

图 7-2 促进老年人居家养老服务有效需求的假设图

四 研究展望

本书聚焦"居家养老服务信息化",提出我国当前信息技术应用于居家养老服务发展阶段的主要形式,即以搭建信息平台为主要方式的初级阶段,因此文章呈现的政府与社会组织的互动是在这种阶段中体现出来的互动情况和互动形态。但是"互联网+"时代的到来,"智慧养老"以及"云平台"等技术手段的开发和应用,可以预见,如果将这种视角置于更高水平的信息技术应用场域,虽然可能具有一定的解释功能,但是由于信息技术与居家养老服务更高层次的融合涉及的主体范围更广,实现机制更为丰富多样,因此主体间所涉及的互动将更加复杂。届时居家养老服务信息化的建设实践还需要更加多样性的视角进行演绎和解析,例如,本书为了侧重分析政府与社会组织互动而惜弃的与市场主体互动的视角。这个视角也是本书未来将继续关注和补充的地方。另外，本书上述讨论部分所提及的关于居家养老服务信息化建设中涉及的宏观、中观、微观的三个议题，虽然对完善本书具有重要意义，但是探讨得还不够具体和深入，每一个议题的探讨与居家养老服务信息化建设息息相关，还需要更多的篇幅予以呈现，而这也将是本书日后必须要进行扩展并坚持不懈努力的方向。

参考文献

一 中文著作

迟福林:《第二次转型——处在十字路口的发展方式转变》,中国经济出版社 2010 年版。

凤笑天:《社会研究方法》,中国人民大学出版社 2001 年版。

贺立平:《让渡空间与拓展空间——政府职能转变中的半官方社团研究》,中国社会科学出版社 2007 年版。

姜向群、杜鹏:《中国人口老龄化和老龄事业发展报告》,中国人民大学出版社 2013 年版。

康晓光:《依附式发展的第三部门》,社会科学文献出版社 2011 年版。

康晓光、郑宽、蒋金富、冯利:《NGO 与政府合作策略》,社会科学文献出版社 2010 年版。

莱斯特·斯特萨拉蒙:《公共服务中的伙伴——现代福利国家中政府与非营利组织的关系》,商务印书馆 2008 年版。

林水波:《张世贤公共政策》,台北五南图书出版公司 1982 年版。

卢映川:《创新公共服务的组织与管理》,人民出版社 2007 年版。

彭华民:《从沉寂到创新:中国社会服务构建》,中国社会科学出版社 2012 年版。

沈荣华:《政府间公共服务职责分工》,国家行政学院出版社 2007 年版。

孙辉:《城市公共物品供给中的政府与第三部门合作关系——以上海市社区矫正为例》,同济大学出版社 2010 年版。

王贵生:《中国社区居家养老照顾服务业发展研究》,北京交通大学,

2009年版。

王金元、赵向红:《社会治理视阈下老年人的社会保障与社会服务研究》,华东理工大学出版社2015年版。

王浦劬、莱斯特·莱、萨拉蒙:《政府向社会组织购买公共服务研究——中国与全球经验分析》,北京大学出版社2010年版。

王绍光:《多元与统一:第三部门国际比较研究》,浙江人民出版社1999年版。

王树文:《我国公共服务市场改革与政府管制创新》,人民出版社2013年版。

王颖:《信息化改变社区》,社会科学文献出版社2012年版。

吴玉韶、郭平:《2010年中国城乡老年人口状况追踪调查数据分析》,中国社会出版社2014年版。

张成福、党秀云:《公共管理学》,中国人民大学出版社2003年版。

郑功成:《中国社会保障改革与发展战略——理念、目标与行动方案》,人民出版社2008年版。

二 中文译著

奥斯特罗姆、帕克特、惠特克:《公共服务的制度建构——都市警察服务的制度结构》,宋全喜、任睿译,上海三联书店2000年版。

《马克思恩格斯选集》第1卷,人民出版社1995年版。

萨瓦斯:《民营化与公私部门的伙伴关系》,周志忍等译,中国人民大学出版社2002年版。

[日]伊藤阳一:《日本信息化概念与研究的历史》,收录于李京文等编,《信息化与经济发展文集》,社会科学文献出版社1994年版。

三 外文文献

A. Evers., *Shifts in the Welfare Mix: Introducing A New Approach For the Study of Transformations in Welfare and Social Policy*, in A. Evers, H. Wintersberger (eds.), Shifts in the Welfare Mix: Their Impact on Work, Social Services and Welfare Policies, Bloomington: Campus

Verlag, 1990.

Canada Jill, "Special Report, Best Hospital, Wisdom of Ages, Hispitals Seek Out Older Volunteers", *US News & World Report* (Print), 2007, 1412.

Chae Y. M., Heon L. J., Hee H. S., et al., "Patient satisfaction with telemedicine in home health services for the elderly", *International Journal of Medical Informatics*, 2001, 61 (2).

Donald Mackenzie, Judy Wajcman, *The Social Shaping of Technology*, Milton Keynes and Philadelphia: Open University Press.

E. Broadbent, R. Stafford, B. MacDonald, "Acceptance of Healthcare Robots for the Older Population: Review and Future Directions", *Int J SocRobot*, 2009 (1).

Geoege B., Richardson, *Partners in Public Service: Government-Nonprofit Relations in the Modern Welfare State*, Baltimore: Johns Hopkins University Press, 1995.

Geoege B., Richardson, *Partners in Public Service: Government-Nonprofit Relations in the Modern Welfare State*, Baltimore: Johns Hopkins University Press, 1995.

Godfrey M., Johnson O., "Digital circles of support: Meeting the information needs of older people", *Computers in Human Behavior*, 2009, 25 (3).

G. Rophol, "Critique of Technological Determinism", in Paul T. Drubin and Friderich Rapp (eds.), *Philosophy and Technology*, Dordrent: Reidel Publishing, 1983.

Hall R., *Organizationgs: Structure, Process and Out-comes*, New York: Jersey Presey Hall, 1991.

Hirani S. P., Beynon M., Cartwright M., et al., "The effect of telecare on the quality of life and psychological well-being of elderly recipients of social care over a 12 - month period: the Whole Systems Demonstrator cluster randomised trial", *Age & Ageing*, 2014, 43 (3).

J. Broekens, M. Heerink, H. Rosendal, "Assistive Social Robots in Elderly Care: a Review", *Spring*, 2009, 8 (2).

Jennifer M., Brinkerhoff, "Government-Nonprofit Partnership: A Defining Framework", *Public Administration*, Dec. 22, 2002.

Lu Y., "*Non-governmental organizations in China: the rise of dependent autonomy*", Non-Governmental Organisations in China. 2008.

Mcdowell J. E., Mcclean S., Fitzgibbon F., et al., "A randomised clinical trial of the effectiveness of home-based health care with telemonitoring in patients with COPD", *Journal of Telemedicine & Telecare*, 2015, 21 (2).

Mechel Callon, *The Sociology of an Actor-Network: The Case of The Electric Vehicle*, In Mechel Callon, John Law and Arie Rip, Mapping The Dynamics of Science and Technology, London: The Macmilian Press LTD., 1986.

M. Granovetter, "Economic Action and Social Structure: The Problem of Embeddedness", *American Journal of Sociolofy*, No. 91, 1985.

Mosher, Frederick C., "The Changing Responsibilities and Tactics of the Federal Government", *Pubulic Administration Review*, 1980 (40).

Najam A., "The Four C's of Government Third Sector-Government Relations", *Nonprofit Management and Leadership*, 2000, 10 (4).

Pfeffer, Salanick, *The External Control Organizations*, New York: Harper and Row, 1978.

Piotrowicz E., Zieliński T., Bodalski R., et al., "Home-based telemonitored Nordic walking training is well accepted, safe, effective and has high adherence among heart failure patients, including those with cardiovascular implantable electronic devices: a randomised controlled study", *European Journal of Preventive Cardiology*, 2015, 22 (11).

R. A. MusGrave, *The Theory of Public Finance: A Study in Public Economy*, New York: McGraw-Hill Book Company, 1959.

Sarela A., Korhonen I., Lotjonen J., et al., IST Vivago ®; —an intelligent social and remote wellness monitoring system for the elderly, International IEEE Embs Special Topic Conference on Information Technology Applications in Biomedicine, IEEE., 2003.

Schnell M. W., "The Wisdom of the Elder", *Journal of Gerontology and Geriatrics*, 2010.

S. Hatch, Mocroft, *Components of Welfare: Voluntary Organizations, Social Services and Politics in Two Local Authorities*, London: Bedford Square Press, 1983.

Shi YingYang, "Wisdom and Good Lives: A Process Perspective", New Ideas in Psychology, 2013.

Susan K. Green, "Senility Versus Wisdom: The Meaning of Old Age as a Cause for Behavior", *Basic and Applied Psychology*, 1984.

Tabar A. M., Keshavarz A., Aghajan H., *Smart home care network using sensor fusion and distributed vision-based reasoning*, 2006.

Uzzi B., "Social Structure and Competition in Interfirm Networks: The Paradox of Embeddedness", *Administrative Science Quarterly*, 1997, 42(1).

White G., "Prospects for Civil Society in China: A Case Study of Xiaoshan City", *Australian Journal of Chinese Affairs*, 1993, 29 (29).

四　期刊报纸

艾东:《信息化条件下的社区养老服务新实践——基于西安市莲湖区的经验总结》,《新西部》(下旬·理论版) 2011 年第 7 期。

毕素华:《法团主义与我国社会组织发展的理论探析》,《哲学研究》2014 年第 5 期。

蔡小慎、田宇晶:《基于行为人模型的智慧养老模式合作机制分析》,《理论导刊》2017 年第 5 期。

常敏、孙刚锋:《整体性治理视角下智慧居家养老服务体系建设研究——以杭州创新实践为样本》,《中共福建省委党校学报》2017 年第 3 期。

车峰：《我国公共服务领域政府与 NGO 合作机制研究》，《中央民族大学学报》，2012 年。

陈蓓丽：《从官办社团到现代的"非政府组织"——对上海市阳光社区青少年事务中心的个案研究》，《社会工作下半月》（理论）2008 年第 4 期。

陈洪涛：《"社会组织"概念的政策与理论考察及使用必要性探析》，《社团管理研究》2009 年第 6 期。

陈建梅、宋宛聪：《黑龙江省养老服务信息化的困境与对策》，《哈尔滨商业大学学报》（社会科学版）2018 年第 1 期。

陈莹：《社会治理视角下社会组织嵌入社区居家养老服务研究》，《社会福利》（理论版）2017 年第 1 期。

陈友华：《居家养老及其相关的几个问题》，《人口学刊》2012 年第 4 期。

崔月琴、张冠：《社会组织管理模式变迁及创新路径》，《江海学刊》2014 年第 1 期。

崔月琴：《转型期中国社会组织发展的契机及其限制》，《吉林大学社会科学学报》2009 年第 3 期。

戴树青：《老年人"平安钟"服务存在的问题及改进策略》，《南华大学学报》（社会科学版）2012 年第 4 期。

单忠献：《智慧居家养老服务的实践模式与发展对策——以青岛市为例》，《老龄科学研究》2016 年第 8 期。

邓莉雅、王金红：《中国 NGO 生存与发展的制约因素——以广东番禺打工族文书处理服务部为例》，《社会学研究》2004 年第 2 期。

邓宁华：《"寄居蟹的艺术"：两个体制内社会组织的环境适应策略》，《公共管理研究》2011 年第 00 期。

邓鑫政：《军事信息化人才定位研究》，《科技信息》2011 年第 33 期。

丁建定：《居家养老服务：认识误区、理性原则及完善对策》，《中国人民大学学报》2013 年第 2 期。

丁建定、李薇：《论中国居家养老服务体系建设中的核心问题》，《探索》2014 年第 5 期。

丁志宏、王莉莉：《我国社区居家养老服务均等化研究》，《人口学刊》2011年第5期。

高丙中：《社会团体的合法性问题》，《中国社会科学》2000年第2期。

高菊兰：《上海市立足科技创新 力推"四化"建设》，《社会福利》2009年第10期。

戈晶晶：《智慧养老 需要走出困局》，《中国信息界》2017年第4期。

耿永志、王惠颖：《"互联网+养老"服务模式发展研究：转型、融合与新业态》，《天津行政学院学报》2017年第4期。

顾昕、王旭：《从国家主义到法团主义——中国市场转型过程中国家与专业团体关系的演变》，《社会学研究》2005年第2期。

管兵：《竞争性与反向嵌入性：政府购买服务与社会组织发展》，《公共管理学报》2015年第3期。

管兵：《统合、嵌入、参与：社会组织发展路径探讨》，《浙江学刊》2017年第1期。

郭歌、孙立娜：《人口老龄化背景下居家养老信息化平台建设》，《电子测试》2013年第12期。

郭骅、屈芳：《智慧养老平台的辨析与构建》，《贵州社会科学》2017年第12期。

郭竞成：《农村居家养老服务的需求强度与需求弹性——基于浙江农村老年人问卷调查的研究》，《社会保障研究》2012年第1期。

胡黎明、王东伟：《新型数字化居家式养老社区解决方案》，《智能建筑》2007年第11期。

黄浩明：《国外民间组织的国际化发展实践及其借鉴意义》，《社会治理》2016年第5期。

黄晓春：《中国社会组织成长条件的再思考——一个总体性理论视角》，《社会学研究》2017年第1期。

纪莺莺：《从"双向嵌入"到"双向赋权"：以N市社区社会组织为例——兼论当代中国国家与社会关系的重构》，《浙江学刊》2017年第1期。

贾伟、王思惠、刘力然：《我国智慧养老的运行困境与解决对策》，

《中国信息界》2014年第11期。

江华、张建民、周莹：《利益契合：转型期中国国家与社会关系的一个分析框架——以行业组织政策参与为案例》，《社会学研究》2011年第3期。

敬乂嘉：《从购买服务到合作治理——政社合作的形态与发展》，《中国行政管理》2014年第7期。

康晓光、韩恒：《分类控制：当前中国大陆国家与社会关系研究》，《社会学研究》2005年第6期。

康宗基：《我国民间组织的发展及其与政府的互动关系研究》，华侨大学博士论文，2011年。

李长远：《国外社会组织参与居家养老服务的典型经验及借鉴》，《中国海洋大学学报》（社会科学版）2015年第6期。

李长远：《"互联网+"在社区居家养老服务中应用的问题及对策》，《北京邮电大学学报》（社会科学版）2016年第5期。

李长远：《社会组织参与居家养老服务的困境及政策支持——基于资源依赖的视角》，《内蒙古社会科学》（汉文版）2015年第4期。

李丽君：《养老服务社会化建设地方实践与路径研究——基于沧浪虚拟养老院和城关虚拟养老院的案例比较》，《甘肃行政学院学报》2016年第4期。

李灵芝、张建坤、石德华、王效容：《社会组织参与社区居家养老服务的模式构建研究》，《现代城市研究》2014年第9期。

李晓文：《需求视角下智慧养老服务体系构建策略探究》，《宁波经济》（三江论坛）2015年第8期。

梁誉：《我国养老服务的现状、理念与发展路径》，《老龄科学研究》2014年第5期。

廖楚晖、甘炜、陈娟：《中国一线城市社区居家养老服务质量评价》，《中南财经政法大学学报》2014年第2期。

林雪霏：《社会治理下的政治空间与嵌入性互动——基于B市T区三个组织的案例研究》，《甘肃行政学院学报》2014年第1期。

林瑜胜：《我国"虚拟养老院"发展"瓶颈"问题探析》，《东岳论丛》

2017 年第 11 期。

刘建兵：《智慧养老：从概念到创新》，《中国信息界》2015 年第 5 期。

刘鹏：《从分类控制走向嵌入型监管：地方政府社会组织管理政策创新》，《中国人民大学学报》2011 年第 5 期。

刘清发、孙瑞玲：《嵌入性视角下的医养结合养老模式初探》，《西北人口》2014 年第 6 期。

鲁篱：《论行业协会自治与国家干预的互动》，《西南民族大学学报》（人文社科版）2006 年第 9 期。

吕学静、江华：《网络在城市老年人服务体系中的应用模式研究》，《社会保障研究》2012 年第 4 期。

罗艳、石人炳：《虚拟养老院服务质量评价指标体系初探》，《华中科技大学学报》（社会科学版）2016 年第 5 期。

马立、曹锦清：《基层社会组织生长的政策支持：基于资源依赖的视角》，《上海行政学院学报》2014 年第 6 期。

马庆钰、贾西津：《中国社会组织的发展方向与未来趋势》，《国家行政学院学报》2015 年第 4 期。

毛羽、李冬玲：《基于 UTAUT 模型的智慧养老用户使用行为影响因素研究——以武汉市"一键通"为例》，《电子政务》2015 年第 11 期。

穆光宗：《我国机构养老发展的困境与对策》，《华中师范大学学报》（人文社会科学版）2012 年第 2 期。

穆光宗、姚远：《探索中国特色的综合解决老龄问题的未来之路——"全国家庭养老与社会化养老服务研讨会"纪要》，《人口与经济》1999 年第 2 期。

穆光宗：《中国传统养老方式的变革和展望》，《中国人民大学学报》2000 年第 5 期。

彭军：《以信息化推进居家养老服务供给侧改革》，《政策》2016 年第 6 期。

齐爱琴：《国内智慧养老文献综述》，《科技视界》2017 年第 7 期。

祁峰：《非营利组织参与居家养老的角色、优势及对策》，《中国行政管理》2011 年第 10 期。

乔关民：《虚拟养老院的运行机理及可复制性研究——以兰州城关区"虚拟养老院"为例》，《社科纵横》2014年第12期。

上海：《着力构建老年人长期照护六大体系》，《社会福利》2010年第10期。

史云桐：《网络化居家养老：新时期养老模式创新探索》，《南京社会科学》2012年第12期。

宋雪飞、周军、李放：《非营利组织居家养老服务供给：模式、效用及策略——基于南京市的案例分析》，《南京大学学报》（哲学·人文科学·社会科学）2017年第2期。

睢党臣、曹献雨：《"互联网+"养老平台供给模式的选择与优化——基于动/静态博弈分析》，《陕西师范大学学报》（哲学社会科学版）2018年第1期。

孙文灿：《建设居家养老服务信息平台 构筑一座为老服务新"泰山"》，《社会福利》2014年第4期。

唐传虎：《常州开启互联网+养老模式向电商购买公共服务》，《党政视野》2015年第4期。

唐文玉：《如何审视中国社会组织与政府关系》，《公共行政评论》2012年第4期。

唐兴军：《嵌入性治理：国家与社会关系视阈下的行业协会研究》，华东师范大学，2016年。

田凯：《发展与控制之间：中国政府部门管理社会组织的策略变革》，《河北学刊》2016年第2期。

田兰宁：《对居家养老服务信息化平台建设要点的概述》，《中国信息界》2014年第12期。

田钰燕、包学雄：《互嵌式供给：城市居家养老服务模式构建——以广西梧州市云家庭服务中心为例》，《老龄科学研究》2017年第5期。

同春芬、汪连杰：《"互联网+"时代居家养老服务的转型难点及优化路径》，《广西社会科学》2016年第2期。

汪锦军：《公共服务中的政府与非营利组织合作：三种模式分析》，《中国行政管理》2009年第10期。

汪锦军：《浙江政府与民间组织的互动机制：资源依赖理论的分析》，《浙江社会科学》2008年第9期。

王汉林：《"技术的社会形成论"与"技术决定论"之比较》，《自然辩证法研究》2010年第6期。

王建设：《技术决定论与社会建构论：对立抑或分立？》，《河南师范大学学报》（哲学社会科学版）2007年第2期。

王莉莉：《基于"服务链"理论的居家养老服务需求、供给与利用研究》，《人口学刊》2013年第2期。

王莉莉：《中国居家养老政策发展历程分析》，《西北人口》2013年第2期。

王名、孙伟林：《社会组织管理体制：内在逻辑与发展趋势》，《中国行政管理》2011年第7期。

王名、朱晓红：《社会组织发展与社会创新》，《经济社会体制比较》2009年第4期。

王琼：《城市社区居家养老服务需求及其影响因素——基于全国性的城市老年人口调查数据》，《人口研究》2016年第1期。

王诗宗、宋程成：《独立抑或自主：中国社会组织特征问题重思》，《中国社会科学》2013年第5期。

王思斌：《中国社会工作的嵌入性发展》，《社会科学战线》2011年第2期。

王欣刚：《信息化养老服务系统平台的规划与设计》，南京邮电大学，2012年。

王鑫：《用于智慧养老系统的BAN网关系统的研究与开发》，复旦大学，2012年。

王义：《发挥社会组织在现代养老服务体系中的重要作用——以李沧区养老协会为例》，《社团管理研究》2012年第11期。

吴玉韶：《中国老龄事业发展报告（2013）新闻发布稿》，http：//www.cncaprc.gov.cn/jianghua/22341.jhtml.

吴玉霞：《公共服务分工与合作网络的理论与实证研究》，浙江大学，2011年。

吴月：《嵌入式控制：对社团行政化现象的一种阐释——基于 A 机构的个案研究》，《公共行政评论》2013 年第 6 期。

吴质：《武汉养老服务未来实现"一键通"》，《楚天都市报》2012 年 11 月 27 日（A11）。

席恒、任行、翟绍果：《智慧养老：以信息化技术创新养老服务》，《老龄科学研究》2014 年第 7 期。

向运华、姚虹：《养老服务体系创新：智慧养老的地方实践与对策》，《西安财经学院学报》2016 年第 6 期。

熊必俊：《发展社区助老事业 为老人提供居家养老服务》，《市场与人口分析》1999 年第 3 期。

徐翠蓉、阮红伟、汪运波：《中国居家养老服务体系构建与相关主体责任定位研究》，《青岛大学学报》（自然科学版）2014 年第 4 期。

徐珣：《社会组织嵌入社区治理的协商联动机制研究——以杭州市上城区社区"金点子"行动为契机的观察》，《公共管理学报》2018 年第 1 期。

杨洪章、吕津、祝勇、宋晓会、林灵：《居家养老服务系统的研究与构建——以长春明珠社区为例》，《河北北方学院学报》（自然科学版）2011 年第 3 期。

杨继瑞、薛晓：《社区居家养老的社会协同机制探讨》，《经济理论与经济管理》2015 年第 6 期。

杨麟：《湖北省居家养老服务政策获评"中国十大创新社会福利政策"》，《湖北日报》2015 年 11 月 28 日。

杨学钰：《中国产业结构升级与信息化推动》，中国社会科学院研究生院，2000 年。

姚远：《从宏观角度认识我国政府对居家养老方式的选择》，《人口研究》2008 年第 2 期。

于潇、孙悦：《"互联网 + 养老"：新时期养老服务模式创新发展研究》，《人口学刊》2017 年第 1 期。

余晓艳、赵银侠：《以政策支持体系助推智慧居家养老服务发展——以西安市为例》，《陕西行政学院学报》2018 年第 1 期。

俞可平：《中华人民共和国六十年政治发展的逻辑》，《马克思主义与现实》2010 年第 1 期。

郁建兴、金蕾：《社区社会组织在社会管理中的协同作用——以杭州市为例》，《经济社会体制比较》2012 年第 4 期。

郁建兴、吴宇：《中国民间组织的兴起与国家—社会关系理论的转型》，《人文杂志》2003 年第 4 期。

郁建兴、吴玉霞：《公共服务供给机制创新：一个新的分析框架》，《学术月刊》2009 年第 12 期。

袁缉辉：《养老问题浅议》，《社会科学》1996 年第 6 期。

翟振武、陈佳鞠、李龙：《中国人口老龄化的大趋势、新特点及相应养老政策》，《山东大学学报》（哲学社会科学版）2016 年第 3 期。

张国平：《居家养老社会化服务的新模式——以苏州沧浪区"虚拟养老院"为例》，《宁夏社会科学》2011 年第 3 期。

张紧跟：《NGO 的双向嵌入与自主性扩展：以南海义工联为例》，《重庆社会主义学院学报》2014 年第 4 期。

张举国、林垚：《兰州市虚拟养老服务问题与对策研究》，《经济师》2016 年第 11 期。

张恺悌：《对老龄产业发展的冷思考》，《中国老年报》2015 年 8 月 24 日（004）。

张雷、韩永乐：《当前我国智慧养老的主要模式、存在问题与对策》，《社会保障研究》2017 年第 2 期。

张丽雅、宋晓阳：《信息技术在养老服务业中的应用与对策研究》，《科技管理研究》2015 年第 5 期。

张泉、李雷鸣：《我国互联网＋居家养老服务优化路径研究——基于"产业—福利"协同发展视角》，《广西社会科学》2018 年第 2 期。

张尚仁：《"社会组织"的含义、功能与类型》，《云南民族大学学报》（哲学社会科学版）2004 年第 2 期。

张文礼：《合作共强：公共服务领域政府与社会组织关系的中国经验》，《中国行政管理》2013 年第 6 期。

张孝廷、张旭升：《居家养老服务的结构困境及破解之道》，《浙江社会科学》2012年第8期。

张亚男、陈蔚蔚:《基于PSR模型的上海社区智慧养老发展路径研究》,《安徽行政学院学报》2017年第4期。

张钟汝、范明林、王拓涵:《国家法团主义视域下政府与非政府组织的互动关系研究》,《社会》2009年第4期。

章晓懿、刘帮成:《社区居家养老服务质量模型研究——以上海市为例》,《中国人口科学》2011年第3期。

赵佳寅、袁毅、崔永军:《我国虚拟养老院的信息化服务模式建设研究》,《情报科学》2014年第2期。

赵敬丹:《论第三部门与服务型政府内在逻辑的契合》,《社会科学辑刊》2012年第4期。

赵乐:《社区居家养老服务中政府与市场角色定位分析》,《社会工作》(下半月)2010年第5期。

赵立新:《社区服务型居家养老的社会支持系统研究》,《人口学刊》2009年第6期。

赵丽宏:《城市居家养老生活照料体系研究》,《学术交流》2007年第10期。

郑功成:《中国社会福利的现状与发展取向》,《中国人民大学学报》2013年第2期。

郑永君:《社会组织建设与社区治理创新——厦门市"共同缔造"试点社区案例分析》,《中国行政管理》2018年第2期。

郑玉、龚卫中:《社区居家养老模式下的信息化平台建设》,《信息化建设》2015年第11期。

周凤娇:《城市虚拟养老院的复制推广的优势因素分析——以L市虚拟养老院为研究样本》,《前沿》2014年第21期。

周钢、王志新:《我市为65周岁以上老年人建设居家养老服务信息系统1117个社区权力推进养老"一键通"》,《长江日报》2013年6月19日(A006)。

周俊、郁建兴:《中国公民社会发展的温州模式》,《浙江社会科学》2008年第6期。

周雪光:《基层政府间的"共谋现象"——一个政府行为的制度逻辑》,《开放时代》2009年第12期。

朱冬梅:《养老服务需求多元化视角下的社会组织建设》,《山东社会科学》2013年第4期。

《保定市政府购买居家养老服务》,中华人民共和国财政部—新闻联播—河北财政新闻联播,http://www.mof.gov.cn/mofhome/mof/xinwenlianbo/hebeicaizhengxinxilianbo/201403/t20140331_1061812.html。

《国务院关于印发"十三五"国家老龄事业发展和养老服务体系建设规划的通知》(国发〔2017〕13号),国务院,2017年2月28日。

《湖北将在2013年内试点开通居家养老服务热线》,湖北省人民政府门户网站www.hubei.gov.cn.2013-02-28。

《湖北省加快推进养老设施建设 已兴办各类服务中心365个》,湖北省人民政府门户网站www.hubei.gov.cn.2013-08-26。

湖北省人民政府:《省人民政府办公厅关于加快发展城乡社区居家养老服务的意见》(鄂政办发〔2012〕83号),2012年12月29日。

《黄石为30万老人开通养老服务热线平台会在全省推广》,湖北省人民政府门户网站www.hubei.gov.cn.2013-05-06。

《荆门市在中心城区启动"虚拟养老"服务试点工作》,湖北省人民政府门户网站www.hubei.gov.cn.2013-06-02。

《荆州开通区域性养老信息服务平台 提供便民救助服务》,湖北省人民政府门户网站www.hubei.gov.cn.2013-06-27。

《2016年社会服务发展统计公报》,民政部门门户网站,2017年8月3日。

《省民政厅关于着力培育发展示范性城乡社区居家养老服务中心的指导意见》(鄂民政函〔2014〕118号),湖北省民政厅,2014年3月20日。

《省民政厅 省财政厅关于开展城乡社区居家养老服务社会化运营的指导意见(试行)》(鄂民政发〔2015〕10号),湖北省民政厅,湖北省财政厅,2015年4月27日。

《十堰95081居家养老服务平台启动 填补市政服务空白》,湖北省人民政府门户网站 www.hubei.gov.cn.2012-03-14。

《孝感市四单位签共建协议打造居家养老信息平台项目》，湖北省人民政府门户网站 www.hubei.gov.cn.2012-06-07。

附录1

老年人居家养老信息服务登记表

	姓　名		性　别		年　龄		照　片	
	联系方式		身份证号码					
	现住址							
	病　史							
	过敏史							
	血　型		常服药物		阿斯匹林			
	月收入	□1000元以下　　□1000~2000元　　□2000~3000元　□3000元以上						
	经济来源	□退休金　　□兼职　　□子女供养　　□社会救济　　□其他						
配偶	姓　名		性　别		年　龄			
	联系电话		身份证号码					
子女或委托人	姓　名		性　别		年　龄		与申请人关系	
	联系电话		身份证号码					
	现住址							
	姓　名		性　别		年　龄		与申请人关系	
	联系电话		身份证号码					
	现住址							
电信服务信息								
	选择号码				选择机型			
	备注信息							
	说　明	1. 此表格请用钢笔或碳素笔填写清楚，因字迹不清导致录入错误，H市12349居家养老信息服务中心不承担任何责任。如不能满足内容需求的可另附纸，重在调查了解老人身体状况及服务事项需求及困难。 2. 为使老人急救信息更畅通，在填报老人亲属联系电话时最好为中国电信。其他号码目前尚不能享受到老人紧急救助短信服务，其他服务不变。 3. 60岁以上政府重点优抚对象及低保老人持《优抚证》或《低保证》可享受相应政府话费补贴政策。 4. 咨询电话：12349						

所属社区：

附录 2

居家养老信息服务入网协议书

甲方：H 市 LT 社区养老服务中心　　　乙方：

甲、乙双方经平等、自愿协商，签订本协议。

服务内容

定位服务：定位手机是中国电信 H 市分公司和甲方共同推出的针对老年人群的移动通信产品。老年人可通过一部带有红色按钮的救助手机，一键接通 12349 居家养老服务热线。甲方为乙方提供精确度在 10 米到 100 米范围的 GPS 定位服务。

紧急求助服务：乙方按下救助按钮，甲方将通知相关急救机构（120、110、119），并进行定位，使乙方得到快速、准确的救助。

生活帮助服务：乙方拨打 12349 后，甲方将根据乙方的不同需求，通知预约入网服务机构上门为老人服务（如：家政公司、水电维修公司等）。甲方将对相关服务进行跟踪回访，确保服务质量。如对服务不满意，可拨打 12349 进行投诉。

主动关怀服务：如用药提醒、天气预报、生日祝福、物品代购、服务缴费等。

双方责任

乙方在申请加入本中心时所填写的《老年人居家养老信息服务用户登记表》的内容必须真实有效，如有虚假，一切责任由乙方承担。

甲方为乙方提供紧急救助信息服务时，如因被授权人无法联系、救助职能部门的原因或不当救助造成的不良后果，甲方不承担责任。

因甲方工作人员失职、渎职造成的不良后果，甲方承担相应法律责任。

乙方妥善保管和使用定位手机，不得将定位手机转让、出租、出售，如发生上述情况，甲方立即停止服务；定位手机遗失要及时告知甲方，若没有及时告知而造成的一切后果由乙方承担。

乙方保证定位手机24小时畅通。当定位手机出现故障时，需到指定维修点进行维修或拨打12349咨询相关事宜。

协议的终止因以下任何原因而终止

双方协商同意终止本协议。如乙方欲终止此协议，需提前半个月通达对方。

一方未按本协议履行义务，另一方有权终止协议。

争议的解决，如甲乙双方在本协议的条款范围内发生纠纷，应尽量协商解决，协商不能达成一致意见时，提请H市仲裁委员会仲裁解决。

本协议由甲乙双方签订后交由甲方保管。本协议及其相关附件具有同等法律效力，未尽事宜可另行签订补充协议，本协议服务期限为24个月，从协议签订之日起生效。

甲　方：H市LT社区养老服务中心　　乙方：
签　章：　　　　　　　　　　　　　　签章：
日　期：　　年　月　日　　　　　　　日期：　　年　月　日